野兽伴我入睡

Beasts a̶t̶ ̶B̶e̶d̶t̶i̶m̶e̶

Revealing
the Environmental Wisdom in
Children's Literature

重游经典故事发生地

［美］利亚姆·赫尼根　著
Liam Heneghan

潘亚薇　译

北京联合出版公司 · 阳春音
Beijing United Publishing Co.,Ltd.

图书在版编目（CIP）数据

野兽伴我入睡：重游经典故事发生地 / （美）利亚
姆·赫尼根著；潘亚薇译. — 北京：北京联合出版公
司，2022.4
ISBN 978-7-5596-4548-7

Ⅰ.①睡… Ⅱ.①利… ②潘… Ⅲ.①儿童故事－图
画故事－美国－现代 Ⅳ.①I712.85

中国版本图书馆CIP数据核字（2021）第229916号

野兽伴我入睡：重游经典故事发生地

作　　者：[美] 利亚姆·赫尼根（Liam Heneghan）

译　　者：潘亚薇

出 品 人：赵红仕

出版监制：刘　凯　赵鑫玮

选题策划：联合低音

责任编辑：韩　笑

装帧设计：今亮後聲·小九

关注联合低音

北京联合出版公司出版
（北京市西城区德外大街83号楼9层　100088）
北京联合天畅文化传播公司发行
北京美图印务有限公司印刷　新华书店经销
字数380千字　710毫米×1000毫米　1/16　24印张
2022年4月第1版　2022年4月第1次印刷
ISBN 978-7-5596-4548-7
定价：59.00元

我把这本书献给我的父母，

玛丽和帕迪·赫尼根，

他们将六只雏鸟安置在一个装满书籍的鸟巢里。

并且

献给维萨，

我的"很久很久以前"与"永远幸福地在一起"，

我成年生活的每一个章节主角都是她。

同时，

献给我们的孩子们，费亚查和奥西恩，

他们总是允许我在他们关于野兽的睡前故事里，

加上一两首诗。

目　录

引　言
照料一只"小鸟"

————

当我们第一次踏上美国佐治亚州的红土地，我的长子——3岁的费亚查就一屁股坐在了一个火蚁堆上。这个小家伙不止一次干这种事了，然而事实上没有多少人会反复犯这种错误，毕竟火蚁咬人可疼了。[1] 我们搬进了一座农场的房子，距离阿森斯市佐治亚大学校园几千米，我要在那所大学工作4年。这座房子在美学上没有什么特别之处——房屋前后都是干枯的草坪，草坪上到处是数不清的火蚁堆；前院门外种了两棵干枯的灌木。没有猿、鹤为伴，只有野狗终夜嚎叫。天一亮，野狗们就成群结队地在附近游荡，寻找那些像我一样愚蠢到在清晨散步的人。正是在这个令人失望的地方，费亚查——这个爱尔兰名字的意思是"乌鸦"，而他的中间名代达罗斯，则来源于伊卡洛斯[1]的父亲代达罗斯——真的成了一只小鸟。

————

[1] 伊卡洛斯是希腊神话中代达罗斯的儿子，与代达罗斯使用蜡和羽毛制作的翼飞离克里特岛时，他因飞得太高，阳光融化了翼上的蜡而坠海丧生。

　　要照顾和喂饱这只在形态和生理上属于人类，在心理上却有点儿像小鸟的小家伙可不是什么简单的工作。费亚查动起来的时候，我们倒也没有什么不便——他只是扑棱着他那没有羽毛的"翅膀"到处游逛。他就像一只坐立不安的小鸟：一会儿出现在客厅，一会儿出现在厨房，再一会儿又出现在卧室。无论何时何地，他"翅膀"上的"初级飞羽"总是轻轻颤动着，有时他会伸展开"翅膀"，有时也会把"翅膀"收起来，紧紧贴在自己的身侧。我们学会了忍受陌生人关注的目光。喂费亚查吃东西时可能有点儿费劲，尽管我们可以用碎的食物引诱他，他还是会用他的"鸟喙"把食物衔住，然后再吃进嘴里。有时，他会从房子里消失。一开始，我们惊慌失措地到处寻找他，后来我们知道，他可能会把自己关在前院那些看上去很荒凉的灌木丛里。他会紧紧地抓住较低的树枝，透过斑驳的树叶向外窥视这个世界。至少这样他是安全的，远离了成群的野狗和火蚁。

　　早些年，我们读了很多关于鸟类的书，观察了很多鸟，也绘制了很多鸟。通过绘画、折纸、剪纸，我们制作了无数的鸟类模型。后来，费亚查对恐龙、飞机和军事史产生了兴趣。再后来，他的兴趣更是千变万化。现在，这只"小鸟"正在学习哲学，但他仍然是一个狂热的鸟类观察爱好者。最近，他向我承认自己偶尔会用羽毛笔写字。直到今天，如果你足够耐心地观察他，仍然会看到他"翅膀"上的羽毛在轻轻地颤动，即使是在无风和煦的午后。

　　这本书是为那些拥有自认为是小鸟的孩子的父母、教师、图书管理员和儿童监护人写的——当然，你的孩子也可能认为自己是小猫或者小狗，这并不稀奇——这本书也是为这些家庭而写的。同时，这本书也适合我最近了解的一个孩子的家庭，那家的孩子有时认为自己是鳄鱼，有时认为自己是犀牛或蛇。我的一个朋友在很小的时候，把自己想象成一只大猩猩。另一个朋友的孩子则认为自己是深海虾，通过喷射发光物质来吓唬那些靠得太近的捕食者。有时候，他又觉得自己是一只豪猪，需要宽广的空间。其他朋友也遇到过各种各样的情况，他们的孩子可能认为自己是老虎、猴子，更奇特的还有章鱼或者水獭。我甚至知道有一个孩子原来认为自己是狮子，但最近又成了壁虎。诗人简·博蒂格列里将她对野兽的认同感提升到了更高的水平：她告诉我，她经常想象自己是她父母死去的拳击犬梅杰，这让她的父母感到惊愕和悲伤，因为他们非常喜欢梅杰。后来，在7岁的时候，简写了一本题为《如何成为不同的动物》的小册子，她向我解释说，这本小册子借鉴了她"丰富的实践经验"。除了高等灵长类动物，有些孩子并不认同自己是其他动物，我在这里写的故事对这些孩子的监护人也有启发作用，因为特别不亲近自然的孩子是不常见的。[2]

照顾你的"小动物"的核心任务是为他们创造最好的培养环境。很明显，这并不像满足他们特殊的生理需要那么简单，他们的情绪需要精心照料——讲故事对后者而言助益颇大。为了帮您完成这项艰巨的任务，本书旨在说明儿童故事主题的丰富性。许多主题中都有令人惊讶的深度环境信息，孩子们会觉得这些主题非常有吸引力，然而这些环境因素常常会被忽视。在接下来的章节中，我将挖掘这些书中隐藏的环境智慧。

　　《野兽伴我入睡：重游经典故事发生地》旨在揭示这些故事中环境信息的复杂性，目的是帮助您更好地管理孩子的精神环境，并推而广之，实现道德教育。

　　20多年前，也就是我们全家搬到佐治亚州的几个月前，我参加了在曼彻斯特举行的第六届国际生态学大会。大会的主题是"迎接环境变化带来的挑战"。来自世界各地的研究人员会聚一堂，探讨生态学作为一门严格的科学学科应该如何应对这个被不断证实的现实，即人类正在经历一场我们自己所造成的、前所未有的全球环境危机。该学科是否应该以更积极的姿态投身环保宣传之中——很多科学家无意参与这个话题的争论，因为他们担心参与宣传会干扰科学本身的客观性。公众可以信任已经在某个问题上参与社交活动的学者的研究吗？在这次会议上，印度保护生物学家拉维·切勒姆博士提出了一个支持宣传和公共奖学金的特别有力的例子，他一直致力于保护稀有的亚洲狮。[3]切勒姆不仅极具魅力，而且一直很有活力，他致力于评估亚洲狮的种群数量，调查栖息地，并承担所有针对动物保护的必要的日常统计工作，还参与了将亚洲狮重新引入印度保护区的计划。切勒姆同时倡导与公众积极接触，毕竟，人们理所当然地会因为居住在这种令人印象深刻的掠食者附近而忧心忡忡。切勒姆分析了印度西部古吉拉特邦吉尔森林附近人狮冲突的数据，据其研究报告，从 1978 年到 1991 年，平均每年大约发生 15 起狮子袭击人类的事件，导致多人死亡。[4]他的结论是，解决这些冲突可能需要迁移或宰杀一些动物，从而减少狮子的数量。我觉得切勒姆的观点很有启发性，直到几十年后我仍然记忆犹新，并可能会效仿这种严格的科学和公众参与的模式。

此外，我之所以还记得切勒姆的工作，部分原因与我自己在家庭方面的小型计划有关。也就是说，在对孩子的指导方面，科学家也是人，我们不仅有责任向同龄人和广大公众传播信息，我们的工作也可以为我们在家庭方面的做法提供参考。恰巧，费亚查当时最喜欢的一首诗是威廉·布莱克的《虎》（"The Tyger"，1794）。[5]这是一首关于另一种亚洲大型猫科动物的诗，这种动物居住在"夜之森林"里。大概是因为我们无休止地对孩子们重复这些诗句，我们的孩子几乎在开口说话时就学会了这首诗。我在家讲的有关印度（以及其他地方）的动物和人的耸人听闻的消息，是我们阅读和谈论布莱克诗歌时的宝贵补充。我后来才知道，狮子和老虎在印度儿童文学中占有突出的地位，而喜欢这类诗歌的孩子，日后大概会更加支持对这些动物的保护工作。在爱尔兰或印度，读着这些大型猫科动物故事长大的孩子，长大后便有可能受到启发去关心这些动物。[6]

参加这次会议时，我正在准备下个月在都柏林举行的关于酸雨问题的博士论文答辩。[7]这次会议比任何其他会议都更有力地向我证实，通过基础科学研究来促进环境宣传，帮助我走上了一条既有助益，同样也适合我的道路。尽管大气污染可能不像大型猫科动物保护那么酷，但我决心不做一个只从事理论研究，而忽略我们如何修复彼此以及与自然世界的关系的科学家。本书在很大程度上兑现了我对自己不断思考环境科学与日常生活之间联系的承诺。

　　然而，回想起来，这次曼彻斯特之行从另一个方面来说，已经悄悄地对我产生了持久的影响，尽管很多年后我才意识到这一点。这与复杂的生态数据或者我们当前的环境困境无关。我参观了曼彻斯特儿童书店，在那里我发现了南非儿童作家保罗·杰拉蒂出版的一本书。这本书名为《绿色大森林》（*The Great Green Forest*, 1994），是费亚查最喜爱的书。在他的要求下，我一次又一次地为他大声朗读。事实上，我已经熟记于心，过了这么多年，仍然能回忆起书中的每一个字。该书以"在绿色的大森林里，太阳刚刚升起；在深深的黑暗阴影中，一只树鼠蜷缩着睡觉……"开篇，而后，伴随着焦虑的不断增长，树鼠的睡眠被共同生活在这片森林家园里的种类繁多的动物们的叫声惊醒。最终，绿色森林的生命之音被推土机在森林中的轰鸣声所压制。树鼠面对推土机大喊："别吵了！"最后，司机抛下方向盘，离开了绿色大森林，再也没有回来。

　　当然，一开始与费亚查就这本书展开的对话很简单，毕竟那时他才 3 岁！但他对这个故事的兴趣持续了好多年。绿色大森林到底在哪里？什么是树鼠？为什么树鼠在其他野兽醒着的时候睡觉？为什么不同的动物会发出不同的声音？为什么推土机靠近的时候动物们都沉默了？我们能做些什么来帮助树鼠保护家园？为什么有人想要砍伐森林？

　　尽管在讲故事的过程中这本书中所包含的知识显得有些零散，但实际上是相当复杂的。在和儿子讨论这本他最喜欢的书时，在回答他问题的过程中，我们回顾了生态知识的一些重要组成部分，包括世界生物群系的分布和热带动物的自然历史。我们聊了一个特别重要的环境问题，勾勒出了保护生物学的基本知识。我们讨论了解决这些问题的个人能力——心理学家称之为“控制源”[8]——即相信我们中的任何一个人都有能力控制我们生活中的事件。当然，我和儿子对话是在没有专业技术词语的情况下进行的。毕竟，我们睡前的聊天只是和一只想在雨林里打瞌睡的树鼠有关。然而，这种书呆子式的交流总能打开有趣领域的大门。

当我开始考虑写这本书的时候，费亚查刚离开家，我们的小儿子奥西恩即将高中毕业。顺便说一句，那时候在晚上锁好门是一件很凄凉的事情，因为你知道你的孩子不在家中，而是远在天涯。回想起来，我和妻子作为父母比一些人更幸运，因为我们相信我们的孩子已经准备好承担成年人的快乐和责任。我想，这些年轻人有他们的缺点——作为父亲，不需要把孩子们的缺点都事无巨细地记录下来——但毫无疑问，我的孩子们都是富有活力的人，是幽默并且拥有博大同情心的人。他们都是动物爱好者，都喜欢户外运动。他们也都是读者，都在一定程度上反映了年轻人的喜好和能力。我买了很多他们在童年时喜欢的书——包括经典读物和一些不太好的书（比如说，我对“内裤超人队长”系列持怀疑态度！）——我想知道他们作为读者对生活的反应、对户外的欣赏，与他们对我们环境的未来的关注之间是否存在联系。我把他们的书从不用的卧室搬到地下室，在整理他们的图书时，我注意到其中有许多书对他们来说颇具环保气息。当然，有些作品——比如保罗·杰拉蒂的《绿色大森林》,是有意识地鼓舞人心的环境保护主义作品。但我们的孩子读得更多的还是儿童读物:比阿特丽克斯·波特的《彼得兔的故事》(*The Tale of Peter Rabbit*,1902),A.A. 米尔恩的《小熊维尼》(*Winnie-the-Pooh*,1926),劳拉·英戈尔斯·怀尔德的《草原上的小木屋》(*Little House on the Prairie*,1935),弗朗西丝·霍奇森·伯内特的《秘密花园》(*The Secret Garden*,1911),J.R.R. 托尔金的《霍比特人》(*The Hobbit*,又名《历险归来》,1937),以及 J.K. 罗琳的《哈利·波特》(*Harry Potter*,1997—2007),等等。尽管可以说,这些书中的环境主题仿佛是馅饼中的馅料,但很多这样的故事无疑都是很棒的。因此,《野兽伴我入睡:重游经典故事发生地》是对我随后重读大量这类书籍的回应,是我通过调研这些书中共同提供的一个相当完整的环境知识指导而产生的感觉。这种假设在很大程度上得到了证实。本书的编写目的是为家长、监护人、教育者(包括正式和非正式的)和对儿童文学感兴趣的学者提供一种资源,用于识别环境主题,并为他们从自己最喜爱的书籍中挖掘绿色环境内容提供一种参考。

我花了很多时间思考环境问题。但是很多年来,在一天结束的时候——实际上是每天结束的时候——我都会花费部分晚上的时间,以一个家长的身份来给另一个像树鼠一样准备睡觉的孩子读书。我现在意识到,这样的舒适时光可能正代表着我们拥有的最好的机会,可以分享我们对自然世界的喜悦和兴奋,并且增强我们保护自然的智慧。这么多年来,我学到的是,父母们不需要接受科学方面的培训,也不需要明确选择以环境为主题的书籍,就可以将对自然世界的热爱传递给他们的孩子。

阅读本书

我是一名动物学家，一名动物生物学家，受过专业训练，如今获得这个学位的人数几乎与炼金术专业的毕业生一样稀少。我专攻生态学，研究酸雨如何影响土壤中的无脊椎动物群落。最近，我的工作是研究如何保护生物多样性。虽然我受过当代哲学的研究生训练，也算是一个人文主义者，但我不是儿童文学方面的专家，也不是文学评论家。因此，这本书是由一个偏爱故事的环境生物学家写的，而不是由一个对环境研究感兴趣的文学学者写的。我提到我的专业，是因为想让读者清楚地知道，虽然我知道大量有趣的关于儿童文学的文献，但并没有对其加以全面的评述。[9]我是为其他人写作的家长，意在培养孩子的环境敏感性。这本书的书名是《野兽伴我入睡：重游经典故事发生地》，我知道许多关于儿童的伟大故事都是以动物为主题的，不过，在接下来的几页内容中，我会讨论植物和其他生物，以及更普遍的环境主题。

我意识到我在整本书中使用的“环境”的定义以及与这个术语联系在一起的主题，可能会让一些读者感到困惑。我并不打算把“环境”一词限制在那些与我们的绿色环境相关的自然科学所关心的问题上。当然，我也不排除它们，因为在某些情况下，这正是我将要讨论的：食物网、能量流、物质循环、土壤过程等等。然而，难点在于，“环境”（environment）一词在词源上是从“环绕”（environs）派生出来的，似乎可以表示任何意思。在某些时候，人们可能还会提到自己的内心环境（比如藏于肉体之下的精神），在这种情况下，"环境"就变得非常广阔，以至于人们把它当作"宇宙"来处理。[10] 从这个角度来看，没有什么是被排除在环境思想之外的。尽管这种扩展性在某些方面可能令人满意，但为了使"环境"成为一个有用和可实现的术语（在本书和学术领域），必须给予它一定界限的定义（可以说是一个边界）。毫无疑问，我对这个边界的定位在主题上比我的许多同事包容的范围可能更广，但是，尽管如此，它并没有包括宇宙中的一切。我的意思是，它包含了这个世界的绿色物质和以绿色物质为食的生物，腐败的棕色物质和以棕色物质为食的生物；我的意思是，它容纳了人类对自然事物的认知、纠缠以及我们对这些事物的协调；我的意思是，它包括了我们对荒野和荒野概念的挣扎，以及对那些既令人眩晕又诱人的广阔景观的沉思；我的意思是，它包括了我们对物质幸福感的来源，以及那些有助于增加我们精神幸福感的事物的思考（如果从精神上讲，我们不认为世俗）；我的意思是，它检视我们吃进什么、排出什么，留下什么、浪费什么；我的意思是，它包括了对这些废物的影响的分析，以及废物和环境破坏对我们所有人的影响，特别是对这个星球上最脆弱的人们的影响；我的意思是，它包括科学的方式，并将继续协调我们与自然界的交流；我的意思是，它包括我们对树木的偏爱、对动物的依恋，以及对忽视树木、动物和其他生物的反省；我的意思是，它包括我们对野生世界的同情和与外界的脱离；我的意思是，它包括了我们的归属感和流离失所感，以及对那些让我们在这个世界上感到宾至如归的东西的审问，还有那些让我们觉得这个世界并非是我们的家园的离奇古怪的想法。而且，由于人与人之间的爱需要物质、灵感、道德和希望，因而"环境"也就延伸到我们对彼此的爱的观点上。对于人类来说，我们所有神秘的成就和失败，都是环境的产物。

　　具体地说，这意味着这本书的环境主题将包括所有属于环境科学和生态学、环境社会科学、环境心理学、环境哲学、生态批评、环境政策和环境正义的内容。事实上，任何一个可以以生态或环境为前缀的学科都可以纳入其中。

　　在写这本书的过程中，我在不同的时间点尝试了许多组织方案。我的第一稿试图创作一个关于环境研究学科主题的简短课程，并对在儿童书籍中的什么地方可以找到这些概念做了详细的说明。这个方案具有系统性的优点，但也有一些明显的缺点。这种文章枯燥无味，也往往意味着过度的说教。我强烈地希望，当您阅读这些章节的时候，能学到一些东西，我期待这本书能赋予您力量，让您从环境的角度来看待您和孩子一起阅读的故事。也就是说，如果这本书把讲故事的时间变成一个艰苦的生态学辅导时间，我肯定会后悔的。这本书可不是为培养年轻的生态学家提供神奇公式的。

　　认识到没有理想的方式来编纂这样一本书，我最终采用的框架是按照故事背景中人类对环境的参与程度排列儿童书籍。故事中栖息地的范围从荒野延伸到城市（密集的城市栖息地在故事中并不常见）。部分儿童文学故事会发生在野外和城郊的田园风景中，还有大量的故事发生在岛上，有些很恬静，而有些则十分狂野，相同之处在于这些地方都与众不同。当然，许多故事并不局限于一个地方，而是从一个地方跨越到另一个地方——例如，哈利·波特偶尔会出现在伦敦，偶尔会出现在可怕的禁林荒野，更多的时候会出现在苏格兰高地霍格沃茨魔法学校校园的宁静环境中，这在某种程度上有些田园风光的味道。这个故事也有它的孤岛时刻——在《哈利·波特与魔法石》（*Harry Potter and the Philosopher's Stone*，1997）中，弗农·德思礼试图阻止哈利收到霍格沃茨魔法学校的入学通知书。他把家人带到了一座岩岛上，在那里，他们经历了一场猛烈的暴风雨，并迎来了学校的钥匙保管员和猎场看守海格的拜访。我没有完整地讲述我选择的书，而是简单地引用了几个故事中具有代表性的章节，这些章节阐述了岛屿、荒野、田园和城市的主题。通过组织一系列对故事的详细阅读，跨越一个完整的故事风景梯度，我试图捕捉到一个非常广泛的环境主题。与每本书有关的段落，尤其是较长的文本，应该被视为某种程度上的"案例研究"。也就是说，在读完这本书之后，读者应该能够在任何一本儿童书中看到环境方面的内容——我相信你不会找到任何一本没有环境方面内容的书——也很难找到比我在这里讨论的内容更有洞察力的书。

　　这本书，您可以按照章节顺序阅读，也可以直接跳到您最喜欢的故事阅读，也就是说，不必非得从头到尾读一遍。即使您已经懂得如何保护环境，我也希望下面的文章能够给您提供一些有趣的思路，让您对自己喜欢的书籍有一些全新的认识。我也希望，在阅读这本书的时候，您会忍不住重温一个受欢迎的故事，或者读一本您从未读过的书。

　　最后，简单说明一下我在本书中选择故事的依据。在挑选要讨论的书籍时，我非常依赖获奖书籍的清单。比如，在美国，有纽伯瑞奖和凯迪克奖；在英国，有《卫报》儿童小说奖；还有一些国际奖项，如国际安徒生奖等。我发现 1999 年美国教育协会挑选的 100 本书的清单很有帮助，并补充了许多其他这样的"最佳"清单。[11] 在学生的帮助下，我自己也进行了一些非正式的调查。尽管我依赖这样的清单——通常被认为是经典的书籍——但也有自己的判断，比如这本书中提到的一些书和故事，作为一个永不满足的终生读者，我认为这些书和故事是十分优秀的，尽管并不像那些经典一样有名。您也可能会发现，您认为应该包括在其中的部分书籍不在这本书中，这可能是我故意排除的——我就是不喜欢那些书——但也有可能是我孤陋寡闻而已。写书这个工作本身就是对我们的局限性的深刻反省。

　　在写这本书的过程中，我对一些古老的故事有了新的感受——例如，我重新学习了大量的童谣——对一些新兴的经典作品有了全新的认识。苏珊·柯林斯的"饥饿游戏"三部曲（*Hunger Games trilogy*，2008—2010）和 J.K. 罗琳的"哈利·波特"系列等当代著作作为环境故事比我开始写这本书之前所猜想的更有说服力。现在，当我看到其他成年人在每天上下班的路上阅读这类书籍时，我向他们致敬，因为我知道，与这类故事的亲密关系是为应对未来环境挑战做好准备的有力武器。

Section One:
On Reading

———

第一部分

关于阅读

公主与童话故事

从前，有一位公主，她住在一颗蓝绿色的小星球上。这颗星球围绕着一颗中等大小但十分活跃的星球——太阳运行。在这颗小星球上，这位特别的公主是赤道带进化缓慢的灵长类动物的后代。她没有尖牙，没有利爪，基本上也没有毛发。另外，还有好几只非常可怕的大猫对她及她的同类虎视眈眈。

不过，公主拥有一种非凡的天赋：能够想象未来。她在咨询了科学家——他们也共享了这种天赋，这成为他们独有的财产——之后，了解到有一天她必然死去，就像科学家也必然会死去一样。此外，她认识到，生命中的一切都必将消亡。她还了解到，在天空中如此欢快闪耀着的活跃的太阳也会不断地增加亮度，总有一天会吞噬这颗小小的蓝绿色星球。

公主把她的额头——额头后面存储着她的人民所特有的特殊的大脑——埋在手中，哭了起来。过了一会儿，她的哭泣变成了安静的抽泣，抽泣又变成了轻微的颤抖。最后，她停止了颤抖，抬起头来，看见一个孩子从她坐的地方经过。她知道这个孩子也会死去，于是开口对这个孩子说道："从前……"

从前，有一只凶猛的猫……

从前，有三只熊……

从前，有一个樵夫和一个漂亮的女儿……

从前，有一个爱花的食人魔……

从前，有一位公主……

从前……

第一章
与孩子一起阅读有关自然的书籍

———

有好几次，我和父亲用 Skype 聊天时，有那么一会儿，都把他在屏幕上的形象和我自己的搞混了。我们现在都是灰白头发，留着胡子，虽然他的面部皱纹比我的更多，但我们的相似之处足以让我暂时迷惑了，毕竟，在我对他的最初记忆中，他的年龄是我的 8 倍。现在这个差距缩小了，他的年龄还不到我的 2 倍。但是为了挽救芝诺悖论，我可能很快就能赶上他。[1]

我对父亲的最初记忆是他给我读书，或者更确切地说，是他为我们每个人依次读了 7 页的故事。在最早的记忆里，我们开始是 3 个人，后来变成了 6 个人。我们待在姐姐安妮的房间里，排好顺序听故事。我喜欢待在姐姐的床尾。最年长的克莱尔是第一个，然后是安妮，最后是我，我们每个人都对读给其他人听的故事漠不关心。克莱尔听故事时喜欢一边拉着父亲的耳垂，一边吮吸自己的拇指。轮到我的时候，他常常昏昏欲睡。如果他打瞌睡，父亲就会催着他回去做自己的事。我仍然记得一些早期的故事，比如本·罗斯·贝伦伯格的《丘肯都塞》（*The Churkendoose*，1946），书中的主角是一只不幸的生物，我恍惚记得它的形象是由鸡、火鸡、鸭和鹅混合构成的；还有诺埃尔·巴尔的《孤独的驴子奈德》（*Ned the Lonely Donkey*，1952），里面的主角是一只尽力交朋友的农场动物——驴子奈德；还有许多童谣故事、史前动物故事，以及鸟类故事。我们还读了爱尔兰英雄的故事：如菲恩·麦克·卡迈尔和他的战士费尼安、他的诗人士兵儿子奥西恩，其中奥西恩的母亲萨德赫在一种魔力的作用下变成了一只鹿。我喜欢男孩库夫林的故事，这个男孩杀死了一只猎犬，并取而代之成为一只护卫犬。[2]

　　几年后，我的老师奥利里先生作为对学生良好表现的奖励，在学校为我们读了 J.R.R. 托尔金的《霍比特人》。我被这个故事迷住了，所以请父亲给我买了一本。这本书给了我一种独特的自豪感，这种自豪感来自我拥有一本特别的书。从阅读《霍比特人》的过程中，我感受到自己对林地的爱，这种爱影响了我的一生。20 年后，我又把这本特别的书读给了我最大的孩子听。

　　那些睡前故事，在一天结束时的间隙读来，是在为我们的一夜安眠做准备，让我们度过每一个美好的夜晚。但现在回想起来，这些睡前故事也浇灌了我们的想象力，为接下来的一天做好准备。它们让我们学会在学校的小磨难中站稳脚跟，为我们到户外花园和社区探险做好准备。至少在周末，我们可以去都柏林的海滩探险。

虽然一开始探险时，我们只看到了孤独的驴子和令人困惑的几只野禽，但几年后，我和父亲一起仔细观察大自然，了解了那些生物真实的名称和习性。我父亲对大自然总是很感兴趣，作为一个研究软体动物的业余爱好者，他经常在周六早上带我们到爱尔兰东海岸的海滩上寻找贝壳。我们会挤进他那老旧的汽车里，花一个上午的时间在都柏林的海滩上寻找海浪冲来的宝藏。当然，暴风雨过后的早晨是最好的，这往往意味着寒冷的探险要开始了。在灰色的天空下，我们在荒芜的海岸线上巡逻，远离都柏林湾普尔贝格发电站那如末日手指状耸立的烟囱。除了导游手册，我父亲还撰写了关于房屋主题的重要专著，其中有些精美插图我们还和父亲一起讨论过，但我不记得我们有特别有科学价值的收藏。不过直到今天，我还知道爱尔兰海岸线上大多数软体动物的拉丁语名称。

我父亲有一个咸水水族箱，据说很难维护。我最爱寄居蟹，它们大多喜欢独来独往——螃蟹就是这样——有时会出来吃一点儿火腿。我们的家庭浴缸每年都会有一次变化——被改造成饲养蝌蚪的水槽。事实上，我读到的第一篇真正的科学文章，是关于青蛙的生命周期的。当它们的青蛙腿出现时，我们会为它们提供用棒棒糖棒做成的漂浮"岛屿"。它们会从浅水中爬出，在"岛屿"上重现它们作为陆地生命的最初时刻。它们也喜欢吃火腿。有一次，我看到一只青蛙从我们的后花园里钻出来，它看着我，好像试图隐藏自己，然后跳到一辆迎面驶来的汽车下面，在发出轻轻的"砰"的声响后，没了动静。

我们饲养宠物，并且研究关于饲养宠物的书籍。我们养了鹦鹉、兔子和一只叫伯特的乌龟。虎皮鹦鹉鲍比有一个虽然完全不可原谅但是可以理解的习惯，那就是在排便的时候紧紧地抓着饲养人的手指。它粉红色的小脚会因排泄带来的压力而焦躁不安。我不记得在伊妮德·布莱顿的冒险系列中提到过这个问题。那些书是我多年前读过的，在书中，杰克的鹦鹉琪琪更像是一个乐于助人的健谈者，而不是一个喋喋不休的捣蛋鬼。

伯特是我妈妈特别喜欢的一只乌龟。它会尽自己最大的努力"跑"着去迎接她。它"奔跑"时，趾甲在地面上发出"咔嗒咔嗒"的响声，就像一个紧张的情人用手指轻轻敲打着窗户玻璃似的。伯特喜欢让人挠它的喉咙，它会尽力伸长脖子，把头朝妈妈伸过去，让妈妈帮它挠一挠。不过，伯特在深秋的某一天失踪了。根据我们读过的一本关于养乌龟的书，我们推测它是在花园里冬眠了。很久以后，当我们发现它时，心都碎了，因为很明显它是仰面朝天死去的，没能得到饲养它的主人的帮助。虎皮鹦鹉鲍比的去世也是一种折磨——有只猫设法打开了鸟笼门的扣环，把它杀死在了里面。对待这些令人沮丧的不幸，我确实有一种防御措施。在经历被轧扁的青蛙、惨死的乌龟伯特和鹦鹉鲍比之后的那段时间里，我读了几十本自然类书籍，里面充满了关于生态生活中更为残酷的细节。我学会了在大自然中寻找死亡。

当人们问我是怎样的经历让我想成为一名环境科学家时，我通常首先想到的是与我的宠物的冒险、沿着都柏林的海岸线收集贝壳、与父亲一起维护水族箱，以及很久以后在大学期间的某个夏天，我在爱尔兰的国家公园里收集昆虫的画面。但现在我清楚地知道，那些花在室内的时间，无论是阅读还是听别人朗读，对我也有同样强大的影响。阅读使我认识了大自然——那个就在我家门外普通的但与我们息息相关的大自然。

　　最近我一直在思考儿童书籍对环境的有益影响，那不仅仅局限于它们在培养下一代自然主义者方面的价值。理查德·洛夫的《林间最后的小孩：拯救自然缺失症儿童》（*Last Child in the Woods: Saving Our Children from Nature-Deficit Disorder*，2005）一书发起了一项运动，鼓励这一代久坐不动的孩子到户外活动，但是我不知道是否也可以通过强化家长给孩子读书的室内亲密时刻来获得环境方面的好处。父母应该为这种室内时间选择哪些特殊的书？有没有特别的方法来阅读这些书？

　　我花了相当多的时间研究当代儿童书架上的内容——参观当地的图书馆、编辑和分析儿童经典书目、与有小孩的朋友和邻居聊天——得出的结论是，关于自然的阅读大概是不可避免的，因为很难找到与我们那些长着羽毛、毛茸茸的朋友或史前祖先无关的儿童书籍。

　　当然，在某种重要的意义上，每一本书都是关于自然的。甚至像萨缪尔·贝克特这样晦涩难懂、倡导极简主义的作家都知道，他是在反思环境问题。在贝克特的小说《无法称呼的人》（*The Unnamable*，1953）中，同名的叙述者是孤独的，尽管他承诺"在开始的时候，我不会孤独"。他继续说："我当然是一个人。一个人。事情必须尽快说出来。在黑暗中怎么能确定呢？"

贝克特的故事再简洁不过了，充满着孤独、绝望、空虚和丧失信心的感觉。但是，尽管故事被简化了，《无法称呼的人》本质上还是对自然的沉思：人类的本性及其生理和社会需求，以及仅仅通过言语想象出来的自然世界。"在大自然的世界里，人类的世界里，"叙述者问道，"大自然在哪里，人类在哪里，你在哪里，你在寻找什么？"对于那些觉得这部作品难以理解的读者，贝克特的出版商约翰·考尔德请他们这样思考："他们不仅了解自己的生活，而且了解他们看外面世界时所看到的东西；不管他们如何解释自己所看到的东西，几乎都不可能被理解。"[3] 因此，《无法称呼的人》不仅是关于自然的，而且它本身就像是自然的客体，同时呈现自己，并且远离人类的恐惧。如果是这样的话，那么自然写作的经典就可以被拓宽。最后，很难判断哪些伟大的小说不是关于环境的经典。

我最近研究了 20 世纪的一流小说名单，其中包括由现代图书馆出版的特别有影响力的小说，以对成人文学和儿童书籍中大自然主题的流行程度进行比较。[4] 事实上，考虑到时间和创造力因素，对于成人文学名单中的大部分小说很少带有环境色彩这一点，是能够加以证明的。例如，马克斯·比尔博姆创作的晦涩的滑稽剧《朱莱卡·多布森》(*Zuleika Dobson*，1911)，[5] 以牛津大学为背景，讲述了一群本科生为了爱情而集体自杀的故事，其中偶尔也会涉及环境问题。例如，两只黑猫头鹰栖息在多塞特公爵世袭的住宅——坦克顿厅的城垛上，预示着他的死亡。不过，坦率地说，试图发现该书的环境意义是件艰难的事，而且我认为这种联系是相当脆弱的。最后，我们必须承认，在现代图书馆的书单上，没有多少小说明确符合环境主题的标准。杰克·伦敦的《野性的呼唤》（*The Call of the Wild*，1903）无疑是其中的佼佼者：主人公是一只名叫巴克的狗，它最初生活在加利福尼亚州，后来被当作阿拉斯加雪橇犬出售，并适应性地摆脱了驯养的特征。虽然伦敦的这本书并不一定是为年轻读者打造的，但《野性的呼唤》仍然深受青少年的喜爱，并且有可能被认为是一部跨越成人与青少年界限的作品。乔治·奥威尔的《动物农场》（*Animal Farm*，1945）也符合这个标准，尽管我们读者大概知道他的主要目的是指引我们了解法西斯主义，而不是引导我们喜欢农场的道路。

然而，在儿童文学中寻找自然并不需要大量的阐释。我对可比较的最佳儿童文学作品名单进行了同样的分析，主要依靠美国国家教育协会提供的名单。我回顾了每个年龄段的内容，并根据它们与环境的相关性给予打分。作为两个孩子的父亲，我已经读了很多儿童图书，但我也研究了那些对我来说全新的内容。我发现几乎所有推荐给学龄前儿童的书都是以环境为主题的。与贝克特的《无法称呼的人》或者马克斯·比尔博姆的《朱莱卡·多布森》那种环境题材不同，这些书包括艾瑞·卡尔的《好饿的毛毛虫》（*The Very Hungry Caterpillar*，1969）——这是一本关于一条饥饿的毛毛虫的书；由比尔·马丁著、艾瑞·卡尔绘图的《棕色的熊、棕色的熊，你在看什么？》（*Brown Bear, Brown Bear, What Do You See?*，1967）——一本关于棕色的熊和其他动物看到了什么的书；马克斯·菲斯特所著的《彩虹鱼》（*The Rainbow Fish*，1992）——讲述了一条五颜六色的鱼的社会行为发展；以及由玛格丽特·怀兹·布朗著、克雷门·赫德绘图的《逃家小兔》（*The Runaway Bunny*，1942）——讲述了一只受到诱惑的兔子离家出走，而它的母亲决心跟随它的故事。大自然在学龄前儿童的经典读物中无处不在。

随着孩子年龄的增长，这一比例似乎在稳步下降。在 36 本推荐给 4～8 岁儿童的书中，60% 以动物为主题，或以其他方式关注自然。对于 9～12 岁的年龄段，这个比例刚刚超过 50%。然而，公平地说，所有面向年轻人的书籍（当然，选择范围要小得多）都可以被描述为提升了其读者的环境敏感性，其中包括前面提到的具有丰富的生态环境元素的《霍比特人》，威尔逊·罗尔斯的《夏日历险》（*Summer of the Monkeys*，1976）——在这部作品中，一个小男孩试图将黑猩猩送回一个流动的马戏团，以及西奥多·泰勒的《珊瑚礁》（*The Cay*，1969）——一个发生在加勒比海的关于生存的故事。

现在回想起来，我父亲为我们选择的图书不仅仅是他自己喜好的表现。对于他来说，坚持阅读经典作品是必不可少的，因为他会给我们讲述自然的故事。

尽管儿童书籍强调以自然为主题，但书中的动物常常被拟人化。为最年幼的孩子写的通俗书籍很少能提供准确的自然历史信息。儿童书籍中的毛毛虫、棕色的熊、鱼和兔子的行为方式与物种并不相称。例如，人们会怀疑，在一般情况下，一条五颜六色的鱼会不会那么关心朋友受到伤害，我猜想，这条鱼也不会把章鱼当作生活教练。看起来，动物发出的是成人世界的声音，这个世界希望向孩子们灌输值得称赞的美德。因此，动物是否可能在不依赖于儿童对动物的特殊兴趣的情况下，在儿童图书中扮演主角呢？毕竟，与其他表现良好的动物的故事相比，如何让幼小的孩子更好地融入社会呢？在这个模型中，随着年龄的增长，孩子们越来越成功地适应了文化，也越来越不需要召唤我们的动物伙伴，这就解释了随着年龄的增长，动物自然逐渐淡出儿童文学的原因。

然而，现在有令人信服的证据表明，儿童对动物的兴趣可能反映了他们自己的内在欲望，而不是某种成年人的灌输计划。来自西华盛顿大学的生态心理学家小奥林·尤金·迈尔斯写道，"对于儿童来说，动物的出现……作为一个真正主观的'他人'，其直接出现是令人信服的"。[6]瓦妮莎·洛布与她在罗格斯大学和弗吉尼亚大学的同事们在 2013 年发表的一篇研究论文显示，4 岁以下的儿童更喜欢活生生的动物——鱼、仓鼠、蛇和蜘蛛——而不是"有趣的"玩具。[7]孩子们更频繁地向动物打手势，更多地和它们交谈，更多地问关于它们的问题，而家长们则会鼓励这种兴趣。

无论儿童对动物的认同是父母人为制造出来的，还是有某种先天基础，或者（似乎最有可能）是先天和后天的结合，在为了教育的目的而创作的故事中包含动物都是一种古老的习惯。在当代儿童读物中，动物往往扮演着道德教育者的角色，就像伊索时代的动物一样。第一批儿童读物之一，约翰·纽伯瑞的《袖珍的漂亮口袋书》（*A Little pretty Pocket-Book*，1744）提供了几个以动物为主题的寓言故事。20世纪初，拟人化的动物变得非常流行。比阿特丽克斯·波特创作的《彼得兔的故事》中，动物们都穿着衣服，而肯尼斯·格雷厄姆的《柳林风声》（*The Wind in the Willows*，1908）则延续了这一潮流。不过，波特对蟾蜍梳头之类的情节犹豫不决，抱怨"不该在大自然面前放飞自我"。[8]在今天的皮克斯和迪士尼的世界里，为了道德引导而将动物拟人化的模式有增无减。

有强有力的证据表明，在孩子的生活中，饲养动物对孩子的道德发展非常重要。与活生生的动物建立联系可以增强孩子的同情心，并且已经成为许多重要儿童项目的基础，甚至被用作治疗问题儿童的方法之一。[9]但是，到目前为止，关于虚构生物在儿童生活中的意义只获得了极少的关注。至少，给孩子们朗读有关自然的故事，似乎极有可能为他们提供一个培养环境伦理的机会。

即使所有的父母都会给孩子读故事，并耐心地与孩子们讨论，但也不是所有的父母都有环保意识。正如美国国家环境教育基金会的报告《美国的环境素养》（*Environmental Literacy in America*，2005）中所说："大多数美国人自认为他们对环境的了解，都多于他们真正的了解。"报告中说，大约80%的美国人依赖于关于环境的不正确的或过时的传闻。通常情况下，即使是最简单的儿童书籍中的问题，父母也未必有足够的知识来回答。

　　由于我们给孩子读的大多数图书都是以环境为主题的，很明显，如果父母不提高环境素养，就会错过他们在自己孩子身上培养对自然世界的热爱的最好时机。

　　所有的父母都有自己给孩子读书的理由，大多数人肯定认为这会使孩子们变得更聪明、更善于沟通、更有道德感。毫无疑问，许多人希望他们的孩子既关心周围的人，也关心周围世界的生物。但是为了实现这些目标，父母可能需要自己多读一些书，这样他们的孩子才可以从迷人的睡前野兽身上学到除礼貌之外更多的东西。

第二章
杜立德医生对阅读的启示

―――――

从室内学习大自然

关于环境的应用写作，传统上是为了引导我们离开舒适的家，去体验壮丽的大自然。美国荒野传统的捍卫者——约翰·缪尔、亨利·大卫·梭罗和他们的衣钵继承者鼓励我们到野外去，这样做是为了培养我们天性中的粗犷。[1] 对于在室外闲逛，梭罗设置了一套相当高的要求。他在散文《行走》（*Walking*，1861）中写道：

> 我认为，我必须每天至少花 4 个小时（通常不止 4 个小时）在树林里、山坡上和田野里闲逛，完全不受世俗的约束，否则我就无法保持健康和精神状态。[2]

最近的环境保护主义宣传倾向于户外运动，这一点可以从全国性的"让孩子走向户外"运动中看出来[3]，这个项目的灵感来自记者理查德·洛夫在 2005 年出版的畅销书《林间最后的小孩：拯救自然缺失症儿童》。该书认为，注意力缺陷障碍、肥胖以及这个时代其他普遍的弊病，与如今孩子们和自然的接触大大减少之间存在相互关联。[4] 鼓励青少年走出家门——即使每天走出家门的时间不到 4 个小时，对改善他们的身心健康也是有益的[5]大多数读过此书的父母都会怀疑他们的孩子在户外的时间比他们年轻的时候还要少。[6] 避免孩子们把过多的时间花在沙发和电脑屏幕上，对他们自己和自然世界的健康都至关重要。[7] 人们认为热爱大自然是保护原野和生物的关键。这种观点认为，我们越了解什么，才会越保护什么。[8]

虽然本书的目的不是要反驳"让孩子走向户外"运动中体现出来的重要见解，但我们应该停下来记住这个显而易见的事实：伟大的自然主义者，即使经历了最艰苦的旅行，也会回到家乡。事实上，我们所了解的关于最荒芜的地方的很多东西都是由人写出来的，他们必须在书桌后面阅读和写作。仅梭罗的日记就有 200 万字，即使每天写 1000 字（是我每天平均写作量的 2 倍），也意味着需要大量的写作时间（差不多要 6 年，而且没有休息日）。另一位堪称典范的博物学家达尔文 [他在走到户外探索大自然时毫不懈怠，在《小猎犬号航海记》（*The Voyage of the Beagle: Journal of Researches into the Natural History and Geology of the Countries Visited during the Voyage of HMS Beagle Round the*

World，1893，原名《菲茨罗伊航长领航小猎犬号战舰环球之旅期间所访各国的博物学与地质学研究日志》）一书中记载了自己离开英格兰近 5 年来探索全球的经历] 在晚年安定下来，过上了一种更为安静的生活，他阅读、反思，并且巧妙地观察周边的事物。[9] 往往在室内时，人对户外活动的反思会更加强烈和丰富。

我想没有任何环境教育者会提倡让孩子们每天在树林里走 4 个小时。也不会有人指望孩子会完全放弃室内娱乐。应该鼓励的是，室内活动和户外活动的比例要比我们目前很适应的两种时间比例更加合理。当然，梭罗和达尔文可能并不是当今年轻人最合适的榜样，因为他们本质上是职业自然主义者（我想，我们大多数人都认为我们的孩子不会是职业自然主义者）。然而，在那些帮助我们构建起当代对自然世界理解的模范研究员的生活中，阅读、反思和行动所起到的作用是值得注意的。我们一生的目标肯定是要保持这种平衡。而这种平衡，在不同的生命阶段会有所变化。比如，人们可能希望孩子们在户外的时间比平时多。然而，人们也可能希望，当他们在室内的时候，可以通过更多的故事和自己的创造性思维来提高这种体验的质量。我们的任务是提高室内生活的品质。无论如何，"让孩子走向户外"应该有个补充："不让孩子留在没有书的室内"。环境教育可以从室内的壁炉边开始。

在对环境素养的争论很少的情况下，反映室内、户外时间平衡的紧张关系，是一种鲜为人知的对抗。现在，让我们把环境素养简单地定义为拥有关于自然的知识，而不是正式的读写算术知识。这种紧张关系可以归结为一个问题：一个爱读书的孩子是否忽视了"阅读自然之书"所需技能的培养？[10]

杜立德医生和他的问题

环境素养：一个自然主义者需要读写吗？

如果你即将给你的孩子读休·洛夫廷的经典之作《怪医杜立德》（*The Story of Doctor Dolittle*，1920），我建议你在读第九章"猴子议会"之前停止。来自约利金基王国的非洲王子邦波在"怪医杜立德"系列小说中是一个反复出现的角色，他成了博士的朋友和旅行伙伴。当我们第一次见到邦波王子的时候，他正沉迷于童话故事。他想为了睡美人改变自己的容貌，把皮肤变白，对于这个请求，杜立德医生勉强提供了帮助，尽管他的解决方案只是暂时获得了成功。[11]该书在这一点上，会让众多听过和读过杜立德故事的年轻读者从中受益，就像赢得纽伯瑞奖的《杜立德医生航海记》（*The Voyages of Doctor Dolittle*，1922）中的一些故事一样。除此之外，这本书还特别有趣地探讨了需要何种程度的读写能力才能满足环境素养的要求，或者说探讨了读写这两种能力是否具有相互矛盾的倾向。[12]

虽然杜立德是一名经过专业训练的医生和兽医，但他同时也是一位业余的博物学家，这成为他在《杜立德医生航海记》中自我描述的一部分，其主要的冒险包括他试图拯救另一位伟大的自然学家——金箭之子"红色印第安人"长箭。长箭最后一次被发现是在蜘蛛猴岛上，那是一座漂浮的岛屿，通常出现在巴西附近。一定要找到他！

如今，宣称自己是自然主义者，听起来可能像药剂师或者打字机制造商一样过时，因为这个术语及其附带的自然历史领域在某种程度上已不受欢迎了。那么，究竟什么是自然主义者呢？《英语词汇用法辨析手册》（*Bloomsbury Good Word Guide*）有助于区分"自然主义者"和"裸体主义者"。[13] 不要把这两者混为一谈——后者不穿衣服，然而，至少在我的经验中，前者还是需要穿衣服的，特别是需要口袋。一个优秀的自然主义者会随身携带标本、笔记本、放大镜、小瓶酒精等工具。《牛津英语词典》（*Oxford English Dictionary*）更着重地将自然主义者定义为对植物或动物有特殊兴趣或进行特殊研究的人，尽管在自然史的经典时期——启蒙运动开始后的几个世纪到 20 世纪早期，这个术语还包括地质学、气象学等等。[14] 自然主义者通常观察自然，而不是进行复杂的田野或实验室实验——这是当代生态学学科的特点。虽然现在描述一位科学家仅仅是一个"捕虫人"是一种贬低，但我认为达尔文可能对这个标签会很满意。达尔文在大学时代绘制的最著名的一幅画就是他骑在一只地甲虫的后背上，画上写着："加油，查理。"[15]

我们中那些主张对环境素养做出更加折中的定义的人，可能会对那些鼓励对年轻的自然历史学家进行单一的生态学训练的科学家的作品持谨慎态度。[16] 弗兰克·高利另一本优秀的图书《环境素养入门》（*A Primer for Environmental Literacy*，1998）可以作为此类作品的代表。这本书将环境素养的灌输作为科学生态学的技术原则。不过，公平地讲——我在这里可以指出，弗兰克是我在佐治亚大学十分敬爱的导师——他承认，"环境素养不仅仅意味着知道生物体的名称和了解地貌学"。认识到"经验是环境素养的触发器"后，他写道，"超越书籍和图书馆，直接体验自然"是有必要的。这样的思考会提醒我们，即使是最有方法论头脑的年轻自然主义者，有时也需要放下书本。[17] 但是，我们能否完全摒弃正规的文化教育——完全放下书本，或者甚至根本就不拿起书本？或者更深入地提出一个问题：正规的文化教育是否妨碍了环境素养的培养？我们的好医生杜立德对这个令人困惑的问题进行了反思，这是《杜立德医生航海记》最与众不同的部分。

《杜立德医生航海记》的叙述者是年轻的汤米·斯塔宾斯。他第一次见到杜立德时，还是个文盲，可他立即宣布自己想成为一名自然学家。由于杜立德的探险是在自然历史的黄金时代——19世纪初至19世纪中叶进行的，这就成了一个十分合理的理想。斯塔宾斯需要学习读写能力来实现他的目标吗？在评估对正规读写能力的需求时，杜立德想起了过去那些伟大的自然历史学家，比如达尔文，杜立德说"这个年轻人……阅读和写作能力都很出色"；对居维叶医生，杜立德说他"曾经是一名家庭教师"。然而，杜立德声称，其中最伟大的自然主义者是长箭，他"甚至不需要会写自己的名字，也不需要认识 ABC"。年轻的斯塔宾斯到底会走上长箭的道路，还是达尔文（或者，实际上是杜立德）的道路呢？

杜立德认为，在缺乏正规文化教育的情况下，是什么在发挥作用使长箭成为一个自然主义者呢？首先，他是游牧民族，从来不会在同一个地方待很长时间——他是"印第安流浪者"。其次，他与动物以及其他印第安部落生活在一起，通常是在山区。再次，他有专业知识——特别擅长对付蜜蜂和甲虫。原来，长箭被困在蜘蛛猴岛的一个山洞里。他巧妙地在一张树叶纸上画上解释性的象形文字，以说明他所在的位置，这样杜立德医生才把他救了出来。最后，也许正是因为长箭缺乏书本知识，所以他与自然直接接触的能力更强，这使得他比达尔文和居维叶这样的自然主义者在荒野中更得心应手。因为近距离观察事物的能力是自然学界取得卓越成就的决定性因素。在汤米·斯塔宾斯与博士的鹦鹉波利尼西亚——一只毫无疑问令人反感的鹦鹉——的交流中，我们了解到成为自然主义者的更多秘密。波利尼西亚问汤米："你是一个好的观察者吗？你能很好地观察事物吗？"然后它提供了几个有启发性的观察例子，比如："假设你在苹果树上看到了两只雄性椋鸟，你只看了一眼，如果第二天再看到它们，你能分辨出来吗？"如果你想成为一个像长箭那样的博物学家，你必须致力于培养这样的观察才能。

如今，人们几乎不会怀疑正规的文化教育是一件令人愉快的好事——尽管这无疑是一项耗资巨大的事业。虽然大多数孩子并不需要特意培养就能学会说话，但阅读和写作能力的培养需要一些巧妙的技巧灌输。然而，令人惊讶的是，在环境界，对正规教育的环境成本仍然存在一些争论。大卫·阿布拉姆是一位非常优秀的作家，他在《感官的咒语：超越人类世界的感知和语言》（*The Spell of the Sensuous: Perception and Language in a More-than-Human World*，1997）一书中提出，字母以及一般书面文字的干扰，使人们远离了直接的自然世界。[18] 把事物写下来，这会增强记忆，同时也会导致对世界的遗忘。

当然，大卫·阿布拉姆并不是第一个质疑写作意义的人，有些著名的写作评论家——包括苏格拉底——也持此观点。虽然这并不是一个普遍的观点，但它还是出现在环境界，这值得我们反思。[19] 人们很容易认为，在口头文化中有很多关于自然的民间知识，这些知识在这个文化较发达的时代被抛在了一边。[20] 最后，至少，杜立德认为，正规的文化教育必有其价值，因为正如我们所知，斯塔宾斯最终还是学会了 ABC，就像前文所提到的，汤米·斯塔宾斯正是这次航行旅程的记录员。斯塔宾斯是杜立德的学生，而杜立德毕竟是伟大的自然主义者之一，同时也是一个有文化的人。

既然不识字的斯塔宾斯都能在自然的某些方面超过达尔文和居维叶，那么是什么让杜立德成为比长箭更好的自然学家的呢？杜立德医生自己认为，他超过长箭是因为自己的方法更新，并非缘于他的读写能力。我们了解了很多伟大的自然主义者的方法论，其中有一些相当反直觉，比如杜立德的故事发展。首先，杜立德似乎有本事把事情搞砸，但他的结果总体上却还不错。比如，他不是一个很好的水手，他的航行总会被海难困扰。这没有什么可耻的，事实上，伟大的自然学家、自然选择论的共同发现者阿尔弗雷德·拉塞尔·华莱士也不止一次遭遇过海难，当然，华莱士并不是船长。[21] 但杜立德善于从错误中吸取教训，这是一个优秀科学家的标志。

杜立德医生的方法，其关键在于他能够与动物交谈，这一奇特的新颖之处正是我们还没有讨论的关键之处。对于怪医杜立德的世界，这非常重要，以至于在关于怪医杜立德的一些电影中，这是唯一保留的洛夫廷小说中的情节元素。那么，他是怎么拥有这一前无古人的强大能力的呢？事实上，这既不是天赋异禀，也不是意外所得，更与他的读写能力无关，杜立德医生是通过持续不断的努力学习才懂得了动物的语言。至于他究竟是怎么学习的，那就是另一回事了。

正如我们所看到的，理查德·洛夫的工作启发了最近的环境教育项目，鼓励孩子们走出家门去亲近大自然。当然，他并非建议鼓励孩子们以牺牲阅读或其他任何形式的文化教育为代价去户外活动。"阅读，"洛夫在《林间最后的小孩：拯救自然缺失症儿童》中写道，"可以激发想象力。"环境教育工作者的任务是平衡户外活动的有益效果，同时鼓励更好地利用室内时间。通过鼓励阅读、反思和体验的平衡生活，来改变室内大自然的体验，是下一个巨大的挑战。

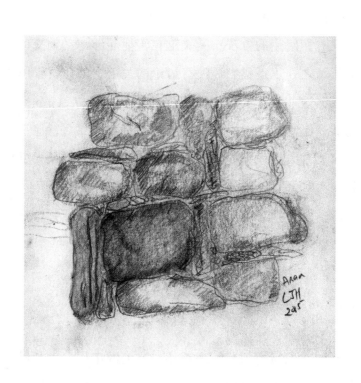

Section Two:
Pastoral Stories

———

第二部分

田园故事

恋地情结

在我 21 岁生日时，我最小的弟弟保罗送给了我一本约翰·贝杰曼的诗集。贝杰曼至今仍然是英国最受欢迎的诗人，虽然我不再经常读他的作品，但每到夏末，看到有朋友特意把皮肤晒得黝黑时，我还是会引用这样的描述："被奥尔德肖特的阳光装点得光彩照人。"这句话就出自贝杰曼的作品《一个士官的情歌》(A Subaltern's Love Song)。

不可否认，贝杰曼对人的观察具有可爱的特殊性，他的作品扎根于英国独特的乡村。在描述贝杰曼的世界和作品时，诗人 W.H. 奥登创造了"恋地情结"(topophilia)这个词语。这个词语在词源上来源于希腊语"topos"，意思是"地方"，"philia"的意思是"爱"。贝杰曼有一种特别敏锐的视觉想象力，奥登觉得这种想象力正是自己所缺乏的。在奥登的自我评价中，他认为自己是"思考型"的人。即使对于那些不像奥登那么理智的人来说，阅读贝杰曼的诗歌也会让人们关注一些连自己都没有注意到的东西，直到在他的诗作中看到它的表达。然而，我认为，贝杰曼的诗作并不仅仅是提醒我们注意自己的不足（这可真是令人沮丧），还有指导我们注意生活中发生事件的地方的细节是如何强化我们所有的体验的。

至少在我听来，"恋地情结"是一个漂亮的词，但仅仅如此并不能证明它的使用是正确的。如果它仅仅意味着"对地方的热爱"，那么就这么直说岂不是更好吗？因此，如果这个词的演变不能超越奥登最初在提到贝杰曼的作品时使用它的程度，那么放弃它才是合理的。然而，近几十年来，"恋地情结"已经被哲学家、地理学家和环境心理学家所采纳并充分使用，尽管它的意义事实上并没有明显超出奥登的定义，但它现在却与一些引人入胜的新研究领域联系在一起，并得到了极大的丰富。

例如，环境心理学家试图努力发现具体是什么决定了人类对物理环境的主观体验，是什么样的景观元素触发了我们的偏好，我们的地域感是否存在遗传因素。这些研究清楚地表明，我们对风景的主观反应是复杂的，但不可否认的是，那是全身的反应：风景的样貌、气味和声音都可能会影响我们。此外，与这些感知相关的记忆在决定我们现在对一个地方的评价是积极的还是消极的方面，起着至关重要的作用。闭上眼睛回想一下，比如，你小时候在喜欢的海滩上玩耍时，温暖的海风吹过沙滩的感觉；海浪的拍打声、远处其他孩子嬉戏时的叮当声、你用铲子铲开沙子时的沙沙声。哦，卧室窗外的那棵树发出的声音多么可爱，那是你在童年时期蜷缩在床上时，风吹过夜晚的

叶子时发出的声音！听听贝杰曼是如何捕捉圣诞节的
感觉的：

> 冬青树在多风的树篱里，
> 红豆杉环绕着庄园，
> 很快就会变成圣坛、柱廊、拱门和长凳，
> 让村民们由衷唱颂。
> 圣诞的教堂，如此美丽。[1]

你有什么感觉呢？ 这可能就是"恋地情结"。

我在一座相对较大的城市都柏林长大，但我更
喜欢都柏林郊外的牧区。我们居住的村庄叫作坦普洛
格，它就在 20 世纪 50 年代都柏林的边缘，当时这个
古老的村庄周围正在发展成为郊区。向北朝着城市
的方向，就是特雷努尔村，再往北就是拉特加尔——
1882 年詹姆斯·乔伊斯[1] 就出生在那里。再往北是拉
斯米内斯，之后距离我们家八九千米的地方，就是都
柏林市中心。然而，在年轻时候的大部分时间里，我
都被南方吸引着。在那些日子里，如果仔细选择路
线，就可以从我家花园墙外的农田一直走到都柏林的

---

[1] 詹姆斯·乔伊斯，爱尔兰作家、诗人，后现代文学的奠基者之一，
其作品及"意识流"思想对世界文坛影响巨大。

蒙彼利埃山的山脚下，那里矗立着建于1725年的大型狩猎屋的遗迹（在一座新石器时代墓穴的顶部），后来被臭名昭著的地狱之火俱乐部用于邪恶的目的。[2] 显然，那些邪恶行为毁了这一切。如今，这座小山属于爱尔兰政府所有，两侧是森林种植园，供慢跑、散步等休闲活动使用。北到城市，南到山区，这两种不同的延伸点影响了我及我后来的职业方向。

小时候，空闲时我总喜欢去后花园（我最喜欢的活动是把收集的黄蜂装在果酱罐子里——当然首先是吃果酱）、农田（通常在那里与邻居家的孩子们打打闹闹），最后是通往地狱之火俱乐部的山麓小丘，我需要先骑车、后步行才能到达那里。尽管那里不算是最荒凉的地方，但也足够荒凉到既能起到教育作用又充满危险。比如有一次，我骑着自行车从那里的山坡上飞速冲下山时，有位骑车的同伴被一只脾气特别暴躁的山羊从自行车上撞了下来。如果一只山羊在山坡上向你冲过来，它很可能成为魔鬼。不过，更可能成为潘神[1]。

田园风光的中间地带——生态的最佳地带——最让我感到温馨舒适。

---

[1] 潘神，又称牧神，希腊神话中司羊群和牧羊人的神。

第三章
田园故事的美好结局

———

许多故事的秘密核心都是一个幸福结局的承诺：从此以后，他们都过上了幸福的生活。我把这称为田园故事的承诺——这是一个承诺，一个完美的世界，超越了我们读这个故事时抓人眼球的情节。这是一个植根于古老思想的观念，也是一个为环保行动提供强大动力的想法。这意味着有一个和谐、一致，并且和平的结局，超越了复杂的剧情。一旦"他们都过上了幸福的生活"这句话出现，就表明那些维持这个故事、推动情节前进的紧张关系已经消失了，世界恢复了和谐。在那之后，帷幕降下，我们将告别我们的英雄。王子和公主结婚了，大灰狼死掉了，邪恶的女巫死掉了，孩子们回到了他们父母的身边，这个世界永远幸福美满。永无止境的幸福——这在我们的日常生活中是不可能的，尽管我们可能十分渴望它——是作为一个超越书本界限的私人世界而存在的。

我最喜欢的一个故事是改编自《路加福音》（*Luke's Gospel*）

的一个儿童故事，名叫《浪子回头》(*The Parable of the Prodigal Son*)：一个小儿子带着分得的财产离开了父亲的家，把那部分财产浪费在了流浪生活上。但小儿子所到的地方遭受了饥荒，他不得不去给人养猪讨生活。等到他穷困潦倒到考虑吃猪食的时候，他才意识到哪怕自己父亲的仆人都比他幸运。于是，他动身回家了。他父亲远远地看见他后，跑过去给了他一个拥抱。小儿子乞求父亲宽恕，声称自己不配做父亲的儿子。父亲却吩咐仆人把自己最好的袍子拿来，还为他戴上戒指、穿上鞋子，杀牛宰羊准备宴席。父亲高兴地说："我的小儿子死而复生、失而复得了。"当然，这个故事并没有就此结束。大儿子一直待在父亲身边，他抱怨为弟弟如此大肆庆祝，因为他在家中辛苦劳作，却从来没有得到杀牛宰羊宴请宾客的待遇。但父亲安慰他说，他们都是自己的儿子。父亲对他发牢骚的大儿子重复他对仆人所说的话："我们当然要欢喜庆贺，因为你的弟弟死而复生、失而复得了。"从此以后，他们都过上了幸福的生活。——或者，至少我们必须这样假设，因为这个故事已经到此结束了。尽管很难想象，这个浪子（毫无疑问，他的经历改变了他）回到家后就会心满意足。

知错能改、获得宽恕——这在一定程度上就是田园式的梦想。宽恕对每个人都很重要，对孩子来说尤其如此。毫无疑问，宽恕是儿童故事中普遍存在的主题。纵然浪子罪孽深重，但他回到家后，仍然会受到欢迎。玛格丽特·怀兹·布朗的《逃家小兔》中的小混混也是这样的浪子形象，尽管这个浪子毛茸茸的，罪过也更小一些。毕竟，书中并没有提到兔子挥霍财富的事情。

有时，一个故事的田园性在于提醒我们，善有善报，然后，世界和谐，天下大同。比如比尔博·巴金斯，他冒险的开始和结束都在夏尔的田园天堂。我们第一次见到霍比特人是在"安静的世界里，噪声很小，郁郁葱葱，霍比特人仍然繁荣昌盛……"在这个最初相当知足常乐的霍比特人身上，冒险细胞被唤醒了，于是他和巫师、矮人一起出发，踏上冒险旅程。但后来回到夏尔的并不是原先的比尔博。他经历过远途、冒险、与龙的遭遇和战斗，变得坚强起来。比尔博变了，但夏尔依然存在。托尔金写道："万事万物都会有结尾，这个故事也不例外。终有一天，比尔博出生与成长的故乡出现在了他们眼前，这里的风土地貌，一草一木对他来说，熟悉得就像是自己的手指和脚趾。"如果我们不知道《霍比特人》是魔戒故事的开始，而不是结束，可能会想象比尔博——可以肯定的是，他安坐在袋底洞里，在离开之前变得更加古怪了——抽着烟斗，照料着他的花，写着他的回忆录："在这个广阔的世界里，他是一个相当小的家伙。"比尔博在《魔戒：魔戒同盟》（*The Fellowship of the Ring*，1954）的埃尔隆会议上说过，他曾希望用这样的话来结束自己的回忆录："从此以后，他过上了幸福快乐的生活，直到生命的尽头。"

"pastoral"（牧歌）一词，从原意来说是指与放牧牲畜有关的人，尤其是牧羊人。"pastoral"这个词源于经典的拉丁词"pastoralis"，指与牲畜饲养有关。因此，《浪子回头》故事中的父亲是一位名副其实的牧民——他照顾着羊群。至于那个离家出走的儿子，他在灾荒时期从事着不怎么体面的放牧工作：养猪。在最早的希腊田园诗中，比如希腊诗人塞奥克里托斯（约公元前310年—前250年），记录了希腊偏远山区牧羊人的生活、爱情和悲叹，并将其理想化了。[1]这些古代文学中涌现出的文学形式影响深远，以至于人们可以说，当今天的父母和他们的孩子依偎在一起读睡前故事时，仍然激荡着最初由古代世界的偏远山谷生活所激发的情感。

原始牧歌的环境背景是乡村，通常在古典牧歌中，生活是以理想化或浪漫的形式呈现的。这种诗被称为"田园诗"或"田园风光"。由此，我们得到了"田园诗"和"田园风光"这两个术语与安逸和谐生活的概念之间的联系。特别有影响力的田园诗包括罗马诗人维吉尔（公元前70年—前19年）的作品。这些诗歌被称为《牧歌》（*Eclogues*）或《农事诗》（*Bucolics*）。[2]有些诗歌是以希腊伯罗奔尼撒的阿卡迪亚为背景的。阿卡迪亚是潘神的故乡，即使在当代文学中，潘神对成人和儿童也有着奇怪的吸引力。例如，在肯尼斯·格雷厄姆1908年出版的童话故事《柳林风声》中，我们的主人公——一只鼹鼠和一只水鼠——遇到了潘神。在《黎明之门的风笛手》一章中，鼹鼠和水鼠在潘神的关照下，在河中的一个小岛上找到了水獭失踪的儿子。这是一个神奇的情节，以至于批评家们经常对此表现出困惑——这就像是另一本书中的章节被胡乱放到这里来了一样。但是，当人们遇到旧世界的神时，也许这就是必然的：这看上去就像是一种对主流情节的背离。

如果说传统的田园诗在诗歌中已经黯然失色，那么它在文化的其他方面仍然存在。[3] 田园诗的吸引力在儿童故事和环境思想中仍然十分突出。乡村环境中和平与和谐的愿景是乌托邦愿景的基础；简单的生活，在大自然之中，在晴朗的天空下，放弃"无休止的竞争"是每个人的自然之梦。

诗人兼评论家威廉·燕卜荪认为，总体而言，田园传统的精髓是双重的。燕卜荪在其经典作品《田园诗的几种版本》(*Some Versions of Pastoral*，1935）中有些晦涩地指出，在田园诗中，复杂的情节表达得很简单，而且，简单的人物会表达出强烈的情感。《浪子回头》的寓言就非常符合燕卜荪的田园比喻：这是一个简单的故事，在这个故事中，简单的人物表达了强烈的感情。一个儿子离开家，回到家，但其表达的情感——家的温馨诱人、归属感，以及父爱的忠诚——非常不简单。这些主题也具有普遍性。经典的儿童田园故事《柳林风声》再一次完美地描述了这一主题。当水鼠和鼹鼠穿过田野时，鼹鼠经过了自己的洞穴，那是我们在小说开头第一次遇见鼹鼠时它抛弃的洞穴。鼹鼠对这个洞穴感到十分亲切。格雷厄姆描述了这种情感击中鼹鼠的时刻：

> 他突然停住了脚步，四处嗅着，试图找回那丝仿佛触电一般强烈感动着他的情感细流。有那么一会儿，他又抓住了它，随之而来的是汹涌澎湃的回忆。回家！

　　这个发现让鼹鼠情绪激动（而且起初水鼠也不知道这对他的朋友有多重要）。鼹鼠脱口而出："我知道这是一个……破旧、肮脏的小地方。"最后他断断续续地啜泣着："不像……你那舒适的房间……也不像蟾蜍那漂亮的大厅……也不像獾的大房子……但它是我自己的小房子……我很喜欢它……我离开了，把它忘得一干二净……然后我突然在路上闻到了它的味道……"

　　鼹鼠和水鼠在鼹鼠的小房子里过夜。尽管那座房子仍然吸引着鼹鼠，但它还是意识到，现在不是回去的时候。毕竟，它不想"放弃新的生活和宽敞的空间，背弃阳光、空气和所有这一切，悄悄地回家，待在那里"。鼹鼠又一次离开了家。

　　田园诗包含着回家的梦想——回到我们来的地方——当然，也包含着安逸、安全和归属的梦想。除此之外，田园诗还关心健康和活力，在平静的地方无忧无虑地生活，拥有坚定不移的友谊、拥有宁静美丽的东西，以及方方面面的和谐。这就是和谐安宁的田园故事。通常情况下，田园梦是一种在绿树成荫的地方享受的遐想，那是一种超脱城市苦难的环境。花园经常作为儿童故事的背景，在故事里具有更多的比喻意义：自然与人类行为巧妙融合的肥沃牧场。

　　田园故事是儿童文学的一个独特类别，尽管这个词在年轻读者和他们的父母中并没有被广泛使用。儿童文学批评家——我指的是那些为儿童分析故事的作家，他们往往是学者——通过在祥和的乡村环境中将动物拟人化来判断文学的田园风格。比阿特丽克斯·波特的《彼得兔的故事》或 A.A. 米尔恩的《小熊维尼》

堪称此类小说的典范。威廉·燕卜荪说——

> 孩子们在动物被视为人类的时候感觉很自在。动物可以
> 在没有严肃情感要求的情况下变得亲切，不会好为人师，至
> 少在这个意义上是非传统的，因为它们不会把自己的习俗强
> 加于人，也不会把自然的过程当成秘密。

在属于孩子们的田园故事中，大部分情节都是和谐美好的，
尽管有时也会出现轻微的紧张以推动情节的发展。田园诗对和谐
的强调有一个重要的例外，我们现在将讨论这一点，那就是死亡
会以一种重要的方式编织进故事。但是，一般来说，不会出现成
年人担忧的问题，尤其是不会出现在讲给非常幼小的孩子们的故
事中。例如，这些角色通常不涉及财务问题。小熊维尼从来没有
提到过他的抵押贷款或汽车价格，也没有提过小熊维尼太太或者
不忠的糟糕友谊（尽管维尼是处理人际关系的高手），诸如此类
的话题并不适合儿童田园故事，至少不适合讲给幼儿听。《小熊
维尼》中并非没有情感上的细微波动，不过屹耳的忧郁就算是其
中最具有心理深度的一个了。

田园故事的危险在于，作为一种文学形式，它的形式如此多
样，几乎包括了一切美好的事物、优美的环境以及愉悦的情绪。以
至于它几乎可以包容一切。但是，似乎一切又都是虚无的。那么，
要点就在于弄清楚如何以具体和可识别的方式来表达那些想法。

幸运的是，从上面的讨论中，我们已经有了一些线索，可以让我们驾驭田园故事。田园的标志包括一种职业——牧羊人以及那些喜欢动物和其他和平生物的人；一种地方——主要是乡村或温和的人性化景观，比如花园和绿洲；一种情绪——怀旧，包括归属感以及在家的感觉；一种节奏——和谐与平衡；一种灵性——与自然联结的感受，对伟大的潘神的向往；一种态度——谦逊而恰当；还有一种对美好生活的假设：幸福来自与自然的亲近。田园故事由此给人带来心灵的慰藉：救赎和治愈。

一个定义要发挥作用，就必须对其内涵和外延加以限制。如果所有的儿童故事都是某种田园故事，我们可以不用"田园"这个词，只称之为故事。那么什么样的故事是非田园风格的呢？ 4
田园故事的主人公一般不包括市民、工人、无家可归者和好勇斗狠者。然而，很重要的一点在于，田园故事并不排斥死亡。在这里简短解释一下田园故事中提到的死亡（后文我们会继续讨论这个问题）。死亡长期以来一直是田园艺术的一部分，包括文学和绘画。例如，尼古拉斯·普桑（1594年—1665年）的著名画作《我也在阿卡迪亚》（Et in Arcadia Ego），也被称为《阿卡迪亚的牧人》（The Arcadian Shepherds），就描绘了这种黑暗的情绪，这种情绪可以蚕食田园的宁静。在这幅画中，阿卡迪亚牧羊人在检查墓碑上的铭文。画作的名称可以译作"即使在阿卡迪亚，也有我"，其中的"我"就是死亡。这幅画和其他几幅模仿这一主题的作品的灵感，来自维吉尔的《牧歌之五》（*Eclogus V*），牧羊人在那里悼念达佛涅斯[1]的死亡，并为他写下墓志铭——"达佛涅斯，就在这身边的树林之中，从这里的一切到天上的星星都知道，我的羊群是多么美丽，但我，他们的牧人，更加美丽。"

　　因此，针对儿童和青少年的田园故事，可以同时关注实现和谐与平衡的困难，有时甚至是不可能的问题。在钦努阿·阿契贝关于动物群落的和谐程度的寓言《豹子是如何有爪的》（*How the Leopard Got His Claws*，1972）中，我们可以看到，在一段时间里，"所有的动物都在森林中作为朋友生活"。⁵它们很少会有尖牙利爪，因为不需要，动物们相处得很好。而有只狗是个例外，它粗暴地抢走了豹子国王的位置。这只豹子被它的人民抛弃了，而它的牙齿和爪子都是铁匠打造的。惊雷赋予豹子新的吼声，让它重新站了起来。但此后，考虑到其他动物尽是些"可怜的虫子"和"无耻的懦夫"，豹子以恐怖的手段统治了森林。而那只狗则偷偷溜走，成了人们的奴隶。

　　死亡也闯入了孩子们的田园故事。例如，在凯瑟琳·佩特森颇具争议的小说《仙境之桥》（*The Bridge to Terabithia*，1977）中，两个朋友通过创造一个田园般的绿叶王国来逃避他们孤独的生活。然而，死亡闯入了这个世外桃源般的世界——事实上，最终，当其中一个角色穿越到孩子们共享的田园绿洲特雷比西亚

---

[1] 希腊牧神，被认为是田园诗的创始者。

时，她失去了生命。也许儿童田园故事中最感人的死亡场景出现在 E.B. 怀特的《夏洛的网》（*Charlotte's Web*，1952）中，作者在结尾部分描述了蜘蛛的死亡：

> 这里很快就荒芜了，渺无人烟，棚屋空空荡荡，毫无生气。场中到处都是瓶子和垃圾。在来来往往的数百人中，没有人知道一只灰蜘蛛扮演了多么重要的角色。她死的时候，身边空无一人。

亲爱的读者们，我建议大家，不要在公共场合阅读这一悲伤的段落。

一个田园故事，可以坚持和平与和谐的希望，也能让这些可能破灭——我们可能希望和平，可能希望在郁郁葱葱的地方度过无忧无虑的日子，但这不是属于我们的命运。也许是因为我们中的一些人可能希望把死亡从世界上抹去，或者至少希望推迟我们的孩子对死亡的认识，这使得佩特森的获奖作品备受争议。死亡是悲哀的，但维吉尔很好地理解了这个故事。

书宣告终结，即使从它的实体外形看，书也是死亡的预示。尘归尘，土归土，故事就结束了。

各种各样的故事，无论是田园故事还是其他类型的故事，都可能以一个希望作为结尾，这个希望是以一种自我安慰的思想形式提供的，即我们的英雄们的故事已经结束，天空不再灰暗。田园故事往往使这个希望更有力：这些故事常常会有非常愉快的结局。然而，并不是所有的故事都会以"从此以后，他们都过上了幸福的生活"[6]那样结尾，一些格林童话的故事结尾有些变化。例如，《小驴子》——那是一个王子的故事，一头驴子娶了一位公主，那驴子其实是一个英俊高贵的年轻人——以一个毫无瑕疵的幸福情节结尾："他自己的父亲死后，他又得到了另一个王国，过着幸福和富裕的生活。"同样，《小羊羔和小鱼》是以"快乐"为关键词结尾的。童话故事更普遍的结局是对恶棍灭亡的大量描述。我想，在很多人看来，这个结局也可以被认为是快乐的。没有什么比一个敌人的死亡更能说明"永恒"了。在《狼和七个孩子》中，狼掉进了一口井，"当七个孩子看到后，他们跑过来，围着井欢快地跳舞"。在《森林里的三个小矮人》中，邪恶的继母和她的女儿被可怕的手段杀死——"她们被扔到森林里被野兽吞噬"。《十二兄弟》的结局也很阴森恐怖，这次死的是一个婆婆——"他们把她塞进一个装满沸油和毒蛇的桶里，她死得很惨"。《小弟弟和小姐姐》是另一个可怕的关于继母的故事，结局结合了邪恶继母的死亡和主角永恒的幸福。故事的结尾写道："邪恶的继母被绑在火刑柱上烧死了……小弟弟和小姐姐再次团聚，幸福地生活着，直到生命的尽头。"《森林中的老婆子》以老婆子的死亡和一个贫穷的女孩嫁给一位王子结束——"这对夫妇结婚了，从此过上了幸福的生活"。

　　儿童田园故事的结局往往苦乐参半。《小熊维尼》一书悲伤地总结道："但是无论他们走到哪里，无论路上发生了什么，在森林顶端那个魔法般的地方，总会有一个小男孩和他的小熊在玩耍。"在比阿特丽克斯·波特的作品《彼得兔的故事》中，每一个小故事的最后都以主人公们安全回到壁炉结束。

　　无论一个故事的结局是皆大欢喜、仇敌死亡，还是轻松惬意地围坐在温暖的火堆旁，它的含义总是一样的：生活是复杂的，故事也是复杂的，但是解决困难、消除威胁、抵抗灾难，最终获得幸福快乐也是很有希望的。让我们期待更加美好的未来的到来，那里星光灿烂、环境优美，我们在阳光斑驳的山谷里，过着幸福、繁荣、健康与和谐的生活。这就是田园环境的精髓。这一章节到此结束，但是我们的故事才刚刚开始。

第四章
小熊维尼与自然

———

当小熊维尼吃了大量蜂蜜被困在兔子家门口时，他得到了一长串数量众多且组合奇怪的动物的帮助。在 E.H. 谢泼德的插图中，可以看到克里斯托弗·罗宾拖着被困住的小熊，紧随其后的是四只兔子、一只短尾鼬、一只老鼠和一只小猪，另外还有三只老鼠和一只刺猬。接着，另一只老鼠也加入进来，还有一只甲虫跟在老鼠后面。天上还飞着另外两只甲虫、一只蜻蜓，最后是一只蝴蝶。50 年后，这个故事被制作成了迪士尼动画电影。在电影中，这一长串动物被缩短了，以适应新大陆的观众。维尼仍然被卡住了，克里斯托弗·罗宾仍然在带头努力拖着它，但排在他后面的动物变成了袋鼠妈妈、小毛驴屹耳、小袋鼠小豆和地鼠古佛！在这部卡通片中，地鼠古佛明确表示及维尼重申的一点：他"不在书中"。迁移到一个新地方可能会令人不安，尽管有些东西保持不变，但改变是不可避免的。

最近，我像一个身处异域的人类学家一样，手里拿着削好的铅笔和笔记本，坐下来随时准备观看迪士尼的《小熊维尼历险记》(*Adventures of Winnie the Pooh*，1977)，这是一部早期动画短片的长篇合集。我想知道，当英格兰最著名的虚构熊迁移到大西洋彼岸的美国时，发生了什么。像小熊维尼一样，我在欧洲大陆以西的一个岛上长大（我的故乡是爱尔兰），后来移民到了美国。像维尼一样，我大部分时间都在户外度过。在都柏林南部郡我们家的后墙外，有一片片的农田，中间点缀着灌木篱笆。也许没有小熊维尼的百亩森林那样的田园风光，但在那里，直到夏天的黄昏把我们赶回家，我们才算基本上过完了童年的假期。就像移民的小熊维尼，我现在所在的新大陆的地形在许多方面都非常适宜居住，然而很不可思议——这里不太像家。通过研究我怀疑，从环境的角度来看，这只"头脑简单"的小熊身上有着比我们肉眼看到的更多的东西。

当维尼到美国时，他把自己的名字去掉了连字号——也许是在爱丽丝岛上稍作调整的结果。克里斯托弗·罗宾令人钦佩地保留了他的英国口音，而且英式口音很浓，尽管有时我认为这也是为了他的美国观众而有所夸张。但是小熊维尼、小猪、兔子、跳跳虎、袋鼠妈妈及小袋鼠小豆的发音都成了美国口音。同化的进程已经开始。就像所有的动物迁徙一样，外来者必须与新的本土生物互动。地鼠是北美特有的一种小型穴居啮齿动物，颇有进取心和商业精神。它开出了将卡在兔子家门上的小熊解救下来的价钱——计算了它每小时的工资，加班费增加 10%，并评估了这项工作可能需要多少炸药。不，我们已经不在英格兰了！

　　尽管如此，电影中的许多内容很大程度上仍取自原著。场景通常从谢泼德为原书所绘制的插图开始或结束，讲述故事时也相当忠于原著。我更希望迪士尼以 A.A. 米尔恩的一句话结束《小熊维尼历险记》，即"但是无论他们走到哪里，无论路上发生了什么，在森林顶端那个魔法般的地方，总会有一个小男孩和他的小熊在玩耍"。在迪士尼的版本中，一只小熊独自等待着一个男孩的归来。这样可真是令人十分沮丧。

　　与大多数移民不同，小熊维尼似乎很容易就过渡到了新大陆，事实上，他和他的朋友们似乎是带着他们所有的生态环境一起从英格兰来到这里的。换句话说，他们是带着自己的环境一起迁徙的。树木、草地、景观的特征都是一样的。沙坑、桥梁，甚至连他们的家具也一起搬来了。和维尼在迪士尼的帮助下移居到国外不同，大多数移民没有奢侈到与他们生活的自然景观一起迁移（虽然移民们按照家乡的样貌重塑居住地的历史由来已久）。我们中的大多数人会发现自己远离了一切提醒我们回家的东西，即使对于那些没有迁移的人来说也是如此，因为成年本身，就是他们放逐自我的形式，即使不是空间上的，也是时间上的。

　　一个春日的午后，我在伊利诺伊州莱尔附近莫顿植物园的东部树林里散步。那时，树木还未长出叶子，光线非常强烈，于是我用手遮挡眼睛，这一动作仿佛在向我的同伴克里斯托弗·邓恩致敬，他当时是植物园的研究主任。我们欣赏这些年来在森林中完成的生态恢复工作，东部森林占地约 4.5 平方千米，其面积相当于英格兰苏塞克斯郡小熊维尼故事的发生地阿什当森林的六分之一。事实上，我们散步的地方与小熊维尼和他的朋友们所说的百亩森林差不多大小。

在树木之间，我们可以看到一丛丛的绿色，那是欧洲沙棘，一种入侵灌木。它们正在长叶子，在其他植物从冬天的寂静中苏醒之前享受着早春的阳光。在我早期的调研中，东部森林已经被这种具有侵略性的东半球外来灌木严重入侵，尽管在其原生地很少发现这种灌木，但它已经成为中西部林地保护工作的主要障碍之一。通过积极的管理，东部森林中的沙棘种群已经明显减少。

克里斯托弗和我都是旧大陆的移民（克里斯托弗是苏格兰人），但与这些沙棘不同的是，沙棘是从 19 世纪中期就出现在这一地区的，而我们都是新近来到这里的——克里斯托弗来时还是个青少年，我来时也就三十多岁。在步行的过程中，我们停在一个地方，俯瞰地形、欣赏修复工作带来的逼真感觉，并将其还原为人类定居之前的中西部林地的结构。在这里，我们转向对方，似乎同时产生了同样的想法："这有点儿不太对劲。"在这样一个怀旧的时刻，我们俩回忆起爱尔兰和苏格兰的林地，特别是克里斯托弗和我都喜欢的更荒凉的地方，比起这个地势平坦的地区，在崎岖的地形上的树林更黑暗，也更密集。至少有那么一瞬间，我们不是把东部森林和它健康的返祖状态（从 20 世纪的有害影响中解放出来）相比较，而是和我们个人记忆中的林地相比较，任何林地看起来都像是许多活生生的树枝的集合。

　　事实上，我们生活在一个大规模迁移的时代。每年大约有1.5%的美国人口在主要地区之间迁移，大约5%～6%的人口跨县界迁移。在国际上，跨越国界的人数也十分惊人。例如，如果所有2010年的国际移民（约2.16亿人）都聚集在一个无人居住的地区（比如南极洲），那么这个地方将成为地球上第五个人口最多的国家。伴随着商品、服务和人口的流动，地球成为一个巨大的生物交流场所，在这里，原本只限于一个生物地理区域的物种被有意或无意地迁移到了它们原来生活区域之外的地方。克里斯托弗和我站在我们的百亩森林中，用拟人化的方式交流这些生物之间的迁移。作为生活在美国中西部的旧大陆岛民，我们正在讨论一种欧洲的稀有植物，而它现在正在芝加哥的林地里茁壮成长。

　　因为一个人对大自然的调和通常取决于年轻时在不同地方的经历，所以对我们成年人来说，大自然中最令人愉悦的风景是我们年轻时记住的东西。因此，我们成年后的风景，不管是迁移了500千米还是5000千米，对我们来说都有点儿陌生，所以，我们对于新居有时很难理解，更不用说去爱了。这是大规模迁移后常被人忽视的一种后果：我称之为"神秘景观假说"。这是否使我们难以关注到我们身处的风景，无论那是原始的、受到精心照料的还是被修复的？或许更积极的一点是，我们是否需要用新的启蒙、想象和移情工具，来适应对我们来说陌生的环境？

　　我们可以阅读米尔恩的《小熊维尼》，并从生态学的角度观看迪士尼后期的改编作品，这一切都证明了米尔恩和插画家谢泼德在复制苏塞克斯郡阿什当森林的风景时有多么用心，这些风景就是原始故事的背景。[1]小熊维尼的故事捕捉到了人与自然完美融合的文化景观，以及儿童与该景观之间的特殊亲密关系。很明显，这个男孩——原型是作者的儿子克里斯托弗·米尔恩——很喜欢他的小熊，也很喜欢他们探险时的风景。

　　近年来，改善儿童与大自然之间的关系变得相当紧迫。越来越多的证据表明，户外活动对儿童的身心健康至关重要。美国作家理查德·洛夫在 2005 年出版的《林间最后的小孩：拯救自然缺失症儿童》一书中提出了"自然缺失障碍"一词。从这个角度来看，《小熊维尼》和这本书从克里斯托弗·米尔恩的生活中引入的传记元素，是对儿童与风景之间联系的有益案例研究。在屋子里，维尼只是一个被男孩拖着走的毛绒玩具，而在屋子外面，一切都变得有了生机。

　　克里斯托弗·米尔恩在他的自传《魔幻之地》（*The Enchanted places*，1974）中，回忆了自己在科奇福德农场周围的苏塞克斯乡村的真实冒险经历。1925 年，在克里斯托弗 4 岁时，他的家人买下了这个农场。他们在那里度过周末和假期，有时是在父亲的陪伴下，更多时候是在保姆的陪伴下，克里斯托弗一步一步地深入农田、林地和森林。随着时间的推移，他的徒步时间越来越长，与风景的亲近感也越来越强。许多年后，他回忆起一个迷失在大自然中的孩子的感受时，写道：

　　我会去河边，找一个安静、僻静又隐蔽的地方——在那里一坐就是好几个小时，看着河水静静地从我身边蜿蜒而过。然后也许我会看到一些东西：鳗鱼在逆流而上；草蛇将黑头露出水面，然后轻轻地游走；围着我打转的蜻蜓扇动翅膀发出嗡嗡的声音；如果仔细观察，还可能听到水鼠的扑通声，看到它在水下沿着河床奔跑；还有害羞的雌红松鸡、吵闹的绿头鸭，以及叽叽喳喳叫的闪亮的翠鸟。

　　随着克里斯托弗探索范围的扩大，他遇到了后来被他父亲写进书中的一个地方：位于科奇福德附近通往波辛福德树林路上的普斯蒂克斯桥。沿着这条路再往前就是书中写到的森林——阿什当森林。人们可以从吉尔山坳步行进入一座山谷，再向着远方的树林迈进，那就是百亩森林（实际上是五百亩森林）了。与波辛福德更为开阔的景观不同，这片树林的颜色更深，里面生长着古老的山毛榉树。你可能还记得书上说小猪住在一棵山毛榉树上。百亩森林也是猫头鹰的家。森林中有一些树在第二次世界大战期间被砍伐掉了，这令克里斯托弗·米尔恩感到十分遗憾，因为他在书中曾写道："其中有一棵树我特别喜欢。"

　　在第二次世界大战服兵役期间，一直支撑着克里斯托弗·米尔恩的就是他对童年家园周围自然风光的回忆。然而，他早期所有描写那个魔幻之地的努力都被毁于一旦。他用了30年的时间才重新做到这一点，如果这篇迟来的记事赞美了他早年与自然的联系，那么它也提供了一个警示。克里斯托弗·米尔恩对他父亲故事中的克里斯托弗·罗宾，以及由此引起的与他父亲之间的紧张关系非常反感。"克里斯托弗·罗宾"这个青春永驻的孩子比"克里斯托弗·米尔恩"这个成年人更加耀眼。几年后，当克里斯托弗·米尔恩被问及不再拥有自己的玩具是否会让他感到悲伤时（那玩具现在存放在纽约公共图书馆的一个玻璃柜子里），他回答说："不是这样的……我喜欢身边有我现在喜欢的东西，而不是多年前喜欢的东西。"在《阿噗角小屋》（*The House at Pooh Corner*，1929）的结尾，A.A. 米尔恩预料到了这个问题，把小男孩和小熊留在了他们的魔幻之地玩耍。克里斯托弗·罗宾——那个小男孩，永远留在了那座山上，而克里斯托弗·米尔恩——那个成年男人，早已离开了那里。

童年时期可能是与地域联系最紧密的时期。随着我们慢慢长大，成长的烦恼和日常的琐事就会找上我们。我们不仅仅是把孩子气的东西放在一边，而是彻底退出童年的世界。鉴于克里斯托弗·米尔恩要讲述的故事的性质，他的自传也许不可避免地回到了维尼的世界和克里斯托弗·罗宾的童年世界。克里斯托弗·米尔恩作为成年人与自然或土地的联系在《魔幻之地》中是没有意义的。在书中的一个段落里，他详细回忆了在科奇福德附近发现的各种各样的花：白蜡树种植园的兰花、长在地头的黄花九轮草，还有大片的风信子。他和保姆会摘满一篮子的花。在提到这一点后，他写下了在我看来是他的回忆录中最为百感交集的一句话："就是在这里……我在草丛中找到了那种光彩，在花丛中找到了那种荣耀，而今天我再也找不到了。"确实，再也回不去了，男人也不可能再变成男孩。

关于人与地域的关系，有着丰富的文学记载，但是，对这种关系的心理学研究，以及这种关系在一生中可能如何变化的严肃的学术研究，是在过去几十年才开始的。[2] 所有相关的心理属性现在才在以下研究的指引下被挖掘出来——E.O. 威尔逊的"人类天生热爱大自然假说"，伊-夫·图安的恋地情结概念（以及在此之前加斯顿·巴塞拉德对恋地情结的现象学描述），杰伊·阿普尔顿对景观的象征性分析，理查德·洛夫的自然缺失障碍，还有各种各样的生态心理学调查。[3] 这些研究中有许多源于环境保护主义者和反文化历史学家西奥多·罗斯扎克的开创性工作。[4]

所有这些理论解释都在质疑我们是否对某些景观具有遗传易感性，我们的文化身份是如何形成的，等等。然而，根据环境哲学家、西澳大利亚莫道克大学可持续发展学教授格伦·阿尔布雷希特的说法，我们还没有足够的词汇量来解释我们的"心理恐惧"状态，或者解释地球的状态与我们的精神状态之间的关系。为了平衡"怀旧"这个词的消极心理状态，阿尔布雷希特在几年前提出了"恋家癖"（在自己的地域和文化中真正有家的感觉，或称"家庭幸福感"）一词。为了平衡"恋地情结"这个词对地域的热爱，阿尔布雷希特反对"乡痛症"——一种与家园的长期衰落相关的孤独感——的说法。[5]"乡痛症"是指因气候或其他环境变化而使我们丧失在原栖息地时的情绪。我们都应该对此怀有更多的期待。

那么，我们可以说，小熊维尼和他的朋友们的故事是对"恋家癖"的一种论证——在时间和地点上对家的深刻感觉。另一方面，克里斯托弗·米尔恩的回忆录中也有"乡痛症"的元素，比如他把失去的那些山毛榉树与痛苦联系在一起。事实上，他警告《魔幻之地》的读者，虽然他们可以尝试跟着他绘制的科奇福德地形图走，但他们可能做不到，因为地形可能已经改变了。"乡痛症"可能是我们这个时代的主流情绪。

但是在克里斯托弗·米尔恩的故事中还记录了另外一种悲伤，一种我们大多数人都经历过的悲伤，我想是这样的：随着年龄的增长，我们失去了与当地的联系，尤其是与自然的联系。本着阿尔布雷希特的精神，我建议把这种现象称为"地志失忆症"（"地志"一词源自希腊语 topos，意即"地名"；"失忆症"一词源自希腊语 amnesia，意即"健忘症"）。即使这个世界静止不动，我们仍然会脱离过去，被拖入我们的私人经济轨道，以及我们称之为成年生活的一系列麻烦中。这些与小熊维尼的故事相关的心理因素——"怀旧""乡痛症"和"地志失忆症"——结合在一起，使这些故事成为一个令人惊讶的强大的沉思场所，同时也是一种简单快乐的源泉。

小熊维尼的故事展现了我们在小时候形成的一种强大而亲密的联系，不仅与我们充满"生命力"的玩具有关，还与作为摇篮和伙伴的地域有关。对这些书（以及书中中心人物的真实生活）进行更大范围的考察，可以看出我们与地域的关系既有令人愉快的一面，也有令人不安的一面。我们许多人在记忆中所滋养的与大自然的联系，在成年后很难保留。回顾克里斯托弗·米尔恩的故事我们会想到，我们长大了，改变了，风景也改变了，我们之间的关系也改变了。我们把童年的地域抛在身后，有时真的是字面上的千里之外，穿过几个生物群落，然后像被风暴卷起的海燕一样降落在一个完全陌生的地方。

　　找到如何让新的地方形成一套从属关系的办法，可能是我们这个时代的主要环保任务。随着栖息地的破坏和气候变化的影响，即使是那些从未迁移过的人也会发现，自己身处的地方变得陌生了。如果我们真的离开了故乡，那就需要学会热爱我们所处的地方。

　　我们要如何做到去热爱自己所处的地方呢？ A.A. 米尔恩的方法是培养代入感。正如克里斯托弗·米尔恩在他的回忆录中所写："我的父亲从他的童年中获得了这样的幸福，在我的身上找到了一个可以陪他回到那里的伴侣。"我们可以通过孩子们的眼睛去看这个世界。不久前，我看到一位父亲倚靠在孩子的身上，被一只在人行道上跳来跳去的鸟迷住了。那位父亲像孩子一样欣喜若狂，用他那仿佛大卫·爱登堡[1]似的声音低声说："我想这是一只麻雀。"我们自认为需要向孩子们灌输对野生动物的热爱，

---

[1] 大卫·艾登堡，出生于英国伦敦，被誉为"世界自然纪录片之父"。

但我怀疑事实上我们需要向孩子们学习。

　　我认为还有其他的方式可以让我们成年后获得对这些地方的爱，尽管这可能有些不可思议，因为我们会发现自己是新来的，或者过去的确定性被打乱了。在这方面，我的榜样是蒂姆·鲁滨逊，一位 20 世纪 70 年代出现在爱尔兰西海岸的英国作家。在随后的几十年里，由于他绘制的地图、关于阿兰和康尼马拉的写作，以及在人类和地域方面的研究，"鲁滨逊"几乎成了爱尔兰西部的代名词。[6]他的基本方法是走路和倾听：就像克里斯托弗·米尔恩和他之前想象中的同伴们惯常做的那样。如果我们要重新与这个地方、这个地球亲密接触，就不得不重新使用那些古老的工具——走路和倾听，边听边走。

第五章
彼得兔的自然乐园

———

1943 年 12 月，77 岁的比阿特丽克斯·波特去世了，她把几乎所有的财产都留给了英国国家信托基金，包括她珍视的牛羊。她留给国家的土地成为英格兰西北部湖区国家公园的核心区。波特是一位著名的自然资源保护主义者，这在她的许多儿童读物，包括特别受人喜爱的彼得兔系列中，都有所体现。她的书反映了一个擅长讲故事的敏锐的自然主义者的观察。如果波特生活在其他时代，她可能会把精力投入到科学上。她编写动物故事，并在晚年致力于传统农耕和土地保护工作，这使得她成为英国的一名伟大的环保主义者。[1]

尽管我成年后很欣赏波特的书和她对遗产的慷慨处置，但我小时候对她的作品却不太欣赏。这个章节在很大程度上反映了我对她的作品力量的重新发现，如果是 10 岁的我看到这些，肯定会大吃一惊。

记得我 11 岁生日那天，父亲带着我和几个朋友去看了李小龙的经典功夫电影《龙争虎斗》。现在回想起来，父亲让很容易受外界影响的年轻人观看如此激烈的功夫片似乎有点儿不太谨慎。我想这次活动是为了补偿上一年的那场生日灾难。上一年我生日那天，我们去距离我家不远的哈罗德十字车站的经典电影院观看芭蕾舞电影《比阿特丽克斯·波特的故事》(*The Tales of Beatrix Potter*)。父亲给我们买了票和爆米花，然后马上开车走了。公平地说，我们所有人，无论孩子还是父母（我希望如此），都不知道这部电影是由皇家芭蕾舞团的成员主演的，是他们穿着动物服装做着单足旋转的动作。小松鼠纳特金、杰里米·费舍尔先生、鸭子杰米玛·帕德尔、兔子彼得，以及波特的所有拟人化的动物都是如此。我说不出多少关于这部电影的事情，因为在一两帧内，小伙子们就变得烦躁不安，这种不安很快变成了反抗，于是我们就离开了电影院。

当我们决定离开的时候，我对回家的路相当自信。但是等我们走到外面，被六月初午后灿烂的阳光照得直眨眼睛时，我才意识到实际上我不知道我们在哪里。我们没有一个人认识路，虽然大家都来自同一个街区，但是也没有一点儿头绪。我们就那么出发了，一小群现代的都柏林汉塞尔[1]，努力寻找着能指引我们回家的稀少的线索。虽然这事不算大，但我现在已经不记得我们究竟是如何安全返回的了。也许是我们偶然发现了附近的公园，然后

---

[1] 汉塞尔，此处指《汉塞尔和格莱特》中的主人公之一汉塞尔，在故事中，他带着妹妹格莱特在森林里寻找回家的线索。

就知道了路。我还记得是父亲找到了我们，开车送我们回家的，也许是我们给他打了电话。母亲非常惊讶我们提前结束观看电影回家，她说："但是我以为你喜欢彼得兔。"我的朋友们都以极其怀疑的眼光看着我。

而到了我下一年的生日时，我们所有的人，包括我父亲，都安静地坐在电影院的座位上，沉浸在李小龙的故事里。电影里没有双人舞之类的画面，当那个恶棍被刺穿在自己的矛上的时候，我们忍不住鼓起掌来。

我年轻时对比阿特丽克斯·波特的记忆主要就是上面那些——不过，显然在这场电影之前，我还是非常喜欢那些故事的。在过去的一年中，我为写这本书而重读了很多书，其中很少有其他作品能给我留下更深刻的印象。波特不仅擅于讲述情节紧凑的故事，还是一位擅于描绘动物生活的优秀插画家，而且，她还拥有一双博物学家的老练眼睛，有着自然环境保护主义者对美丽风景的尊重，以及科学家在面对生活真相时的冷静。波特的故事阐明了儿童田园故事的各个方面，在随后讨论田园故事的各个组成部分之前，我们将对这些故事进行一些详细的研究。

1866 年，比阿特丽克斯·波特出生于伦敦肯辛顿博尔顿花园2 号一个富裕的中产阶级家庭。波特在家里接受了一系列家庭教师的教育。她的弟弟伯特伦比她小六岁，后来成了艺术家。伯特伦在假期里是她的同伴，但其他时候他在外上学。她的传记作者评论说，波特的成长过程有点儿枯燥和被过度保护。毫无疑问，肯辛顿博尔顿花园 2 号的生活高度规范：每天下午一点钟，都会有一块肉排和一份米布丁送到儿童间；六点钟，一家人开始安静地在餐厅吃晚餐。尽管如此，从波特 14 岁到 30 岁写的日记来看，她的生活还是相当充实的，虽然独自一人，但并不特别孤独。她记载了自己在肯辛顿博尔顿花园的多次散步，以及在她的家庭教师陪同下参观邻近的博物馆和美术馆的事情。年轻的波特除了记下她所看到的艺术品，还大量记录了她的宠物们。例如，1883 年7 月 19 日，星期四，她的宠物蜥蜴朱迪下了一颗蛋。在透明的蛋壳下，波特观察到它"像鸡一样睁着眼睛蠕动，尾巴卷曲了两次，静脉和膀胱或有液体在流动"，不过，她还有比蜥蜴更为古怪的宠物。1883 年 12 月 8 日，她记录了自己的宠物蜗牛家族的死亡，惊呼它们遭遇了"一场可怕的悲剧"。就在这篇讣告之后不久，波特记录了建筑师理查德·道尔的死亡。"时间过得真快，"她写道，"一旦过去，就再也无法挽回了。"[2] 蜗牛和著名的建筑师以几乎同样的方式获得了年轻的波特的同情。

夏天，波特一家人会在苏格兰南部和英格兰北部的湖区度假。多年以后，当回忆起那些夏天时光时，她写道："我记得每一块石头、每一棵树，石楠花的芬芳，人类耳朵能听到的美妙的音乐，风吹过杉树时发出的低吟，还有远处雷声隆隆和阵阵狂风吹过山谷的情景。哦，那里总是那么美丽，家乡那么温馨，我当时真是少年不知愁滋味。"[3]

最终，波特定居在了温德尔米尔湖附近坎布里亚的富饶地区索瑞。英国最重要的田园诗人威廉·华兹华斯就与该湖区有关。波特只是在她的日记中提到过他，并重申了当地人的说法，说威廉的妹妹多萝西·华兹华斯是更好的诗人。

波特的才华是城市和农村两个世界相结合的产物，从在伦敦参观画廊的消遣活动中，她为自己的绘画风格找到了很多灵感；从在乡村的度假中，她对乡村和自然产生了持久的热爱。在乡下，她和哥哥捕捉并饲养兔子、刺猬等小动物，丰富了他们的宠物种类。这些动物也成了她早期素描作品中的模特。她对这些小动物的关注长达一生，提高了那些为后来的故事增色不少的插图的准确性。波特运用她作为插画家的高超技巧，以及她捕捉乡村细节的洞察力和移情能力，以非凡的天赋将城市和乡村这两个世界结合起来。

波特曾经给安妮·卡特的孩子们写过一些带有插图的信件，这些信件成了《彼得兔的故事》的来源。安妮·卡特是波特的最后一位家庭教师，只比波特大几岁。信件内容涵盖了故事所有的基本叙述和图片元素。这些故事在第一批读者中备受欢迎，于是波特自行出版了它们。随后，弗雷德里克·华纳公司重新出版了这本书，并在 1902 年至 1930 年陆续出版了她的二十三篇小说。

《彼得兔的故事》是波特的第一部成功之作，而且一直是她最喜爱的故事。其中兔子彼得在四个故事中分别扮演了重要的角色：首先是同名故事《彼得兔的故事》，紧接着是《小兔本杰明的故事》（ *The Tale of Benjamin Bunny*，1904）和《弗洛普西家小兔子的故事》（ *The Tale of the Flopsy Bunnies*，1909），最后一个是《托德先生的故事》（ *The Tale of Mr. Tod*，1912）。这些故事的吸引力部分来自波特喜欢用平等的语气跟孩子们说话。叙述故事时，她经常会使用一两句精妙的词句。比如，"莴苣对兔子来说是'催眠剂'"——这仅仅是她的名言中最著名的一句而已。但是尽管如此，波特的句子还是很精练，段落也很简短。这些故事以一系列配有连续插图的短段落展开，波特的所有故事也都是如此。与其他作家相比，波特创造的效果更多地体现在页面上的图片和文字的巧妙定位上。插图以重要的方式放大了这些故事。当我们在《彼得兔的故事》中第一次见到彼得时，他是赤裸的，或者说，至少没有穿外套。他占据了第一幅插图的中心，回头凝视着读者。我们很难判断出他的情绪。要我说，那种情绪大概是中立和冷漠。文字上写着："从前，有四只小兔子，他们的名字分别是弗洛普西、默普茜、棉尾巴和彼得。"到这里，我们已经可以说彼得是一只特别的兔子了——他没有兔子特有的名字。在下一幅插图中，彼得穿着一件带有黄色铜纽扣的蓝色夹克。这件衣服，似乎他"穿"上之后，就成了他的标志。他的两个穿红衣服的姐妹围着兔子太太，彼得却远远地站着。他又一次注视着我们，表情冷淡。

让我们先快速回忆一下每个故事的情节，然后再对他们进行一些详细的评论。第一个故事开始和结束的地点都在兔子的家。兔子一家生活在一棵"非常大的冷杉树"的树根下，兔子太太正准备从家里出发，穿过林地去面包店。顺便提一句，我们应该注意到，波特很少忽略笔下人物的物质需求——他们是物质充裕的动物。兔子太太告诉孩子们，她不在的时候，他们可以到田野里或者小路上去，但是告诫他们不要去麦格雷戈先生的花园。毕竟，彼得的父亲在那里遇到了"一场事故"，最后被做成了馅饼。这个精神创伤是这样被描绘的：麦格雷戈夫人把丰盛的兔肉馅饼端上餐桌，一个孩子越过她的肩膀偷看，家里的狗也在一旁观看，麦格雷戈先生粗壮的双手就出现在画框边上，手里的刀叉已经准备就绪。这就是《我也在阿卡迪亚》式的死亡。

　　兔子太太离开后，彼得直接奔向了麦格雷戈的花园。彼得对冒险生活的偏好似乎是从他父亲那里继承来的。在花园里，他大吃特吃各种蔬菜，还碰到了麦格雷戈。麦格雷戈手里拿着耙子在后面追赶他。在逃跑的时候，彼得弄丢了鞋子和夹克。追逃一直持续到工具棚，后来，彼得从棚子里逃了出来，而麦格雷戈则放弃追捕，回到了花园。沮丧的彼得在花园里徘徊，遇到了一只老鼠，躲开了一只猫，然后走出花园回到了树林。他回到家，上床睡觉，后来兔子太太还喂了他一杯药用的"甘菊茶"。此时，我们得知这是两周内彼得第二次丢失他的夹克和鞋子了。他的性格似乎有些鲁莽。麦格雷戈先生把彼得的衣服挂在稻草人身上，吓唬来园子里偷吃的黑鸟。

　　彼得的表弟本杰明·邦尼很有个性。在以他的名字命名的故事中，他敦促仍然赤身裸体的彼得返回麦格雷戈的花园。他们的任务是找回彼得的夹克和鞋子。彼得似乎已经吸取了教训，不想再回去，但最后被说服，加入了本杰明最后一次的探险。于是，各种冒险接踵而至。最终，他们发现自己被一只猫困在了篮子下面。本杰明的父亲来营救他们，最后，小兔子们像英雄一样回到家，不仅拿回了彼得的衣服，还收获了一小堆洋葱。

《弗洛普西家小兔子的故事》结束了兔子们和麦格雷戈之间长期的恩怨纠缠，彼得在这个故事中出场很少。本杰明现在长大了，和他的表妹、彼得的妹妹弗洛普西结婚了。他们有一个大家庭，就像其他兔子一样，偶尔也会缺粮。彼得现在是一名园丁，他尽可能地为他子女众多的亲戚们提供卷心菜。当彼得不能提供食物时，本杰明和他的后代——以他们母亲的名字，集体称为弗洛普西兔——会突袭麦格雷戈的垃圾堆，让一群饥饿难耐的小兔子在其中觅食。在这个故事中，他们发现并吃掉了变质的莴苣。莴苣是"催眠剂"，至少对兔子来说，吃了后会睡着。在兔子们沉睡的时候，麦格雷戈发现了他们。只有本杰明逃走了，其他兔子都被抓住了。麦格雷戈先生数了数，"一只，两只，三只，四只，五只，六只，有六只活兔子！"然后，他把睡着的小兔子们装进一个麻袋里。毫无疑问，麦格雷戈先生正在回忆用兔子们已故的祖父做成的美味馅饼。本杰明·邦尼仍然在逃，后来他在第一个故事中遇到的彼得的老朋友点点鼠太太的帮助下，把兔子们从麻袋里解救了出来。本杰明在麻袋里留了一袋腐烂的蔬菜给麦格雷戈。麦格雷戈夫人看到这些蔬菜后，非常生气，把烂菜叶子都扔在了丈夫身上。

在《托德先生的故事》中，彼得完成了他的最后一次友情客串。这是一个更黑暗、更危险的故事。据我所知，这个故事没有电影版本，但是它很电影化，也很恐怖。影片中有两个反派角色，一个是獾汤米·布洛克，另一个是狐狸托德先生。故事的核心还有一个令人信服的搜救小兔子的故事。獾汤米·布洛克绑架了几只年幼的兔子，放在一边打算以后吃，彼得和本杰明知道后紧追不舍。就在千钧一发之际，他们把这些兔子从烤箱中救了出来！

这些兔子故事的情节看起来很简单，就像田园故事一样，但是它们比最初看起来要复杂得多。波特的作品非常丰富，事实上，几乎有一个文学批评的流派一直在研究她的著作。例如，小说家格雷厄姆·格林对波特的作品进行了严肃的讨论，其严肃程度与他对亨利·詹姆斯等更为高调的小说家的投入程度不相上下，并且直接把她与亨利·詹姆斯相提并论。格林指出，小说中的伟大人物往往是成双成对的，比如堂吉诃德和桑丘·潘沙。格林把彼得和本杰明·邦尼描述为"两个史诗般的人物"。本杰明有一种"冷静和现实性"，可以衬托"他表兄的紧张和笨拙"。[4]1907 年至 1909 年间，格林发现波特的风格有了变化。托德先生暗示着，黑暗的气氛占了上风，这"改变了她天才的个性"。他接着说，这暗示着波特在那几年里经受了某种情感上的折磨。也许格林的批评过于宏大了，波特对格林 1933 年的文章不以为然，她否认在那些年里有任何情感上的困扰，说她只是遭受了流感后遗症的折磨。不过，她补充说，她并没有把批评归咎于"弗洛伊德学派"。

因此，让我们谨慎地对波特的作品进行分析。事实上，对波特的环境解读并不需要对她的故事有太多的发散性思考。仔细留心波特的一生，可以发现她从小就是一个严肃的自然观察者，随着年龄的增长，她成了一个有成就的自然学家和一个坚定的环保主义者。

比阿特丽克斯·波特的故事说明了儿童田园故事的关键方面：以乡村地区拟人化动物的滑稽动作为特色。尽管故事情节简单，但考虑到其受众，这些故事在主题上以复杂的方式反映了家庭和归属感的概念，反映了乡村生活的实际情况，反映了秩序，同样重要的是，反映了紧张事件后秩序的恢复。当然，所有这些都是合适的文学题材，但也是着重于环境的题材。

波特的故事在评论界被归类为"动物故事"。这是一个有些不专业的说法，指的是各种各样具有动物这一共性的故事。从某种意义上来说，这并不比将所有其他小说都称为"人类故事"更令人满意。动物故事的特点往往是存在拟人化的动物。这些故事中的动物都有人类的特点：他们说话、走路、穿衣、情绪化、相互联系，或者拥有这些特点的各种组合。这个角色的人性化实际上等于取代了动物。例如，马克·布朗的"亚瑟小子"系列中，就有一个完全像小孩子的土豚——亚瑟。尽管如此，在这些故事的第一部《亚瑟的鼻子》（*Arthur's Nose*，1976）中，亚瑟因为自己鼻子的长度被取笑，并考虑做手术。[5]他的鼻子完全是土豚的样子，而他的处境却完全是属于人类的。拟人化也可以表现得温和一些。例如，理查德·亚当斯于1972年出版的《兔子共和国》（*Watership Down*）一书中的兔子就很像兔子，虽然他们也有点儿像战士，而且有些兔子还有洞察力，这对兔子和人类来说都是一个有争议的创意。弗吉尼亚·汉密尔顿的美国黑人民间故事集《人民可以飞翔：美国黑人民间故事》（*The People Could Fly: American Black Folktales*，1985）中的动物，则混合了人类和动物的特征。[6]

波特的动物故事之所以与众不同，是因为它融合了现实主义和怀疑主义。毫无疑问，波特笔下的兔子拥有一系列类似人类的特质。一天早上，兔子妈妈含蓄地提到自己丈夫的死因，并告诫孩子们不要去麦格雷戈先生家的菜园里玩，然后去面包店买葡萄干面包了。后来，一只不守规矩的兔子（彼得）奋力从菜园里逃出来，并为丢失了自己的衣服、鞋子而烦恼，开始进行一系列找回衣服的行动。所有这些，波特都忠实地呈现在插图和文本的方方面面之中。在许多（并非全部）插图中，彼得和他的家人仅仅是生活在危险世界里的十分吸引人的兔子而已，他们的体形和行为的外在表现都是单纯的兔子。彼得在图书开头的插图中凝视着我们，他精神专注的同时也警惕着一切潜在的危险。这种隐藏在虚张声势背后的谨慎，任何兔子爱好者都能察觉。彼得的行为举止也与他的同类一致，有时他会冲刺，然后——例如，在与麦格雷戈的第一轮追逐之后——他会慢下来，自顾自地喘着粗气。波特将这些生物作为冒险故事中的英雄，向我们展示了他们令人不可思议的狂野的一面，这种能力来自她对动物的仔细观察。彼得和本杰明都是以真实的兔子为原型的，这也许并不令人感到惊讶。彼得和本杰明的生活没有像它们虚构的同类那样戏剧化，但尽管如此，它们的生活也并不是没有故事情节的。关于真正的本

杰明（故事中兔子本杰明的原型，全名叫本杰明·鲍瑟），波特
写道："它是一个真正的胆小鬼，但它喜欢虚张声势，可以与我
们的老狗对视，还会追逐一只掉头就跑的猫。"同时，本杰明也
是一个相当愚蠢的家伙。有一次，它掉进了水族箱，"坐在水里
出不来，假装吃错了东西"。同样，彼得也是一只深受喜爱的兔
子。在它 9 岁去世时，波特写道："（它是）一位深情的伴侣和安
静的朋友。"[7]

　　除了对宠物进行细致观察，波特对科学的兴趣也是不同寻
常的。她是一位真正有成就的博物学家和自然世界的科学观察
者。她对真菌萌发和地衣生物学的研究取得了真正重要的成果。
1898 年 4 月 1 日，波特的论文《关于木耳孢子萌发》（*On the
Germination of the Spores of Agaricineae*）以海伦·B. 波特小姐的名
义在林奈学会发表。由于当时妇女被社会排斥，所以波特并不在
现场。多年后，林奈学会给波特写了一封道歉信，但为时已晚。
世界可能因此失去了一位天赋异禀的真菌学家，但从好的方面来
说，我们得到了一位天才的故事讲述者。[8]

　　波特笔下的兔子故事发生在三个地方。其中包括彼得及其家
人安家的大杉树附近。家的一边是树林，另一边是麦格雷戈的花
园，两边都潜伏着危险。在《托德先生的故事》中，我们了解了
很多城市边缘广阔的森林地带的信息。那个世界充满了危险，有
一些很乐意将我们的英雄们做成美食的动物。但在大多数情况
下，在兔子故事的五部曲中，花园中的戏份最重。麦格雷戈先生

是那个花园的主人，对食草动物深恶痛绝。麦格雷戈的大部分时间都花在为他的菜地除草和播种卷心菜上，我们很少能看到麦格雷戈先生手里没有工具的时候。后来，当彼得自己变成园丁后，也许他会更同情自己的老对手——很可能彼得自己也遇到了兔子问题！

花园是个很奇妙的地方。我们说种菜，但事实上，蔬菜是自己生长的。事实上，是蔬菜使我们成长。从哲学上讲，花园是一种控制力和自发性的奇特结合体。出于美学原因而维护的野生花园需要有限的控制，在那里可以容忍自发性。相比之下，一个生产性的"食品花园"则需要高度的控制。蔬菜种植者的任务是提供食用植物的生长条件，而这往往需要杀死食草动物。麦格雷戈是他的花园的总负责人，如果从他的角度写故事，那将是一个劳动和挫折并存的故事，而一个美好的兔肉馅饼则是他难得的犒赏。

麦格雷戈的花园算不上什么田园风光。然而，它确实提供了一个关于生态世界运作的简短教程。在那个花园，一个名副其实的生态岛上，有一个由大量食用植物组成的小社区，一个草食动物协会——兔子和老鼠象征着一个更大的饥饿集体，还有一个人在竞争中挣扎着要成为花园的顶级消费者。事实上，我们必须吃，有时还必须杀，这是生态学的基础。在波特的作品中，食物是最重要的。正如我所提到的，很少有一个故事里的人物不吃正餐。

这个花园并不和谐，却有一种稳定的感觉。彼得小的时候，麦格雷戈就在那里，当彼得长大的时候，麦格雷戈还坚持在那里管理花园的事务，多年来种植、除草、保护他的蔬菜，偶尔在他抓住对手的时候，也会喂他们。像大多数捕食者一样，他偶尔也会成功捕获野兔作为晚餐，但更多的时候，他并没有捕获猎物，只是满足于把他们赶走。

波特作品中最引人注目的生态角度，是她在描写花园中的自然互动时并不感情用事。格雷厄姆·格林最恰当地表达了这一点，他写道："波特以一种温和的超然，将爱与死亡置之度外。"然而，波特对花园中生活的描写并不是唯一一部将世俗的快乐和对死亡的思考并置在一起的作品，这是我们接下来要讨论的话题。

第六章
安徒生的花园故事

————

《人间乐园》与花园

人们在诠释耶罗尼米斯·博斯的杰作《人间乐园》(*The Garden of Earthly Delights*) 时挥洒的墨水，比画家涂在画板上的油彩还多。这幅画可以追溯到 15 世纪初，现在挂在马德里的普拉多美术馆。这幅三联画左边的画板描绘了天堂的场景：神把夏娃赐给坐在地上神情茫然的亚当。他们被认为是人类的第一对夫妇，在其周围画有各种各样的动物，有些是可以辨认的，有些则是超现实的；右边的画板描绘了地狱的场景：一只坐在高台上的鸟头生物正在吞噬一个人。这个人的头被含在鸟头生物的口中，从他的屁股后方飞出很多只鸟。这只鸟头生物周围是可怕而残忍的酷刑场面。一只兔子，就像比阿特丽克斯·波特笔下的彼得兔那样天真无邪，带走了一个被刺穿的、血淋淋的男人；在画板的中间部分，一根腐烂的树干支撑着一个被挖空的人，他头上稳稳地顶着一个圆盘，上面有一组风笛。是的，地狱里会有风笛。

夹在天堂和地狱中间的这幅画有一个现代名称——《人间乐园》。这幅画描绘了数百对性伴侣、巨大的鸟儿、飞鱼，以及大量奇异的植物。在画中，"过度"这一主题占据主导地位：过度的性、快乐和果实。在这幅画的中心，也就是整个作品的中心，有一个蓝色的球体从湖中央浮现出来。透过球体的一扇窗户，可以看到一个男人轻轻地捂住他伴侣的生殖器，还有一个浑圆的屁股出现在画面中。这描绘的是一个粗俗的天堂吗？还是像其他从左到右观看的三联画一样，它提醒我们在地球上的时间，只是通往某种地狱之路这一不可阻挡的迁移中的一个转瞬即逝的中转站？最终，我们都可能注定如画中那样，早晚会被鸟魔吞噬，然后有一群鸟从我们的屁股后面飞出来。[1]

博斯的绘画给我们上了重要的一课。首先，尽管中间的画板描绘的是人间乐园，但是这个三联画中的每一块画板都描绘了一种花园，这有助于我们对花园到底是什么提出疑问。天堂和大地共享同一片天空，都有水和茂盛的绿树。地狱的风景当然不像花园，但至少处在成为花园的门槛上。如果我们能把被挖空的"树人"说成是一种怪诞的植物生命，那么它就是植物。此外，它也是一个兼具（可怕的）自发性和（邪恶的）控制力的竞技场（我们将看到，自发和控制是花园的特征）。尽管我们可能倾向于认为花园是令人愉快的地方，而许多花园实际上没有天然的道德倾向。花园当然可以是滋养人的地方，它们很少会对人类的幸福怀有敌意。博斯描绘的天堂无可否认是一个花园，地狱则是一个可怕的花园，而地球上的花园既不完美，也不可怕，而是一种混合体。我们的花园也许就是我们建造的：如果你的生活不够感性、愉快或富有成果，你只有很短的时间来修复这种状况，因为一个人不可能停留在"人间乐园"里。

如果花园不一定由它们的宜人性来定义，那么怎么定义它呢？因为有一些可怕的花园——毕竟，如果墓地不算是我们种植死者的花园。我们常常希望在那里播种来世的种子——那么，花园的定义是什么呢？花园与组成景观的其他部分有何不同？它有什么特性？让我这么说吧：如果你在梦中被运送到"伊甸园"，你怎么知道你在那个花园里？[2] 在这种不可能知道的情况下，你可能会从圣经（或可兰经）里读到该花园的微观地理。《创世记》（Genesis）告诉我们，伊甸园中有"各样的树从地里长出来，可以悦人的眼目，其上的果子好作食物"，也有"生命树"和"分辨善恶的树"。从伊甸园流出的河流有四条支流：毗逊河、基宏河、底格里斯河和幼发拉底河。然而，即使你知道这些地形标记，可能仍然很难知道你在伊甸园：天堂里可没有路标。

让我们假设，就像亚当和夏娃一样，你也被告知要离开伊甸园。[3] 那么确切地说，你怎么知道你什么时候离开？你能从植被的变化中知道吗？毕竟，花园里常常有成簇的观赏植物，而且与不能食用的树木相比，果树所占的比例很大。也许你在出门的时候注意到了一张胡萝卜铺好的床？或者你必须爬过一堵墙，或者跳过一扇大门：花园是封闭的吗？围墙和种植的存在是大多数花园定义的核心——例如，在牛津英语词典中花园的定义是，用于种植花卉、水果或蔬菜的围起来的一块土地。[4]因此，当我们离开耕作、离开围场，我们就离开了花园。在花园的问题上也有一种所有权意识——产权可能是我们花园财产的最小清单。因此，上帝栽种了伊甸园，他就可以驱逐亚当和夏娃。从这个角度来说，拥有自己土地的农民麦格雷戈极力保护自己的作物，这难道不可以理解吗？

你可能会感到惊讶——起码我就感到很惊讶——因为人们对花园有着相当多的哲学关注。[5]从哲学的角度看，玛拉·米勒在《作为艺术的花园》（*The Garden as an Art*，1993）中将花园描述为："任何有目的地将自然物体暴露在天空或露天的布置，其形式并不完全考虑纯粹的实用因素，比如便利。"

可以说，哲学对反思花园的主要历史贡献是鼓励我们忽视它们。例如伟大的德国启蒙运动哲学家格奥尔格·威廉·弗里德里希·黑格尔，他重视花园所创造的"令人愉悦的环境"，但认为花园"本身毫无价值"。[6]对花园的其他哲学关注致力于澄清为什么花园是一种次要的艺术形式。[7]这种否定可能源于这样一个事实：很难确定花园究竟是纯天然的物体，还是像一些园艺大师所坚持的那样——是伟大的艺术作品。一方面，艺术哲学家常常认为花园过于自然；而另一方面，环境思想家发现，在花园里，自然太少，而艺术太多。如果花园既不是完全的艺术，也不是完全的自然，那么它们是自然和人工的奇怪组合吗？考虑到这种紧张关系，我们最好从自发性和控制权的平衡上来评估花园。在某些情况下，花园对自发性有过多的控制；在另一些情况下，放弃控制权和故意宣扬野性正是园丁的目标。[8]

　　最近，一些荒野倡导者将包括生态恢复在内的许多当代景观管理实践斥为"纯粹的园艺"。[9]这是环境界对园林一种蔑视的表达。另一方面，环境作家艾玛·马里斯在《喧闹的花园：后荒野时代的自然保护》（*Rambunctious Garden: Saving Nature in a Post-Wild World*，2011）中指出，也许更好的做法是接受地球现在更像花园而不是荒野世界的事实，与一些环境思想家相反，接受这一点并不意味着自然的终结，而仅仅是一种更恰当的思考方式。[10]无论这场争论的哪一方说服了你，很明显，不管怎样，花园都不如大自然那样充满野性。一些环保主义者对此毫不介意，其他人则愤怒不已。

　　没有自然的力量，花园就不可能存在；没有人类的劳动，花园也不可能存在。也许这就是为什么这么多伟大的故事都是以花园为背景的——花园里的环境可以提供受控制的世界的舒适，但也受到普通人所不具备的力量的影响。

童话园丁大师：汉斯·克里斯蒂安·安徒生

　　格林兄弟收集的很多故事的情节是以花园为中心展开的。有些故事是从花园里开始的，但情节又从那里辐射到了更广阔、更疯狂的地方。在著名的花园故事《莴苣姑娘》（*Rapunzel*）中，一位丈夫从一座有围墙环绕的女巫的花园里偷走了一株莴苣——它的叶子可以做成沙拉——给怀孕的妻子吃。他的妻子吃了后，就不肯再吃其他任何东西。妻子的食欲没有被第一次偷来的莴苣满足，而丈夫因为担心妻子的健康，便回到花园里去偷更多的莴苣。女巫抓到了这位丈夫，听说他的妻子没有这些莴苣就活不下去，于是允许他拿走了想要的东西，但是作为回报，他们的孩子出生后需要交给女巫，这个孩子就是莴苣姑娘。故事的其余部分大家已经很熟悉了：莴苣姑娘被女巫囚禁在塔里，每次巫婆都让莴苣姑娘放下长发把她拉到塔楼上。后来，这个秘密被王子发现了，他用同样的方法见到了莴苣姑娘，并爱上了她。巫婆知道后，设计弄瞎了王子的双眼。最后，莴苣姑娘与王子重逢，并治好了王子的眼睛，有情人终成眷属。但是，整个故事中难道没有植物主题吗？莴苣姑娘被关在花园的塔楼内：就像她的名字——莴苣一样扎根于此；她的头发像卷须一样从塔楼垂到下面的大地；王子沿着像茎一样的头发爬上塔楼，为曾经在阳光下生长的最可爱的花朵授粉（在这个故事粗俗的原始版本中，莴苣姑娘怀孕了）。

童话故事的传统是以花园为背景，或从花园中辐射出来，园丁大师汉斯·克里斯蒂安·安徒生完善了这类故事的传统。这类故事包括《玫瑰花精》（*The elf of the Rose*，1839）一个小精灵对杀人犯进行正当报复的故事，这个小精灵小到可以生活在玫瑰花中。在另一部作品《天上落下来的一片叶子》（*A Leaf from Heaven*，1855）中，天堂花园里的一片叶子落到地上，在森林里绽放。除了一个认识到它的美丽和价值的小女孩，其他人都忽略了它。故事《蜗牛和玫瑰树》（*The snail and the Rose-Tree*，1861），讲述了花园里的一棵玫瑰树与一只蜗牛之间的对话。玫瑰树年复一年地绽放，觉得这样的生活是一种幸福。而树底下的蜗牛则年复一年地待在自己的屋子里，只是向世界吐口水——因为他觉得世界和自己一点儿关系都没有。在另一个名为《蓟的遭遇》（*The Thistle's Experiences*，1869）的故事中，一大株蓟住在花园外面，"就在路边的栅栏旁边"，它渴望被种进花园里。它的花朵最终被一位苏格兰少女选中送给她的追求者。后来，少女结婚了，于是"这株蓟的花蕾进入了花园，进入了房子，进入了客厅"。这株蓟得不到的，它的孩子们得到了。

在安徒生的这些花园故事中，最可爱、最令人心碎的是《雏菊》（*The Daisy*，1838）。在郊外农舍花园旁的河岸上长着一朵雏菊。这朵卑微的雏菊喜欢百灵鸟。百灵鸟对着雏菊唱歌，飞下来吻了它，又飞上了蓝天。郁金香为此非常讨厌雏菊，牡丹也非常生气。但是后来，百灵鸟被几个男孩抓住，关在了笼子里。雏菊非常难过，但是作为一朵花，它什么也说不出来。男孩们把一捧花放进笼子里，雏菊就在其中。可是，他们忘记了给百灵鸟留水喝。花儿一动也不能动，无法安慰百灵鸟，但它的香味却给了百灵鸟一点儿安慰。最后，百灵鸟还是死了。男孩们很后悔，只能体面地安葬了它。而枯萎的雏菊为百灵鸟的葬礼提供了一点儿小小的装饰后，就被扔到了尘土飞扬的公路上。

《天国花园》（*The Garden of Paradise*，1838）则是一个更为复杂的故事。故事中有一位王子，他在图书馆里不停地寻找天国花园的确切位置，后来终于找到了。王子发现幸福之岛——天国花园是由一位仙女统治的。花园到处郁郁葱葱，狮子和老虎像顽皮的猫一样嬉戏，羚羊则站在一旁毫无畏惧地看着它们。仙女告诉王子可以在天国花园待上 100 年（据说现实的时间似乎不会超过 100 小时），需要他答应的唯一条件是：如果仙女向他招手，邀请他跟着走，他绝对不能答应。仙女睡在知识之树下，如果王子跟着她走，并吻了她，"天国花园就会沉入地下"。王子决定开始长达 100 年的天国花园之旅，他在天国花园的第一个夜晚很快到来了。可是，王子的第一个夜晚就没有通过——就连一个晚上都没有！他跟着仙女来到树下的床前，躺在她的身边。仙女在睡梦中哭泣，王子弯下腰亲吻她睫毛上的泪水。然后，天国花园沉陷了。

著名的安徒生的故事包含了自传体的元素。[11] 因此，许多故事中提到植物并不奇怪，因为他把自己描述为一株正在寻找光明的"沼泽植物"。他的童话故事有一个共同的主题，就是发现被忽视的生物的价值。安徒生心目中被忽视的生物有时指的就是他自己。《丑小鸭》（ *The Ugly Duckling*，1843）就被认为是自传体式的故事，也是他著名的故事之一，就说明了这种模式。这只朴素的小鸭在农家院子里遭到冷遇，后来变成了天鹅，一只无可否认的美丽的鸟，并在这些高贵的鸟中拥有了一席之地。这种关于转变的故事对作者来说是属于个人的，他自己的转变令人印象深刻，但也可以说从来没有完全完成转变。无论如何，至少在他自己看来，肯定没有真正完成这种转变。

安徒生被誉为丹麦最成功的作家之一，这可谓是恰如其分的。然而，他的出身非常卑微。他出生在丹麦的一个小城市奥登塞，一个叫汉斯的可怜鞋匠和一个叫安妮·玛丽·安德斯达特的洗衣妇组成的家庭里。他的父亲英年早逝后，年轻的安徒生前往哥本哈根的剧院谋生。他最初的尝试失败了，但最终他的第一部小说《即兴诗人》（The Improvisatore，1835）获得了认可。接下来的书中收录了他的第一部儿童故事集，共包含四个童话故事。尽管后来他写了几十部戏剧、诗歌和小说，但最著名的还是童话故事。安徒生一生创作了差不多200个童话故事，其中，人们现在还经常阅读的只有15个左右。也就是说，这一小部分故事是如此受人喜爱，因此我们有理由认为，这些故事塑造了西方世界大多数孩子的温柔情感。

丑小鸭的故事最终得到了国际认可，这是安徒生渴望的，同时伴随名声而来的还有巨大的财富。安徒生在国外有一些很重要的朋友，例如，有一次，他在伦敦拜访了查尔斯·狄更斯，但最终两人似乎不欢而散，狄更斯切断了他们的通信，这使安徒生非常苦恼。在丹麦国内，他的声誉如日中天，开始与上层的精英们交往。尽管如此，安徒生从未觉得自己完全属于丹麦的上层社会。毫无疑问，他受到皇室和不断扩张的丹麦资产阶级的欢迎，但他永远不会完全同化为其中的一员。尽管取得了莫大的成功，但安徒生永远是鞋匠和洗衣妇的儿子。

更让安徒生失望的是，他并不认为自己是他曾希望成为的那种伟大作家。最后，更重要的是，安徒生从来没有得到过浪漫的幸福，一生都在忍受单恋的痛苦。安徒生去世后，人们在他胸前的口袋里，发现了一封他写给几十年前暗恋的一个女孩的信。

也许所有伟大的文学都仿佛炼金术，把个人日常生活的一切，包括生活中所有的悲伤和不幸，点石成金变成辉煌的故事。汉斯·克里斯蒂安·安徒生，不亚于詹姆斯·乔伊斯或列夫·托尔斯泰，他通过挫折和奋斗来激发自己的天赋和创造力。童话故事对他来说是独一无二的成功，它们表达了他最美丽的梦想，也表达了他极度的沮丧。

对汉斯·克里斯蒂安·安徒生的严厉批评可能会让人感到惊讶，就像竟然有人会讨厌夏日的午后似的。但是，关于他的著作确实存在激烈的争论。分歧在于他的独创性和故事的革命性问题。毕竟，安徒生是在格林兄弟和 E.T.A. 霍夫曼（一位恐怖故事作家，给了丹麦人灵感）之后出现的，而且他的童话故事就像他写作的其他方面一样，深受大量德国浪漫主义作品的影响。安徒生不是第一个写童话故事的人，但是，他在尝试了其他几种文学风格后，偶然发现了童话这一适合自己的形式，并用一种吸引广大读者的方式创作了这些故事——无论是儿童还是成年人——他们对童话故事既感兴趣又觉得困惑，从中既能得到快乐又感觉惊恐，这也许有助于它们保持持久的吸引力。

安徒生的批评者在他的作品中看到了一个真正革命性的前景，这些故事是由一个有着过人天赋的弱者写的，他反对僵化的精英阶层，这可能使安徒生成为受压迫者的代言人，但是革命并不是安徒生的任务。杰克·齐普斯也许是最著名的童话学者，其对安徒生以及他如何挥霍自己的革命潜力持批判态度。齐普斯在他的关于安徒生的文章中写道：

> 总的来说，安徒生是一个模仿者，是一个兼收并蓄、多愁善感的作家，尽管他很自恋，但更吸引人的是他放弃了自己的声音，向上层精英和宗教读者叩头的方式，而不是他那惊人的作品和改造童话的方式。[12]

但是，也许革命和快乐并不是完全来自革命或令人愉快的对象一样，安徒生也许对他所处的社会环境感到愤怒，但最终他还是遵从了传统的期待，以讨好他的衣食父母。但对许多读者来说，安徒生确实激发了一种革命性的思想，即我们可以超越眼前的环境。我也许真的是一只丑小鸭，但未来并不是一成不变的，谁知道我会变成什么样呢？诚然，这也许是最温和的革命形式，但循序渐进也许好过鱼死网破吧，毕竟还可以继续远大的理想。安徒生的童话故事让我们可以反省，甚至克服自己的小烦恼，正确认识自己的局限，解决自己的脆弱。

安徒生在他的童话故事中通过花园和鲜花表明了两个重要观点。第一，那些被忽视、鄙视和残酷对待的东西往往很有价值。《丑小鸭》阐明了一种吸引人的思想，即被抛弃的东西往往会有奇妙的美，能够得到意想不到的结果。事实上，那些最不引人注意的事物往往是最引人注目的：一株生长在森林里的不受欢迎的植物来自天堂的花园，一株在花园外凋谢的蓟寄托了男女之间的爱情。第二，在平凡的事物中蕴藏着强烈的美。例如，在《园丁和主人》（*The Gardener and the Manor*，1872）中，公主钟爱的花朵不是来自东方的睡莲，而是来自花园的一种可食用的洋蓟，公主非但没有鄙视洋蓟，反而说那位谦逊的园丁是"在一个我们意想不到的地方，真正睁开双眼，发现了一朵花的美丽"。

　　安徒生的观念与环境领域有着意想不到的相似之处。安徒生认为，有价值的事物（和人）是在人们最不经意的地方出现的，它激励我们重新评估普通事物和事件的重要性，这些具有很深刻的生态思想。此外，这也是强大而先进的思想观念。自然世界的一切表现都取决于隐藏在幕后的生物的活动。真菌网络、细菌细胞和一大群神秘的微生物共同构成了生命赖以生存的腐烂过程。传粉者在植物间嗡嗡作响，就像辛勤的园丁在照料花园里的花朵。某些相对单调的植物，特别是野生豆类，可以稳定大气中的氮，并向土壤中添加这一关键营养元素，从而有利于整个植物群落的发展。[13]生态学作为一门科学，在许多方面反映了安徒生在童话故事形式中所做的事情。两者都强调那些单调的、被忽视的、微小的东西的重要性，并展示了它们的生命力。

　　童话故事和其他短篇小说一样，就像花园，我们争先恐后地翻过那围墙，来到一个不同于现实环境的世界。当这样的花园由安徒生这样杰出的园丁照料时，我们注意到在种植的东西中，会有野性世界的自然繁荣。因此，童话故事既可以让我们感到慰藉又可以让我们感到恐惧：它们打破了我们的平静。

"自然治愈"，这个词组由英语中最复杂的词和最令人宽慰的词构成，将古老的直觉和新兴的科学结合起来，并借鉴了浪漫主义者提炼出来的思想体系，这一思想体系对当代环境思想家仍然具有吸引力。大自然拥有治愈能力，而大自然在花园里似乎更强化了它的治愈疗效。尽管安徒生的故事中有很多关于花园抚慰心灵的力量，但是其他书籍中对治愈花园的描述更为突出，比如弗朗西丝·霍奇森·伯内特的《秘密花园》和约翰娜·斯比丽的《海蒂》（*Heidi*，1881）——如果我们承认高山草地也算是花园的话。《海蒂》中关于自然治愈能力的描述再清楚不过了。海蒂被从和爷爷一起生活的高山草地带到了法兰克福，去陪伴生病的孩子克拉拉。尽管海蒂深受克拉拉家人的喜爱，她也很喜欢自己的新朋友克拉拉，但她还是渴望回到原来生活的地方。由于思乡心切，海蒂也生病了。克拉拉的父亲把海蒂送回家，她在那里很快恢复了健康。后来，克拉拉也被送去山里疗养。一年后，克拉拉的病也好了。

在自然的治愈力量成为实证研究主题的一个世纪之前，花园的力量，更广泛地说，是田园的力量，对改善人类福祉的作用是儿童作家们凭直觉想象出来的。[14]

第七章
爱尔兰故事的田园根源

在 20 世纪 80 年代早期，作为一个初露头角的爱尔兰环保人士，我所致力的第一个环保计划是我自己的一个构想，将整个爱尔兰西部划为国家公园。香农河——爱尔兰最长的河流，全长约 360.5 千米，将爱尔兰最西部的郡县与其他地区分隔开来——以西的土地将禁止进行进一步的经济开发。当时我的理解是，爱尔兰西部的土地主要是荒野，在历史上人类对它的影响微不足道。在我对该计划的最初构想中，我慷慨地设想了一个分阶段减少该地区人口的计划——在这个计划中，不强迫人口迁移，而是经过一段时间的激励性移民，将这些西部土地永久地保留下来，让大自然支配，让那些像我一样希望过上更简朴生活的人来享受。

这项计划与环境思想中长期存在的观点是一致的，即认为更绿色、更原生的景观是最有价值的。事实上，越像荒野越好。在那个年代，虽然像我一样的环境科学家们都在城市里接受专业培训，但对遥远的乡村风景如痴如醉的这种情况并不罕见。就我而言，我迫不及待地想离开都柏林，开始更接近"真实自然"的生活。

　　我喜欢荒野的土地和简朴的生活，这在一定程度上是受到了环境训练的启发。我还受到了童年时代知晓的那些爱尔兰故事的影响，那些故事多半发生在爱尔兰荒野的风景之中。关于爱尔兰的首次发现，在詹姆斯·斯蒂芬斯的《爱尔兰凯尔特神话故事》（*Irish Fairy Tales*，1920）一书的《卡瑞尔之子图安》（*The Story of Tuan Mac Cairill*）故事中有如下浪漫的描述：

　　　　当我们从海上向爱尔兰进发时，这个国家看起来就像一片无边无际的森林。无论哪个方向，都是一望无际的树木，鸟儿不停地在树上歌唱。太阳照耀着大地，温暖而美丽，使我们疲倦的眼睛、饱受风吹雨打的耳朵，仿佛到了天堂一般。[1]

　　在一个现在已经被驯服的世界里，想象一下爱尔兰曾经至少有一段时间是多么狂野，这是一件很美好的事情。如果爱尔兰保留了它的原始元素，那么这些元素肯定可以在爱尔兰西部找到，那里远离都柏林和东海岸衰落的郡县的影响。

　　在我小时候读过的小说中，爱尔兰在最初的殖民统治后很长一段时间里，至少有许多地方仍然是荒野之地。关于菲恩和菲安纳族勇士的故事，在爱尔兰各处流行，是爱尔兰故事的永恒主题。菲安纳人是一群虚构的狩猎采集者，他们生活的社会更广阔，是一个田园社会，主要由国王、德鲁伊教士[1]、氏族农民及其驯养的动物组成。事实上，北爱尔兰伟大的史诗之一 *Táin Bó Cúailnge*，经常被翻译为《夺牛长征记》(*The Cattle Raid of Cooley*)，顾名思义，讲的是一个偷牛的故事。这是一种更罕见的文学形式：田园战争故事。[2]

　　但是，即使在古凯尔特人的故事里（那是一个与我们的世界相比相对野蛮的地方），在更古老的时代，怀旧就已经存在了，那时的土地不那么驯服，人们的情绪更为激烈，对生活的渴望也越来越强烈。在凯尔特人的想象中，他们的神话生活中最原始的地方是精灵之地，或者依其原本的名字叫作仙山。在斯蒂芬斯的作品集中有一篇《蒙根的狂暴》(*Mongan's Frenzy*)，在这个故事中，菲恩的仙境之旅被描述得五彩缤纷。在这篇作品中，精灵之地和爱尔兰非常相似，只不过正如斯蒂芬斯所写，"所有明亮的事物在那里都更加明亮。太阳更加金光耀耀，月亮更加银光灿烂"。斯蒂芬斯接着描述了仙境的森林：

　　　　他们走了一小段路，来到一片古树林中。这些树很高，长得很好，每棵树的树干十个大个子都合抱不过来。当他们

---

[1] 德鲁依教士是很高级的凯尔特人祭司、法师或预言者。而凯尔特人是一个在公元前 5 世纪—公元 1 世纪散居在高卢、不列颠、爱尔兰、欧洲、小亚细亚和巴尔干半岛的蛮族。

走进这些安静的巨人中间，进入斑驳的朦胧和寂静中时，他们的思想变得庄严肃穆起来，思想和所有动作都升华了，仿佛他们必须在伟大和尊严上与那些古老而光荣的树木并驾齐驱。

这段描述抓住了荒野之地更吸引人的一个方面：召唤我们超越自我的能力。仙境之树在向我们招手，能把我们身上最好的东西唤醒。

从某些方面来说，仙境是一个暗影之地，那是一个我们可以瞥见，但是通往其中的道路却无比艰辛的世界。这与"精灵来源于天堂坠落的天使"这一说法是一致的，但是他们并没有沉入地狱，而是成为最著名的堕落天使路西法的魔鬼臣民，他们的坠落被地球表面打断了。现在的他们就住在人类附近，但属于一个不同的生存秩序。

在另一种说法中，精灵是爱尔兰最古老的种族、神话中的精灵图阿莎·戴达南的后代。在被随后的一拨殖民者打败后，这些祖先就被放逐到了土地荒芜的地方。他们现在住在乡村的丘陵和山脉之间。因此，他们的领土与我们的领土是一脉相承的：他们的爱尔兰就是我们的爱尔兰。有时，凡人会误入精灵的领地，但会被劝阻、驱逐并警告不要再来。作为爱尔兰的原住民，精灵在传说中一直与自然更为协调。这就是精灵们多是"绿色衣装"的寓意，其中最广为人知的就是著名的独居精灵——妖精博士的着装色调。爱尔兰精灵在很多方面都不同于 J.R.R. 托尔金笔下的精灵。爱尔兰精灵是一种胃口比凡人更大的生物。他们没什么道德感，或者至少是没什么良心的。在威廉·阿林厄姆的诗《精灵们》（"The Fairies"，1850）中，记录了精灵们抢夺孩子的可怕爱好：

> 他们偷走了小布丽奇特
>
> 七年之久。
>
> 当她回来的时候，她的朋友们都走了。
>
> 他们轻易地把她带了回来。
>
> 在黑夜和明天之间，
>
> 他们以为她睡得很熟，但她却悲痛欲绝。
>
> 从那以后他们就一直关着她。
>
> 在湖水深处，
>
> 在旗叶铺成的床上，
>
> 看着她直到她醒来。[3]

精灵们也会对成年人搞一些有害的恶作剧，而他们也许并没有意识到由此造成的伤害。W.B. 叶芝在他的《爱尔兰乡村神话和民间故事》（*Fairy and Folk Tales of the Irish Peasantry*，1888）中曾写下这样的警示故事："在波利索戴尔村附近（即斯莱戈郡附近）有一个女人，她和精灵们一起生活了七年。当她回到家时，她失去了自己的脚趾——她跳舞把自己的脚趾跳坏了。"给聪明人的忠告：如果你遇到爱尔兰精灵，记得穿上自己最结实的舞鞋。

　　精灵对爱尔兰人的想象力所起的作用无论怎样强调都不为过。尽管叶芝写了很多关于他们的文章，但在他们是否真实的问题上仍有些不可知论。在他同样精彩的诗集《凯尔特的薄暮》（*The Celtic Twilight*，1893）中，他问一个智者是否相信精灵的存在。对方的回应是这样的："即使在我还是个孩子的时候，我每次走在树林里，都会感觉到我随时可能会在面前找到一个我一直在寻找的人或者东西，而我却并不知道自己到底在寻找什么。现在我会不时地用几乎是焦急的脚步，探索那些可怜的矮树林的每一个角落，这种想象深深地萦绕在我的心头。"

　　就我个人而言，我从来没有见过精灵，尽管我的祖父——我们叫他"格兰迪"——在他那些意识模糊的岁月里曾告诉我，他年轻时有一次在凯里郡散步，当他弯下腰系鞋带时，看见一个小个子男人坐在他脚边的草丛上。他们并没有交谈，随即各奔东西。当然，我去过一些地方，知道叶芝描述的那种感觉。身在那些地方时，会有一种情绪降临到你的身上，那是一种特别的感觉，让你觉得你身上有某种东西，它比树木还要壮美，比树枝上无声的鸟儿还要神秘，甚至比在苔藓灌木丛中忙碌的甲虫还要忙碌。凯里郡的雷纳迪纳森林就是那样一个地方，那里矗立着欧洲最后的大紫杉林地。多尼哥的格伦韦阿山谷也是如此，当你沿着荒山往下走时，左边是夕阳西下的景色，而右边和身后的山脉变得黑暗，看不见的溪流在金雀花下欢快地流淌，你会觉得：是的，那里可能有精灵。

　　爱尔兰西部有着丰富的神话传说和如梦仙境。但在都柏林却很少有描写精灵的故事。例如，在《杰米·弗里尔和年轻女士：一个多尼格尔的故事》中，精灵们也来过都柏林，却毫无造就。在伟大的故事集中，经常出现爱尔兰西部的郡县。多尼格尔、高威、斯莱戈、克莱尔、凯里和莱特里姆等地都有很棒的童话故事，而且，无独有偶，那些地方也是著名的童话故事保存地。当然，一部关于精灵的完整的"自然"历史，应该记录下该国大部分地区的精灵故事。举个例子，我听过一些来自梅斯青翠的山丘的传说，那里离都柏林很近，我的外祖母就来自那里，但最好的精灵栖息地还是在爱尔兰西部的郡县。

爱尔兰西部为民间故事提供了自然背景，毫不奇怪的是，这是该地区小说中一个连贯的，但并非排他性的元素。利亚姆·奥弗莱厄蒂来自高威郡海岸的爱尔兰语城镇——位于奥兰群岛最大的岛屿上，他是这方面的代表人物。[4] 利亚姆说他笔下的第一个故事是上小学时写的。故事是一起谋杀案，一个男人因为妻子端来的茶是凉的而杀死了妻子，还试图把她的尸体埋在农场里一排排的土豆中间。这是一个田园恐怖故事，而这个故事显然活该被他的老师痛斥。奥弗莱厄蒂的成熟故事中有更多的野性，但也有一些戏剧性。其中一些故事后来仍然被孩子们阅读，甚至有一些我上中学时还在爱尔兰语课程中读到过。

奥弗莱厄蒂出版的小说，特别是他的早期作品，主题往往是自然的对象，包括充满戏剧性的、无人居住的景观。我想知道，在文学史上，以海浪为中心的短篇小说是不是独一无二的。《海浪》（*The wave*，1924）中有两个主要角色，一个是高高耸立的悬崖，另一个是惊涛拍岸的海浪。在这个借用了法国文学天才盖伊·德·莫泊桑风格的自然主义故事中，那座沉默而朴素的悬崖经受住了与大海的"千年战争"。然而，那一股特殊海浪的"可怕水流从一头向另一头涌来，却没有在它如冰面般光滑的胸膛上掀起涟漪"，它冲向悬崖，正好撞上了悬崖上一个已经被无数次海浪侵蚀出来的小洞穴。那座曾经让潮水相形见绌的悬崖，现在"在蓝绿白相间的水墙前显得很渺小"，悬崖变成了瓦砾。这就是故事的内容。在另一篇故事，也许是奥弗莱厄蒂最著名的短篇小说《第一次起飞》（*His First Flight*，1924）中，一只小海鸥孤独地站在巉岩上，刺激自己从悬崖边上跳下去，飞过"脚下茫茫的大海"。它的父母和兄弟姐妹已经飞走了，只留下它在悬崖边上，它要是不飞走就会饿死。它的家人，包括羽翼未丰的妹妹，都在悬崖对岸的广阔高原上。它对着妈妈喊"嘎！嘎！嘎！"，请求对方带点儿吃的来。妈妈回答说："嘎！"不，妈妈不想帮助它。然而，过了一会儿，妈妈飞了上来，嘴里叼着一条鱼，在附近盘旋，"妈妈的腿向下垂着，翅膀一动不动"。妈妈嘴里的鱼和小海鸥的嘴巴近在咫尺。我们的英雄小海鸥被饥饿感激怒了，向着鱼俯冲而下，瞧，它飞起来了，这是它的第一次飞翔。在故事《母牛之死》（*The Cow's Death*，1924）中，奥弗莱厄蒂讲述了一头母牛为了寻找被丢弃的小牛的尸体，从悬崖上跳入大海的故事。

　　尽管奥弗莱厄蒂擅长在无生命的物体之间或非典型的角色之间建立对话，比如海鸥、奶牛、绵羊、画眉、鸫鹩等等，但他的大多数故事都有更为传统的人物，例如男孩和女孩、革命者、流浪汉及农民。我特别推荐的一个故事是《三只羔羊》（*Three Lambs*，1926）。在这个故事中，小迈克尔一大早就离开了家里的小屋，去见证黑羊生下小羊羔的时刻。奥弗莱厄蒂用温柔的语句描述了那天早晨的男孩：他沿着小巷跑出去，"他的袖子在常绿的灌木丛上拂过，被露水弄湿了，他的帽子尖在树篱的正上方，随着奔跑而上下摆动"。他找到了母羊，对它分娩时的痛苦深有同感，想知道为什么母羊的同伴们不跟它在一起。他协助母羊分娩，令他高兴的是，母羊生了一只小羊羔。"哦，你这个调皮鬼。"他喊道，嘴里念叨着从他的朋友小吉米那里学到的咒语。然后，又有一只羊羔出生了——这次是一只黑色的羊羔。小迈克尔跑回家报告这个消息。当他跑起来时，"高兴得像只小狗一样欢叫"。但是小迈克尔并不总是小天使，在另一个故事《鹪鹩之巢》（*The Wren's Nest*，1926）中，小迈克尔和小吉米因为争吵毁掉了鸟巢，让"两只鹪鹩……在痛苦中徘徊尖叫"。

我从小就听过这样的故事，也听过爱尔兰民间传说的浪漫故事，所以我在青春期心向爱尔兰西部就不足为奇了。爱尔兰西部，这座西部仙境是森林生长的地方，虽然现在已经有些破败。它的山顶被石楠染成了紫色，波涛汹涌的大西洋海水冲刷着它参差不齐的海岸线——这里，毫无疑问，是"真实的"爱尔兰。至少在我的想象中，那个真实的爱尔兰肯定还有一小部分继续存在。这种野性必须保存下来。

　　我之前提到的国家公园计划构思欠佳，其中的一个理由就是：它只是放大了爱尔兰西部持续的历史性衰落。由于人口和经济等各种原因，自 19 世纪 40 年代马铃薯饥荒[1] 以来，该地区的人口一直在减少。因此，我的计划并不是继续投资于经济发展，以扭转爱尔兰农村地区人口大量流失的局面，而只是敦促对自然和某种基本的、环保的人类居住方式进行大量投资。

　　我现在明白，我的计划是建立在对爱尔兰西部风景成因的可笑误解之上的。毫无疑问，这些风景是天然形成的。20 世纪 40 年代，奥地利哲学家路德维希·维特根斯坦曾短暂居住在高威郡的康尼马拉，他将这些土地描述为欧洲“最后的黑暗之池”。维特根斯坦的意思是这样的，从积极的意义上说，这似乎是因为他在那里完成了许多不可思议的作品。为了保护这里的野性，1980年，康尼马拉确实建立了一个国家公园，离维特根斯坦的暂居地很近。这个公园创建的时间，刚好是我思考西部公园概念的时候，但我并不认为这是我的创意！ 20 世纪 80 年代，我在国家公园工作，做过一段时间的昆虫调查。公园的中心是十二山顶和一系列石英岩山峰，非常偏远、崎岖。

　　尽管康尼马拉和爱尔兰西部可能是一片黑暗的池塘，但事实

---

[1] 爱尔兰大饥荒，俗称马铃薯饥荒，是一场发生于 1845—1850 年间的饥荒。在这五年的时间内，英国统治下的爱尔兰人口锐减了将近四分之一。

上，在大多数情况下，那里并非大自然独自肆虐的荒野。爱尔兰是一个相对较小的岛屿，在过去的 8000 年里一直有人居住。真正的荒野已经所剩无几。爱尔兰西部的景观大部分是由人和自然的活动共同塑造的。例如，巴伦是克莱尔郡（戈尔韦南部的郡）一个独特的喀斯特石灰岩高原，拥有超过四分之三的爱尔兰植物。人们已经在这些土地上放牧了几千年。因此，巴伦草原是一系列生物学意义上非常丰富的牧场，而不仅仅是原始自然的表现。此外，草甸沼泽这种爱尔兰和英国山区特有的植被，往往源于人类和自然力量的共同作用。数千年前的树木砍伐引发了一系列的自然进程，使得这些景观的生态发展从森林转向泥炭地。这两种景观，巴伦的石灰石路面和草甸沼泽，都属于田园风光。

　　这种意在去除人类文明对自然环境所产生的深度影响的方案——比如我提出的那个——可能会破坏自然环境丰富的生物多样性，这种风险无疑得不偿失，令人心痛。我认为，对这些标志性景观的良性文化影响的认识，不应被理解成为当代的破坏行为和可能存在的破坏性使用大开绿灯。关键是，某些人类的压力是在历史上温和施加的，其所产生的景观，在很长一段时间内对人类和自然的其他部分都是有益的。[5] 人类和自然的其他部分之间，有如此长期的相互关系，这难道不正是可持续发展的本质吗？

　　我描述了自己这场不值一提的惨败，在早期的思考中提出了几点想法，说明了环境思想的倾向——我年轻时的倾向与生态思想中把荒野优先于城市的传统是完全一致的。这种反城市的偏见在环境科学中仍然很明显，尽管随着最近城市生态学的出现，这种长期存在的偏见正在有所减弱。此外，它强调了一个持久的环境前提，即没有人类影响的土地，"荒野地区"是比那些经过任何形式的人类改造的土地更真实的"自然"。确实有理由令人相信荒野的存在为保护自然提供了巨大的机会，特别是那些更大、更凶猛的生物物种，爱尔兰已经无一留存，当然，除非你把那些活泼的驯养物种也算上。[6] 然而，环保思想中的这种先入为主之见有时甚至可能是愤世嫉俗的。如果我的计划留在我个人笔记本上成为隐私（谢天谢地，至少到现在还没有），那么这可能被认为是对这些宝贵土地的真实历史，以及居住在这些土地上的几代人所培养的长期关系的重要性的一种冷漠的误解，而且也显出了对该地区人民的麻木不仁。

这是我作为新手才会犯的错误——我感觉到了野外的诱惑，并将其误解为来自无人居住的土地。事实上，我所看到的是田园的呼唤，这种呼唤回荡在爱尔兰古老的故事中，其中也包括少量的当代故事。我现在也意识到了这一点，田园的理念在塑造环境情感方面发挥了重要的作用（尽管这种作用经常被忽视）。田园常常被其喧闹的表亲——荒野的理念所掩盖。例如，与田园相比，荒野理念的诱惑力可能有助于解释环保主义者对农业活动令人困惑的反感。为了说明这一点，生态学家和历史学家贾里德·戴蒙德在1987年发表了一篇颇具影响力的论文，题目为"人类历史上最严重的错误"。而那个错误，即农业的发明，可以追溯到10,000年前左右。尽管戴蒙德的观点和其他对农业革命的批评一样，在于指责其引发了人口爆炸，但是在环境思想方面对农业的态度仍然存在争议。

　　我对爱尔兰西部文化历史的肤浅理解，表明了当时的环境思想家忽视了整个文化景观，特别是田园风光的重要性。当然，田园的概念并不仅仅是农业的同义词——并非所有的农田都是田园风光。尽管如此，对于儿童和成年人来说，无论是环境保护主义，还是在文学作品中，都有一个主题，即在衰败的城市和偏远的荒野之间设定了一个吸引人的中间空间，那里充满了和平与幸福。这一点必须在环境思想中不断被重新发现。一旦人们认识到它的特质，或者重新认识到它的特质，很明显，正是田园，就像荒野一样，影响了我们对环境的渴望，也塑造了我们的文学。毕竟，在我们之中，谁不梦想在这个温和的"牛奶和蜂蜜"之地实现和谐呢？

Section Three:
Wilderness Stories

———

第三部分

荒野故事

迷失在波波阿吉荒野

差不多 10 年前，我在穿越波波阿吉荒野的小径时犯了一个错误，差点儿让我丧命。怀俄明州的荒野地区包括超过 404 平方千米的花岗岩山峰、狭窄的峡谷、壮丽的高山山谷、冰冷的湖泊和溪流。这里有 20 座超过 3600 米的山峰，其中包括海拔高达 4040 米的风河峰。尽管这里经常有登山者光顾，但大部分时间我们都独自穿过这片广阔的土地。

我跟随一位经验丰富的徒步高手在那里旅行了几天，那人的女婿是我们这个小团队的第三个成员。那时正是夏末，空气中已经有一丝微弱的气息预示着秋天的到来。

即使是现在，这么多年过去了，我还是会时不时地瞥一眼这个地区的地图，提醒自己在哪里迷了路。我们徒步旅行的第一个晚上，那时已经很晚了，我们希望在扎营之前能够顺利地进入偏远地区。虽然我是一个经验丰富的露营者，在大学期间，每年夏天都会有部分时间睡在爱尔兰国家公园的帐篷中，但是我从来没有到过如此令人畏惧的荒野地区，也从来没有徒步进行过如此艰难的旅行。当时，我没有为那次旅行做好充分的准备，后来回想起来，大概是我对自己美好的生活有一种错误的信心，而且，我现在觉得自己有个几乎致命的错觉，那就是认为这个世界本质上是温和、美好的。那时，我没有地图，没有指南针，没有食物，没有生存工具，也没有线索。

我们不小心在一条长约2千米的小路上走散了。我走在后面，为了享受独处的时光，故意放慢了脚步。我的荒野幻想被一小群人打破了，他们正在撤离这个地区。互相点头问好后，我继续向前走，心里有点儿恼火，没想到除了我们这群人还有别人进入这里。不过，他们是我们那天见到的仅有的人，结果证明幸好他们在那里。

白昼过去，太阳西下，闪闪发光的灰色花岗岩渐渐地被傍晚时分灰暗的天空取代。我不断地前行，虽然剩下的光线足以照亮我们要去扎营的美丽山谷的下坡路，但还不足以让我清楚地辨认出我的同伴们。据我所知，他们现在应该正在搭建帐篷，也许还有晚餐在等着我呢！

在波波阿吉荒野中，夜晚的声音让人感觉到难得的喜悦。清澈透明的高山溪流潺潺流淌，小鸟在灌木丛中叽叽喳喳，风儿在草丛中喃喃自语。走着走着，我注意到一种完全不同的声音。最后，我转过身来，扫视着地平线，看见之前在小路上遇到的那些徒步旅行者在向我招手。事实上，他们是在对我大喊大叫，尽管风带走了他们大部分的声音。我有些不情愿地挥了挥手，一点儿也不觉得夜晚有什么令人不安的。我转身回到小路上，但他们还在继续叫喊。在波波阿吉荒野上偶尔会遇到灰熊，但他们似乎并不是要警告这个。也许我错过了一些美丽的景色？这个地区的地质相当壮观，我环顾了一下四周。时间一分一秒地过去了，虽然我听不清他们在说什么，也看不清他们的手势是什么意思，但我突然意识到我走错了方向，正离我的同伴们越来越远（而不是朝着他们走去）。于是，我向那些徒步旅行者挥手致谢，然后沿原路返回，最终回到了朋友们身边。

现在，我意识到这似乎是一件最微不足道的事情。毕竟，我真的身处那么大的危险之中吗？我沿着错误的路线走了不到30分钟，天空中还残留着一点点亮光。在冬天，波波阿吉的气温即使在山谷里，也可以降到零下 -40℃，但是在夏末，夜晚只是感觉凉爽而已。事实上，我的失误似乎无关紧要，所以当我赶上我的同伴们后，我决定不提这件事了。不过，也许我这么做是觉得难为情。

从那以后，每当安静独处时，我都会思考，如果没有那些徒步旅行者的干预，我只顾着继续前行，旅程的终点会是哪里。我什么时候才能意识到自己走错路了呢？那条小径是会通向一座温和的山谷，让饥饿的我可以在那里过夜，还是会穿过荒凉的山石，让我到达一片冰冷的湖呢？当我发现自己没有地图，且是孤身一人时，我能否成功地徒步返回最近的城镇兰德斯，还是会迷失在约 3700 平方千米的风河荒野（波波阿吉只是其中的一小部分）中呢？

事实上，虽然不是在那一天，但是后来我在看着那些地图回想走过的路时，不禁有些惊慌。从中我学到了：没有准备好就踏入荒野，意味着与死亡拥抱。

第八章
在马拉德岛上思考荒野

————

我坐在雪松树皮船舱的一张桌子旁，这是一艘原木结构的船，曾经漂浮在明尼苏达州北部雨季的湖面上。我听说这艘船曾经是分水岭伐木工人的红灯区，现在停靠在马拉德岛——荒野倡导者欧内斯特·奥伯霍尔泽（1884—1977）居住了50年的故乡。这艘船如今比过去更富于沉思意味。一些作家、画家、教师和冥想者——奥伯霍尔泽基金会的客人，会在这个岛上休养一个星期左右，来解决他们项目中的问题——就住在这艘船里。马拉德岛上的便利设施仍然相对原始，尽管它现在拥有相当先进的堆肥式厕所。其中一间厕所是许多游客的首选——里面有一个风扇，可以在马桶下面推动空气循环，毫无疑问这样有助于加速排泄物的腐烂过程，尽管它会给人一种相当"亲切"的印象，让人觉得自己是在迎着刺骨的风如厕。现在，电力已经通过地下电缆接入岛上。每天晚上，我的同舱伙伴托马斯都会在甲板上播放音乐。他会用他那技艺高超的口琴为这些蓝调曲目伴奏，还会时不时地放下乐器，望着湖对岸沉思，轻轻地吟唱。他的声音带着美丽的颤音，但很安静，仿佛在与过去和环绕着小岛的河水进行着一场轻柔的对话。岛上的悲伤仅限于生活的悲伤，而岛上的快乐在于这个世界的快乐。

这座岛的面积只有6000多平方米，除了我住的地方，岛上还点缀着各种各样的建筑物，其中有许多是奥伯委托埃米尔·约翰斯顿建造的，据说他清醒时是个天才的木工。[1]约翰斯顿一定不会经常醉酒，因为这里有许多小巧、古怪、迷人的建筑，包括日式的房子、鸟屋、前屋、天屋、老人河屋、厨船等等。就像是在梦中跌跌撞撞走入的一个小村庄，在这里，普通的对称和秩序被完全直观的几何形状取代。岛上的植被与建筑物相映成趣，里面混杂着各种奇怪的植物：紫丁香灌木、樱桃、覆盆子、黑莓、蓝莓、小灰树、桦树、雪松、白杨、橡树、一些较大的松树等。我在房间内写作，看到一头鹿游到了岛上，一只水貂在带有纱窗的门廊外的甲板下玩耍。附近，几只潜鸟在湖面上交谈，当夜幕降临在岛上时，它们以自己独特优雅的方式喧闹起来。

露出地面的花岗岩形成了该岛的基底，这是自然界一些更古老活动的产物，熔化的岩浆在数百万年前凝固成岩石。但是这个岛的生态环境比其他地方更加丰富，如果没有奥伯带到岛上的大量土壤和肥料，这么一块突出在湖面上几米高的小岩石只能容纳一个非常普通的生态种群。因此——这也是我一直想说的——在这片古老的地质凸起之上，这座岛屿的形成主要是由人们的意图和倾向决定的。

这座岛上的生活在那时是一个文化事件，当然，即使在奥伯的时代也是如此。早在奥伯时代之前，这座岛屿就被奥吉布瓦人[1]视为神圣之地。关于马拉德岛上的生活，奥伯的传记作者乔·帕多克写道："西方文明中存在着一种自然与文化的鸿沟，这已经成为我们不幸的遗产。奥伯在自己的内心深处及在马拉德岛发展的生活方式中，做了很多工作来解决、消除和超越这种鸿沟。"[2]但是我想，雨湖的分水岭已经倾斜了，甚至比以前更倾向于文化的极端。在奥伯的时代，湖水可以直接饮用，而到了今天，必须通过反渗透法净化才行！尽管开阔的水域清澈诱人，但是相邻岛屿之间的湖道杂草丛生，在马拉德岛周围游泳，就像是在水下森林的树冠间摸索前行。晚上，人们精选出的古典音乐——如维瓦尔第、贝多芬、莫扎特等人的作品——在湖面上流淌，在附近的岛上大声地播放。由于奥伯是一位热心的音乐家和音乐赞助人，所以当他住在这里的时候，深夜播放古典音乐可能并不奇怪。然而，最近的这些音乐似乎既让我难以忘怀，又让我感到不快：竟如此大胆地去扰乱（也许是以一种较轻柔的方式）那些无疑曾经扰乱过你们的人的孤独！此时，我会吹响锡笛，虽然没有音乐上的精确性，但我会用心吹奏，毫无疑问，这笛音有着很强的空气穿透性，在附近的岛屿上回荡。在晚上，比古典音乐更让人分心的是汽艇、水上摩托艇和其他机械玩具，它们在湖面上划过，有时会侵蚀我们在岛上培养出来的那种与世无争的孤独感。

---

[1] 又称齐佩瓦人，北美的原住民族之一。

马拉德岛是已故的荒野捍卫者欧内斯特·奥伯霍尔泽的故乡，它本身并不是一片荒野，现在其蛮荒的程度甚至比不上奥伯在岛上的时候，但这并非其本意。尽管如此，这仍然是一个思考和书写荒野的好地方，这也是我来到这里的原因。正是因为这里的岛屿生活跨越了自然与文化的鸿沟，它才能为世人提供这样的服务。当然，人们可以在完全被自然掌控的地方对荒野进行思考，因为思考当然是一种古老的，也许是定义性的人类实践。但是书写荒野需要文化的介入。拿着铅笔，在纸上画一个音符，即使你被喧嚣的野性包围着，也是参与一种相对较新的文化实践。所谓"新"，至少（如果我可以这么说的话）有一种说法是，过去几千年的任何实践都是人类文化的新补充。

　　马拉德岛之所以适合对荒野进行沉思，还有一个原因，那就是它唤起了一种非常特别的"感觉"，那也是一种对荒野的向往。具有讽刺意味的是，马拉德岛的自然环境提醒着人们，荒野本身可能并不是一种自然环境。著名的荒野概念历史学家罗德里克·纳什在其著作《荒野与美国思想》（*Wilderness and the American Mind*，1967）的开篇中直截了当地指出："'荒野'一词乍看之下颇具有欺骗性，其具体困难在于，虽然这个词是一个名词，但它像一个形容词。"如果荒野是一种感觉，或者至少是一个地方的主观形容特性，那么，令人高兴的是，荒野是无处不在的。荒野可以是任何地方，但是我认为这是一个很难回答的问题，如果它是任何地方，那么它到底是什么呢？

所以我坐在马拉德岛上，凝视着水面，低头看着我的屏幕，周围是一座梦幻般的村庄，还有奥伯的书（顺便说一句，还有前一章提到的另一位伟大的岛国作家利亚姆·奥弗莱厄蒂的几本书），在诗人、艺术家和梦想家的陪伴下，我想知道一个人究竟应该怎样理解荒野的概念。

在马拉德岛，我突然想到，是时候重新思考荒野的概念了，而完成这项任务的最佳资源，就在那些为孩子们写的故事中。我乐观地认为，以这种方式重新思考荒野，人们可以承认但要超越传统荒野思维的不足。我的这项评估正是基于对所有年龄段和不同文化传统的儿童故事的广泛阅读。事实上，我在整理这本书的过程中读到的所有书籍，都是为了重新确认荒野理念的价值而准备的。

我们关于荒野的传统思维——"第一思维"——在一定程度上是通过对圣经中荒野故事的大量世俗的反思而形成的：在荒野中，人们同时遭遇到神灵和恶魔。荒野作为神圣空间的理念被纳入 19 世纪后期的硬汉们（他们通常是男人，而且往往神情严肃）的作品中，这些硬汉以娱乐的方式对美国的穷乡僻壤进行了探索和记述。更广泛地说，荒野被认为是野蛮自然的领域，在那里人们可以参观，但不会停留。荒野，它的拥护者声称，可以缓解并治愈人们由于文明生活中的日常事务所造成的精神疲惫。美国边境的荒野确立了美国人的身份认同，虽然坎坷的时代对大多数人来说已经过去了，但荒野提醒着一个国家与众不同的根基。此外，与荒野的邂逅让我们想起整个地球与大自然的联系，这种联系虽然常常被隐藏起来，却并没有被割裂。

　　近几十年来，基于对传统的荒野论述中忽视经验与文献情况的顾虑，荒野思想遭遇了适度的批判。在关于荒野的早期讨论中，明显缺乏原住民的观点。原住民被排除在外，在某些情况下，这损害了他们的生活和生计。荒野保护区——那些"未受改造"的土地，在那里自然独占鳌头——以前常常只是原住民的"家园"。那些开阔的草地、零散的林地，以及草原、海洋和简朴的山峰，都被作为自然的庇护所保留下来，它们往往是由这片土地的原始居民精心管理的。就好像我在你被强行驱离花园不久，就来到你的花园，当你不在的时候，我把它误认为是上帝的杰作一样。此外，如果我写了关于你的花园动人的诗，拍摄了精美的照片，持有许可证并且限制其他人的出入，那又会怎样呢？如果当气候突变，我让那座花园被烧为平地，然后狂热地谈论那场火灾呢？如果我粗暴地拒绝承认这曾经是你的花园呢？如果我宣布占用你的宏伟花园是最好的主意，并在全球推广这个主意呢？根据评论家的说法，这就是荒野的问题：这个想法是通过消除和虚构种族灭绝而建立的。如果这些恶毒的事实还不够，那么荒野作为一个单独的自然之地的概念，远远没有培养出与自然的统一感，从定义上来说，就是人类与自然的分离。事实上，自1964

年以来，荒野就是这片土地的法则；荒野依法将自然驱逐到整洁却仍有些危险的围栏中。荒野的概念总的来说有些混乱。

　　那么，在这一切中，为什么儿童故事对于重申荒野理念的价值很重要呢？这是因为儿童故事中的荒野观念比传统环境文学中的荒野观念更为普遍。这并不是摩西、以赛亚、施洗约翰和耶稣的故事，也不是约翰·缪尔、亨利·大卫·梭罗和奥尔多·利奥波德等当代人物的作品所反映的荒野的概念。孩子们的荒野可以在楼梯下的小房间里找到，也可以在花园里的小屋里找到；可以沿着城外一段安静的道路找到，也可以在加拿大广阔的荒野里找到。事实上，与野生动物的邂逅可以从卧室开始，就像在莫里斯·桑达克（1928—2012）的《野兽国》（*Where the Wild Things Are*，1963）中对调皮的孩子迈克斯所做的那样。

第九章
《野兽国》与荒野

　　莫里斯·桑达克的作品《野兽国》的年纪比我还要大两个月。年轻的时候，我在爱尔兰并不经常读这本书，所以直到我给孩子们读的时候才发现它。书中的故事很简单：一个淘气的小男孩迈克斯，穿着一套动物服装——通常被认为是一套狼服，尽管其他猜测也很多——没有吃晚饭就被赶回了自己的房间。当幼稚的怒火开始冷却时，迈克斯闭上了眼睛——沉思而且一点儿也不困倦——他的房间变成了一片森林，一开始出现了一棵树，后来又出现了一两棵灌木；接着两棵棕榈树长了出来（树很大但没有结果），绿草铺满了地板，藤条从天花板上垂下来；然后，墙壁也不见了：原来是卧室的地方，现在变成了"全世界"。迈克斯高兴起来，走进了这片森林。他登上一艘名字也叫迈克斯的私人游艇，乘船离开了。在旅程的终点，他到达了"野兽国"。在那里，他被奉为国王——这是通过最温和的催眠来实现的，尽管野兽们在狂野地喧闹，但这种喧闹真是太棒了。这本书的 34

页中有 6 页是专门写野生动物的，换句话说，野生动物的比例几乎达到了 18%。迈克斯疲惫不堪，而且感到饥饿，这时他的想法转向了"有人最爱他"的地方，而不是确切地回到家里。即将失去国王，野兽们十分悲痛，它们告诉迈克斯，诚然它们威胁要吃掉他，但确实也在爱着他。后来迈克斯结束了这次旅行，闭着眼睛僵硬地站在船头。家人在等他回来吃晚饭。总而言之，桑达克用很少的语言讲述了这个故事，准确地说只有 338 个词。

　　桑达克只用 338 个词就讲完了这个故事，而我则需要更多的语句来反思他这一重要著作。桑达克没有用文字说出的话，会通过插图与读者交流。一幅画可以胜过千言万语，桑达克的二十幅画就很能说明问题。翻译桑达克的插图是徒劳的，而且是枯燥的，但是它们不应该没有存在感，因为毫无疑问，插图的表现力是很惊人的。我们不需要阅读更多关于迈克斯多么顽皮的文字，因为导致他被关在自己房间的原因在插图中表现得非常清楚：他的脸上流露出幼稚的疯狂表情。他往墙上钉钉子，用一根简易绳子把泰迪熊拴起来，还用叉子把狗赶下楼梯！一被关进房间，他就两眼瞪着紧闭的屋门。靠窗的桌子上有一盆植物，似乎暗示着窗户是开着的，因为这才是种植植物的样子。有九幅图中描绘的月亮，都是新月。这时迈克斯已经从门口转过身来，他闭上眼睛，脸上的表情更加深邃，脚从地板上拱起。这时，在卧室里出现了森林。但此时我们读者看到的不是桑达克想象的世界，而是桑达克想象中迈克斯想象的世界。也许很少有艺术家能如此有效地捕捉到活跃遐想的瞬间。专注于脱离禁闭的迈克斯将继续他的荒野冒险。

　　莫里斯·桑达克对自己非凡的才能表现出令人钦佩的谦逊态度，他曾写道："并不是说我画得特别好，或者写得特别好……"然而，在这个问题上，评论家们却达成了与他相反的一致意见：1964年，《野兽国》获得了美国图书协会颁发的凯迪克金奖，并一直被列为最受欢迎的儿童图书。桑达克作为一名视觉艺术家的成就现在已经得到了广泛的认可。塞尔玛·G.莱恩斯的《莫里斯·桑达克的艺术》（*The Art of Maurice Sendak*，1980）中精选了他整个职业生涯中的插图和绘画。即使我们对桑达克关于他作为一名画家有着相对优势的言论表示赞同，那么他如何解释自己作品的吸引力，特别是对儿童的吸引力呢？桑达克自己对此的解释是："我能记住别人不记得的事情，包括声音、感觉和图像——那些童年特定时刻的情感——我最不同寻常的天赋是那个身为孩子的自我似乎还活着，而且活得有滋有味。"

　　作为一个讲故事的人，桑达克的力量来自他的创作技能和这种与自己的内在孩童建立联系的能力的完美结合，这似乎是一个合理的论断，因为许多优秀的儿童作家都是这样。桑达克的艺术成就来源于他在纽约犹太裔波兰移民家庭的童年记忆。在孩提时期，他的亲戚们——每个星期天都会去他家做客，毫不客气地捏他的脸颊，这期间的每一个细节都被他留意并保存下来——就是他笔下野生动物的原型。但是，桑达克的工作之所以强大还有其他原因。他的想象似乎既具体又普遍。迈克斯任性的行为唤起了我们童年的记忆，他在卧室里关禁闭的经历让我们回忆起自己所遭受的惩罚和所忍受的小耻辱，等等。这些主题似乎具有普遍性，不仅仅因为我们大多数人都过着相对程式化的生活——迈克斯的生活让人想起了我们自己的生活——而且这种生活似乎具有普遍性，因为桑达克在心理上捕捉到了所有人类儿童的感觉。我们都是冲动的，我们都在考验监护人的耐心，并因此变得沮丧，还会在形势需要时退回到想象的资源中去。在这一点上，可以肯定的是，桑达克有某种心理学家的特质，但同时，正如其他人在我之前所注意到的那样，他身上也有人类学家和神话学家的特质。换句话说，他并没有把我们带回到童年，而是让我们乘着一艘普遍拥有的想象力的小船———一艘以我们每个人的名字命名的小船——深入心灵的森林，在那里，自从人类诞生以来，就与野生动物共存。

迈克斯对野生动物的想象之旅是一次与荒野的邂逅，而不是将荒野作为一个物理场所。这种关于野性的想法是迈克斯精神结构的一部分：它是不可否认的真实，因为我们的想象是真实的，不管它看起来多么虚无缥缈。然而在他的幻想中，迈克斯想象着被运送到某处，因为这是荒野思维的经典比喻：荒野，是我们不在的地方。尽管它们最初令人恐惧，但野生动物其实生活在一个并不完全令人恐惧的地方。迈克斯，他自己就是一只狼，很快就平息了野兽们的骚乱。他的梦想是征服荒野，而这次旅行的结果是控制自己内心的躁动。那个生气的孩子控制住了自己。当迈克斯回归自我，再次意识到自己是在卧室里后，他准备好了接受现实。他对野性的强烈欲望得到了缓和——不再威胁要用叉子吃掉小狗，也不再声称要吃掉自己的妈妈——他吃了一顿家常便饭，那是他母亲为他准备的。

在《野兽国》中使用荒野的概念是相当简单的，它为迈克斯提供了一种心理上的药方，以治疗他所遭受的痛苦。尽管如此，荒野的概念还是有其他一些重要的组成部分，它强调了与普通事物和人类社会的距离，即荒野可以是孤独的。它假定了各种各样漫无边际的野生动物，并提供了一种认识，即一个人不能永远生活在荒野之中。在这种荒野的概念中，有一个更强烈的提醒，即在我们充分感受荒野之后，一个人可以，或者说甚至是应该，回到家中舒适的生活中去。

把莫里斯·桑达克的画册和我们所拥有的最古老的绘画艺术，即更新世[1]的岩石和洞穴艺术，去进行比较似乎不太合适。首先，尽管他的作品具有普遍性，但其受众主要是青少年和那些像你我一样怀念童年的人。相比之下，我们无法确定更新世的绘画艺术是由谁或为谁而创作的。其次，尽管他的文字简洁，但是配上他巧妙的插图就变成一个内容相当丰富的故事，而我们不能确定更新世的绘画伴随着的是什么故事。毕竟那时候讲

---

[1] 更新世，亦称洪积世，英国地质学家莱伊尔 1839 年创用。

故事的人早就不在了，洞穴的画板也没有按照暗示性的叙述顺序排列。然而，正如我们将要看到的，虽然我们对古代艺术家创作这些作品的原因没有完全可信的解释，但更新世洞穴壁上的绘画并不是完全无声的。即使我们不能解读出它们，但这些肯定是睡前故事中的原始动物，因为动物在这些岩石"画布"中占据了主导地位。一个多世纪以来，学者们一直致力于解读这些艺术作品，识别图像、确定绘制年代、理解制作技术，并推测创造它们的文化背景。我们现在比以往任何时候都能更好地推测它们。

与整个时代的作品相比，任何一位作家的作品，即使是桑达克这样的天才的作品，其重要性都会无可争议地黯然失色。更新世艺术是在大约 35,000 年前开始的数千代艺术家的作品，这种艺术几乎具有世界性的地理分布。然而，由于它们的受众有差异，关于它们的范围和价值仍存在分歧，关于它们的含义也有很多争论，这使我们不幸地忽视了儿童图画故事和更新世艺术作品之间颇具启发性的相似之处。与以往相比，他们对动物的共同关注，只是最明显的特点。

在让·克洛特斯的著作《洞穴艺术》（Cave Art，2008）中，这位法国史前历史学家和洞穴艺术专家提供了他所说的"想象中的史前图像博物馆"。最近几天，我在克洛特斯的"博物馆"里闲逛，匆匆记下笔记，不像我读书时那样，甚至也不像我走过传统的博物馆展品那样，而是像我在一个活生生的社区里散步那样。这里有一只熊，那里有一头野牛；一群欧洲野牛在惊跑，一头长毛象站在那里，长着巨大的象牙，旁边有两头犀牛碰来撞去。我看到一群狮子在追逐野牛。每隔一段时间，我就会看到一个男人——那是更新世最为罕见的生物，等我仔细又看了一遍，发现那似乎是半鸟半人的生物。我还看到一个女人，她光着身子，和一头野牛站在一起。事实上，她也可能是半女人半野牛的生物，也许她穿的是野牛装？也许那个男人戴着一个鸟类面具？我转来转去，听到马蹄的轰鸣声，马儿从我身边疾驰而过。

　　我的"野外笔记"来自一次穿越法国的查维特洞穴（约公元前30,000年的艺术作品）的虚拟自然旅行，里面记录了我遇到的以下动物：34头狮子、27头犀牛、23匹马、13头野牛、6头猛犸象、5头欧洲野牛、3只洞穴熊、2只鹿和1只硕大的猫头鹰——它的头从前面转了180度瞪着我，总共114只动物。这绝不是一份完整详尽的名单，毕竟，克洛特斯无法在他的书中展示整个查维特的作品，因此他选择了一些图片来呈现。他强调了更令人印象深刻的图像和更罕见的发现。尽管如此，这个动物群落也是多样性的。这种多样性体现在生态学家们评估此类事物的两个方面：一是物种数量相当多（9种）；二是个体数量在这些物种中分布相对均匀——狮子和犀牛相当常见，猫头鹰则很罕见。为了比较这种多样性，我计算了一个我经常用于生活社区的指标。香农多样性指数虽然有其方法上的缺陷，但生态学家经常使用，因为它既能反映生物群落中生物的多样性，又能反映生物的均匀性。根据我的"访问"，查维特动物群的香农多样性指数为1.77。[1]在我最喜欢的一处爱尔兰林地，鸟类多样性指数略高于2。查维特洞穴所描绘的动物多样性并没有比许多自然群落低多少，这提醒我们，动物的绝对多样性对旧石器时代的艺术家来说意义重大。事实上，这种多样性只是存在于艺术想象中的动物群落。想象借鉴自然，但也以丰富和有意义的方式对自然元素进行了美化。

关于描绘在洞壁上的动物园的意义，早期的推测认为，它们仅仅是为了审美——为艺术而艺术。毫无疑问，这门艺术十分华丽且技术精湛：著名的查维特和拉斯科绘画（约公元前 15,000 年）包括一些有史以来最引人注目的图像。但事实上，这些图画故事是在岩石的深凹处绘制和雕刻的，这让人很难相信它们仅仅是为了美学展示。主张艺术家（及其族群）和所描绘的动物之间存在图腾关系的理论似乎也是片面的。这些图像太多了，不能仅仅代表图腾性的祈祷——人们可能会期望一些洞穴只为一种动物而建，但我们所发现的并非如此。有种理论认为，这些图像表现出有助于狩猎的交感巫术[1]，这似乎颇为合理，但大多数作品与狩猎几乎没有关系。

那么，是什么导致了这种艺术的产生呢？克洛特斯认为，有争议的是，洞穴艺术与狩猎采集者的萨满教习俗有关。萨满教的实践是多种多样的，但萨满的表现是这个信仰体系的核心。萨满

---

[1] 英国人类学家弗雷泽（1854-1941）对顺势巫术（或模仿巫术）和接触巫术的统称。

可以以一种允许与强大的自然力量直接联系的方式将自己投射到（超自然的）世界中。萨满可以转变成各种动物形态，可以占据不同的意识状态，通常由致幻剂辅助，从而可以对决定健康和幸福的因素施加影响。在狩猎采集的生活中，动物是人们关注的焦点，动物的行为和动机有两个特点，一方面它们拥有智力，比如说，岩石就不是动物，但另一方面它们也与人类截然不同，似乎属于另一个领域。此外，动物是人们食物和恐惧的来源，它们是生活中不可或缺的东西。在万物有灵论的世界观中，万物——植物、鹅卵石、山脉、星星——都有灵魂蕴含其中，然而，动物显而易见是被注入了灵魂的，以至于在最古老的故事中，转化为动物是司空见惯的。这仍然是许多当代儿童故事的基石。例如，当我们第一次认识"哈利·波特"系列中的米勒娃·麦格教授时，她就是一只斑猫，"正是在街道的拐角处，他注意到了某种奇怪东西的第一个迹象——一只猫在看地图"。[2]

与萨满教的联系似乎是可信的，因为在洞穴艺术起源的时候，这种世界观已经蔓延到北欧和北美。如果与萨满教的联系是正确的，那么洞穴艺术家就是萨满，有时被描绘成鸟人或野牛巫师。在一种超脱的状态下，萨满人的灵魂离开他们的身体，有时可以成为一种动物，并与遍布整个自然的伟大神灵相结合。有学者反对用萨满教对洞穴艺术进行解释，毕竟所有这些解释都很难检验，然而，似乎不可辩驳的是，那些在洞穴里永恒的黑暗中劳作的人并非是异想天开或毫无目的的。

　　不管是什么激发了这种艺术，更新世岩石上的图像告诉我们，在一个没有文字记录的时代人类是什么样子的。古人类学家伊恩·塔特索尔在其著作《地球的主人：探寻人类的起源》（*Masters of the Planet*，2012）中认为，洞穴艺术在起源于数百万年前的物种历史上是一种相对较新的文化表现形式，有助于研究现代人类对动物特有的认知方式的发展。一种带有符号的设施——其中有一种事物，通常是抽象的，可以替代其他事物——这是人类认知功能的一个中心因素，据塔特索尔说，也是人类发展的一个主要因素。洞壁上的动物是对它们所代表的动物的巧妙描绘。然而，这一时期的许多艺术描绘都是抽象的：例如，一系列的圆点以一种明显的、特意的方式聚集在一起，即使其意图至今还不清楚，但对塔特索尔来说，这些符号——具体的和抽象的，无论它们的含义多么神秘——都是理解人类如何"掌握"地球的关键。我们能够使用符号，无论是艺术符号还是语言符号，我们不仅像大多数动物一样生活在这个世界上，而且能够想象人类在塑造这个世界时所拥有的另一种未来。人类有一种认知的流动性，一种以动态的、新颖的方式操纵符号的能力，它把我们从被赋予的世界中解放出来。我们可以以前所未有的方式改变世界，使其至少在某种程度上符合我们为之设想的计划。一方面，这在古代是我们生存的基础，但另一方面，可以说是现在我们环境问题的根源。我们慢慢地、无情地推动这个世界，这个世界也在推动着我们。

　　人类受到巨大、狂野的，最终是压倒性的力量的冲击。我们经受住了风暴的考验，生活只是一瞬间——没有人能长生不死。旧石器时代的萨满艺术家在洞穴墙壁上绘画，并以这些符号为媒介，试图控制那些反过来控制我们的力量。洞穴壁画是画廊中的第一个壁龛，它包括了自古以来 1000 多年里所有娱乐、刺激、抚慰和激励我们的艺术表现形式。《野兽国》是对这种古老的人类叙事传统的继承，它以自己的方式取得辉煌，在总体上看来又不事张扬。

　　与洞穴艺术一样，桑达克的插图也以动物为主。迈克斯被七种野生动物包围，由于每个物种只有一只，这个群落的多样性被认为很低，其香农物种多样性指数只有 0.3。野生动物在很大程度上是有代表性的形象的，比如可以被识别为狮子、山羊、公鸡等。但故事中所有的动物都具有混合的解剖学特征，不能完全归类。例如，公牛有人的脚，看起来被照料得很周到。动物绘画的形式流畅，延续了悠久的传统，其历史可以追溯到古代。但它们难道不会让人想起神话中的生物吗？希腊神话中的弥诺陶洛斯 [3] 有公牛的头和人的身体。这样的动物难道不是梦境或者梦魇吗？

　　迈克斯在卧室的洞穴里穿着狼的服装，这是萨满少年时的画像。但真正的萨满是桑达克。桑达克以他对童年记忆的独特方式，回忆起那些烦躁的时刻，那些我们失去自我控制和对世界充满愤怒的时刻。在许多情况下，洞穴艺术家的雄心壮志可能是非常高远的：保护他们的整个族群免于陷入潜在的、难察的毁灭性野生元素的影响。尽管如此，桑达克还是使用了一些与他早期的艺术和萨满教祖先相似的工具，来说明孩子是如何运用他们的想象力来平息内心的狂乱的。

　　在更新世的洞穴绘画中，动物占主导地位，而桑达克则描绘了整个景观。相当引人注目的是，洞穴壁画中几乎完全没有植被，但事实上植被在野生动物生活的地方非常丰富。这本小书中的风景以最基本的方式揭示了人与自然环境的关系。哪些风景能引起恐惧，哪些能安慰我们？这种说法基于这样一个事实，即所有已完成的景观艺术的经验。根据地理学家杰伊·阿普尔顿在他的标志性研究《栖息地的象征意义：对艺术作品中的景观的解读》（*The Symbolism of Habitat: An Interpretation of Landscape in the Arts*，1990）中的观点，不可否认，人类对景观的反应无疑是有文化背景的，但也建立在我们从过去的进化中所继承的思想倾向上。我们在任何栖息地都能感知到各种各样的符号，提醒我们注意那个地方的生态可能性和危险性。

　　为了解释他的观点，阿普尔顿检查了许多风景画。一般来说，被认为最令人愉快的景观，通常包含了维持生命的元素，比如，人们发现水具有积极吸引力的主要特征。此外，阿普尔顿还分析了风景画中哪些元素会引起愉悦的反应，或者会引起不安的感觉。他发现，最具吸引力的景观巧妙地结合了开阔的视野和

"避难所"的表现形式。用阿普尔顿的术语来说，开阔的视野代表着"前景"，这是观众可以看到的景象。与此相反，景观中受保护的凹处被称为"避难所"，在这些凹处，观者不受景观中其他元素的影响。

通常情况下，当人像被融入绘画中时，则会出现在"避难所"附近。例如，伦勃朗·凡·莱因的《逃往埃及途中的休息》（*Landscape With the Rest on the Flight into Egypt*，1647），那是我年轻时最喜欢的一幅画，神圣家庭在树下蜷缩在一团小小的篝火旁，远处隐约可见一片广阔的黑暗丘陵。

水是生命之源，因此在绘画和自然景观中都象征着栖息地的生产力。如果你想要食物，就往水边走。开放的空间意味着易被捕食，因此如果你必须穿过一片开阔的土地，最好靠近树木，最重要的是要知道如果发生意外，你要逃到什么样的避难所中。

引起更极端的不安情绪的景观包含着"危险"的元素。也许这就是为什么卡斯帕·大卫·弗里德里希的《雾海上的流浪者》（*Wanderer above the Sea of Fog*，1818）如此令人不安。流浪者站在悬崖上凝视着风景，他看到了一切，同时所有人也看到了流浪者。这幅画与同年弗里德里希的《吕根岛上的白垩岩》（*Cliffs on Rügen*）值得一比，在那幅画里，俯瞰风景的人物更为传统，他安全地藏身于一个岩石凹室中。

阿普尔顿提出的更具争议性的说法是，在某种程度上，我们对风景的反应是与我们自身息息相关的——人类欣赏风景，即使在艺术的描绘中也是如此，似乎他们的生活依赖于此。在追溯我们对景观的反应时，回到了生存的深层次倾向，阿普尔顿借鉴并扩展了几条思路。事实上，人类对蜘蛛和蛇这样的威胁性动物似乎有着根深蒂固的生物恐惧反应，这是一个普遍而明显的平行现象。斯蒂芬·凯勒特和 E.O. 威尔逊在《人类天生热爱大自然假说》（*Biophilia Hypothesis*，1995）中提出了一种互补、积极的生命倾向，可以解释在大自然中生活对健康的益处。还有最新的一个例子，生物学家戈登·H. 奥里安提出了"稀树草原假说"，这一假说最初是为了解释人类对树木偏好的细微差异，他认为这种偏好源于对非洲大草原的进化反应，而非洲是人类进化的发源地。在他的著作《蛇、日出和莎士比亚：进化如何塑造我们的爱和恐惧》（*Snake，Sunrise，and shakespeare: How Evolution Shapes Our Loves and Fears*，2014）中，奥里安扩展了他的分析，揭示了自然选择在塑造我们的行为偏好和情感反应中的作用。

虽然《野兽国》一书中有着满布植被的风景，但它们是宜人的，并且其中大部分缺少大范围的景观。但是，尽管如此，它们还是很好地支持了阿普尔顿的分析。一旦迈克斯的卧室变了样，我们就会看到他被树木包围，就像他是草原上的原始生物一样。尽管迈克斯站在高耸的树枝下，但他面对着这个"避难所"的外面，抄着狼爪指着森林避难所外那片广阔天空的"前景"打手势。他出海了，那肯定是一次危险的旅行。海洋固有的脆弱性在于，在开放的水域中，我们是可以被观察到的，在广阔的海面上，我们无处藏身。然而，在每一幅描绘大海的插图中，都有一棵树舒适地摆放在图画的边缘。这无疑减轻了年轻人阅读故事时的焦虑。当然，当迈克斯到达对岸时，他会受到海怪的欢迎，这是第一只野生动物。从森林的避难所出来的岸上，聚集着其他的野兽。随着与野兽的冒险继续——迈克斯被加冕为国王，整个野兽国开始喧闹——这一行动被隐藏在繁茂枝叶之下。

桑达克的故事不仅仅是一部心理剧——当然，作为心理剧本身也是一项值得称道的成就——还是一种关于当我们冲向这个世界时所面对的危险的图解式思考。如果世界是狂野和危险的，那我们如何才能最大限度地减少这些危险？在迈克斯与野兽的故事中，我们已经看到一些萨满教的魔法在发挥作用，一个男孩变成了一匹狼，压制并控制着野兽。但迈克斯也是一个勇敢的航海家，在必须冒险的地方冒险，在可能回避的地方把自己从危险中保护起来。如果阿普尔顿是正确的，那么迈克斯只是在重复一个最古老的故事：一个人冒险进入荒野，生存下来，然后回到温馨的壁炉旁。从这个角度来看，桑达克的作品是将一系列小创伤与人类故事中一个经久不衰的主题联系在一起的艺术：如何在一个比人类更广阔的野生世界中成为人类。

就像在桑达克的《野兽国》中做的那样，我将每一个儿童故事都置于沉重的负担之下，要求它们说明儿童故事通常是如何重新唤起人们对荒野的想法的，虽然这种想法现在在环保界备受质疑。公平地说，我们可以选择任意数量的故事来完成这项任务，因为很少有儿童读物中缺少荒野的插曲。但是《野兽国》在很多方面都是典范。当然，每一个故事各有不同，桑达克有一个非常特殊的故事要讲——尽管故事具有特殊性，但正如我们所看到的，也具有一些相当普遍的主题。这个包罗万象的主题是一个古老的思想：人类与野生打交道，这样做就与世界和谐一致，并获得一定程度的自我掌控。此外，桑达克的风景画具有普遍的易读性，可以挖掘出我们内心深处某种生物学上的根本性和进化上的古老存在。因此，当父母和孩子依偎在一起阅读《野兽国》，大声朗读文字，仔细欣赏插图时，他们以一种特殊的当代方式复制了一种可能和我们这个物种一样古老的活动。父母和孩子像古人一样，思考着荒野和野性的概念。

《野兽国》最适合大声朗读出来，就像所有这类故事一样，它将一种曾经普遍存在的做法带入了今天的文化中，这种做法现在变得有些罕见，即口述故事。新的证据表明，神话和口述故事的渊源非常深远。最近一种研究个体神话的方法不仅揭示了神话是如何在世界范围内传播的，还揭示了有多少神话可以追溯到远古时代。例如，通过比较"宇宙猎杀"故事的广泛版本——星星和星座被想象成猎人、猎狗，以及它们追逐和猎杀的猎物——人类学家朱利安·德胡伊将这个故事追溯到旧石器时代的起源："一头鹿被猎人追逐，跑到天上化为了北斗七星，在夜空中得到永生。"[4] 今天，当我们凝视这一切时，还可以听到远古人类的声音在遥远而明亮的夜空中回荡。

儿童故事继承了古代讲故事的精神，不仅仅是在他们共同执行的任务中——在睡前把一家人召集在一起，就像很久以前萨满带领助手进入洞穴，或是旧时一家人聚集在火堆旁。但这些故事也继承了一系列主题：动物的生命，当然，还有以并不总是安全的方式遇到野生动物的必然性，以及活着讲述这些故事的希望。

儿童作家通常不会直接批判性地反思概念性的材料，尽管最好的作家会造成倾斜和破坏性的后果。儿童故事很重要，因为在这些故事中，我们得到了一个简单而有力的认可，即野生的自然滋养了我们，尽管它有时可能很可怕；我们必须承认，孩子的健康发展需要具备认识世界的原始性和神秘性方面的技能。此外，儿童故事还要解决区分自我与他人的与人类存在有关的任务。在儿童故事中，人们意识到，实现伟大的目标可能需要克服棘手的障碍（有时就是字面上的棘手障碍），并认识到我们的审美观是可以培养的：世界上充满了美，即使是在对我们的健康不利的地方。儿童故事不仅证实了荒野之地的重要性——即使是最狂热的荒野批评家也承认这一点——而且荒野这个概念实际上也是不可或缺的。

儿童故事中的荒野主题并不是为了回应当代关于荒野哲学的争论而写的。正如我在这里试图展示的那样，既然讲故事是这些争论的前奏，那这些故事是怎么做到的呢？新老故事都证实，对人类来说，总有一个自我和一个非自我，一个炉边和一个更广阔的世界，既令人宽慰又令人恐惧。在儿童故事中，表达了荒野的概念，同时也放大了更广阔世界中令人眩晕的方面，但是，这些故事往往也为人们应对儿童对未知土地的恐惧提供了帮助。是的，你也必须像人类一样离开炉边，必须像穿靴子的猫一样在这个世界上前进，必须克服障碍，遇到新的奇迹、失败，再振作起来，甚至可能再次失败。但是，当你遇到美丽的世界时，当你在旅途中找到爱时，当你遇到成功时，你会得到回报，尽管这些美好也可能会稍纵即逝。虽然大自然最终会夺走你的生命，你身体的原子会散落在土壤和风中，但是如果你认真对待生活中必要的使命，就会知道什么是荒野，就会知道什么是自由，哪怕只是片刻之间。

第十章
格林童话与荒野

———

有这样一个故事，说的是罗马帝国征服不列颠后，派遣一支殖民先锋队驶向爱尔兰。当他们看到一群爱尔兰野人在树木茂密的海岸上蹦蹦跳跳后，便转身离去，罗马就此放弃了征服爱尔兰的野心。

爱尔兰有很多民间故事，特别是在史诗传统中，爱尔兰人挫败了来自海外的侵略者。我最喜欢的一首诗歌是《穿灰色外套的粗鲁人：菲恩人的故事》（"The Clown with the Grey Coat: A Fenian Tale"）。在这个故事中，一位外国王子航行到爱尔兰，向爱尔兰的传奇战士菲恩人和他的勇士发起挑战，要进行一场穿越爱尔兰的赛跑。[1] 如果菲恩人拒绝挑战或输给王子，就不得不放弃爱尔兰。赌注是很高的，但是，唉，爱尔兰的伟大勇士们都去处理重要的事情了：毫无疑问包括打猎，或者谱写史诗，或者对爱尔兰的鸟儿独白，或者甚至玩曲棍球，那是一种用棍子击打球的全国性游戏。因此，菲恩人选择了一位流浪汉作为爱尔兰的选手。外国王子和流浪汉一同穿越了爱尔兰的大森林和野沼地。王子走得很快，流浪汉走得很散漫，还经常停下来吃浆果。通过各种障碍，王子一直保持领先，直到最后冲刺阶段，流浪汉却超过他，赢得了胜利。外国王子怒气冲冲地向卡尔（流浪汉的名字）走去，手里拿着剑。而这时卡尔刚刚吃了一顿麦片粥，看到被击败的王子向自己扑来，就猛地往对方身上扔了一大勺燕麦，把他的头打掉了。卡尔见状马上懊悔不已，赶紧把断开的脑袋重新粘住，尽管匆忙中把脑袋的方向粘反了。

　　当王子撤退回欧洲大陆时，由于脑袋被粘反，他必须回头看着爱尔兰。后来，流浪汉向菲恩人透露了自己的秘诀，是太阳风暴之神拉格在爱尔兰需要帮助的时候伸出了援手。

　　除了那些在爱尔兰海岸上跳舞的野人如何驱逐了罗马船只的说法，没有具体的民间传说来解释爱尔兰是如何抵抗罗马帝国的。也许拉格又来拯救了！不管怎么说，这个已经到达大不列颠的帝国从未成功地殖民过爱尔兰。就罗马帝国的疆域而言，荒野景观占据了其边缘地带。荒野是连暴君都害怕踏足的地方。爱尔兰对罗马来说是一片荒野，北非、亚美尼亚、小亚细亚沿海等地区也是如此。正是从这里，罗马引进了那些野生动物，包括狮子、黑豹和熊。那些动物被用于野蛮行径，称为"野兽处决"（由野兽撕碎对方）。[2] 许多早期的基督徒就是这样殉难的。

　　然而，从某种意义上说，荒野是分形 [1] 的，荒野的模式也可

---

[1] 分形是一个数学术语，通常被定义为"一个粗糙或零碎的几何形状可以分成数个部分，且每一部分都（至少近似地）是整体缩小后的形状"，即具有自相似的性质。

以在更局部的尺度上被复制，而且总是可以位于触手可及的地方。一个人不必走很远就能体验荒野。在更远古的时代，当人类社区像葡萄干一样散落在广阔的大陆景观中时，荒野代表着那些超出所有定居点范围的地区。在欧洲的民间传统中，把村庄和城镇分隔开来的森林就是非常好的荒野。

在世界各地的许多故事中，茂密的森林被认为是一种充满矛盾的栖息地。在这样的森林里居住着无法控制的生物和人类。这些生物，有时也包括人类，有着巨大的胃口，而且食欲往往会延伸到人类的肉体上。

与此相一致，欧洲传统童话中与森林相关的情感记录在很大程度上是消极的，这一点可能反映了美好的人类面对想象出来的或真实存在的肉食动物时有着不可避免的抵触。但是，尽管如此，在这些故事中至少有迹象表明，在这种焦虑之下，这些危险的风景同时也有一些诱人之处。也许，事实上，这种烦恼本身就是一种诱惑。否则我们为什么还有过山车、高速汽车和法西斯政客呢？总有人警告，不要进入森林！然而，我们还是要去森林。

在我使用的英译版格林兄弟童话中，"荒地"这个词使用得很少（只有5次），"荒野"这个词使用了100多次。[3]更普遍的还是"森林"这个词——在这些故事中，它是荒野的一个常见同义词——使用了300多次。相比之下，"驯服"这个词很少被使用，尽管"家""城堡"和"花园"的使用频率非常高，以至于它们加起来的实例数量与提到的野生动物差不多。考虑到这些数字之间的平衡，我们似乎有理由相信，童话故事，至少是德国传统的童话故事，代表着对家中温暖炉边和远处森林荒野之间平衡的一种延伸冥想。

在说明家庭与荒野之间的紧张关系如何在童话故事中上演时，有大量的故事可供选择。为了唤起我们对这些故事总体结构的记忆，我只分析其中的两个故事：《汉塞尔和格莱特》（*Hansel and Gretel*）和《白雪公主》（*Little Snow White*）。通过这两个故事，再借鉴其他故事，我们可以问："童话中的荒野环境意味着什么？我们从故事中学到了什么？"

哥哥汉塞尔和妹妹格莱特是一个贫穷樵夫的孩子，他们一家人住在森林的边缘。由于生活艰难、缺衣少食，樵夫的妻子，即孩子们的继母让丈夫把孩子们领进森林，生一堆火让他们坐在旁边，然后把他们遗弃在那里。樵夫抗议，说他不能"把他们扔到森林里，因为野兽很快就会把他们撕碎"。然而，尽管樵夫有如此可怕的预感，他还是照着妻子的吩咐做了。孩子们无意中听到了父亲和继母的计划，商量着要做些准备。汉塞尔收集了一些白色的小鹅卵石藏在口袋里。

第二天早晨，孩子们被带到森林里去了。为了转移父母的注意力，汉塞尔回头看了一眼他们的房子，说看到他的小白猫在屋顶上。当父亲和继母回头看猫时，他趁机把鹅卵石扔在了路上。孩子们睡着后，父亲和继母在森林中生了一堆篝火，然后就走了，遗弃了孩子们。当月亮升起后，孩子们在鹅卵石的引导下走回了家。父亲很高兴他们能回到家，可是他们的继母却十分惊恐。

饥饿再次降临到这个家庭。汉塞尔和格莱特又被父母带进了森林。这一次，汉塞尔撒了一路的面包屑，想要吸引屋顶上的鸽子带他们回家。但遗憾的是，森林里的其他动物吃掉了这些面包屑。汉塞尔和格莱特仍然试图找到回家的路，但是"他们很快在荒野中迷路了"。

饥饿的孩子们来到一个用面包、蛋糕和糖果建造的可食用的小屋前，开始吃这座小屋。这时，一个女巫从小屋里面走出来。一开始女巫看起来很友好，她给孩子们吃了一些营养丰富的煎饼、牛奶、水果和坚果。晚上，孩子们睡在了女巫家那漂亮、温暖的床上。与此同时，毫无疑问，女巫也饿了。她低下头看着沉睡的孩子，说："他们一定会是一顿美味的大餐！"孩子们现在成了女巫的俘虏。汉塞尔被锁在鸡笼里，女巫想让他长胖一些，便让他的妹妹喂他吃丰盛的饭菜。当眼睛有毛病的女巫估摸着男孩可能已经被养得胖胖的，身上的肉质像大理石纹路一样漂亮时，再次来查看男孩，男孩飞快地想出一个计策，用一根鸡骨头糊弄了女巫。

但是女巫不打算再等待，不管男孩有没有长胖，她都会让他成为自己的晚餐。女巫也想好了食用女孩的方法，打算烤着吃她。就在这时，上帝给了格莱特灵感。她哄着女巫，教她如何爬进烤箱（据说里面有一块面包需要检查）。女巫一直非常精明，不过此时却中了格莱特的计。毫无疑问，女巫被烧死了。汉塞尔和格莱特把女巫美丽的珠宝收集好，然后回到了家。这一次回家格外轻松，不需要用鹅卵石和面包屑引路。自从孩子们离开家，父亲一直很难过。现在看到孩子们回来了，父亲高兴极了，而他们的继母在这期间去世了，书中并没有提到她是否是因为失去孩子悲伤而死，在有的版本中她没有死。[4]

幼小的白雪公主独自忍受着荒野的岁月。她的继母——王后嫉妒公主的美丽，命令猎人把她带到森林里"一个远离城堡的地方"。在那里，猎人要杀死她。而且作为这一恐怖计划圆满完成的证据，猎人还要带着公主的"肺和肝"回到王后身边。公主的恳求获得了猎人的同情，而且"因为她太漂亮了"，猎人下不去手杀她。后来，他带着野猪的肺和肝回到王后身边。王后显然不是博物学家，她接受了这些赝品，认为计划已经大功告成。

白雪公主被遗弃了，她进入森林中的七山地区，在那里发现了七个小矮人的房子。房子里没人，又饿又累的白雪公主吃掉了小矮人的食物，并在他们的床上睡着了（事实上，那七张床她一张张地试了一遍——即使在经历如此磨难之后，这位公主仍然保持着她的皇室标准）。后来，白雪公主被小矮人发现了。"哦，我的上帝！哦，我的上帝！"他们惊呼道，"她真漂亮。"第七个小矮人为了不打扰她睡觉，和他的一个同伴挤在一张床上睡。这是童话故事中的真实情况——事实上，我们在许多儿童故事中都看到了这种情况——这种传统非常强调谁吃饭，什么时候吃饭，什么时候睡觉，以及在哪里睡觉。（顺便说一下，睡觉在格林兄弟的童话中被提到了 139 次，而吃东西出现了 165 次——这是这些基本活动的一个令人满意的比例。）[5]

在听了公主那令人心碎的故事后，小矮人们不失时机地行动起来，让白雪公主帮他们做家务。在那里，在森林深处，白雪公主做饭、整理房间、给小矮人们洗衣服。"当我们晚上回到家的时候，"他们坚持吩咐说，"一定要准备好晚餐。"就这样，白雪公主在森林茂密的荒野深处安顿下来。同时，王后身边那块不能像你我一样撒谎的魔镜带来了一个坏消息，那就是王后仍然不是"世界上最美丽的人"，事实上，白雪公主比她"美丽一千倍"。王后决定亲自动手杀死白雪公主。她伪装成小贩，到小矮人的房子周围去卖蕾丝带。王后把白雪公主的蕾丝带系得非常紧，直到她瘫倒在地。但是，小矮人们回来看到白雪公主躺在地板上后，便把她救醒了。于是，王后又回来了，这次是来卖梳子，一种特别的、在毒药里浸泡过的梳子。小矮人们下工回来后，又一次救了中毒的白雪公主。之后，伪装后的王后第三次返回小矮人的家。这一次，她带了一个毒苹果。当小矮人们回来的时候，白雪公主看起来已经死了，尽管她的脸颊依然红润。王后忠实的魔镜证实这个漂亮的女孩已经去世了。我要对魔镜说句公道话，也许是因为白雪公主的沉睡削弱了她的美貌，使得它做出了那样的判断。但是不管白雪公主的状态多么沉静，她肯定还是活着的。

白雪公主被小矮人们放在一副玻璃棺材里，开始了长时间的沉睡。后来，来了一位王子，试图买下这个公主不朽的身体。但是小矮人们慷慨地把这个公主送给了王子。最终，王子的仆人们厌倦了载着白雪公主到处跑，于是他们中有一个人打开棺材，把白雪公主举到空中。在做这个动作的时候，仆人推着白雪公主的背，让她吐出了有毒的苹果。白雪公主"又活过来了"。接下来，不可避免地，就是一场婚礼和一场死亡。白雪公主和王子结婚了，而王后被邀请参加婚礼，她穿上一双在炉子上被烧得滚烫的铁鞋子，不停地跳舞直到死亡。

　　当我刚开始学吹锡笛时，妻子抱怨我一遍又一遍地吹同一首曲子。其实我并没有一直吹同一首曲子，但对她来说爱尔兰曲子都一个样。格林兄弟的作品向我们展示的并不是一个单一的德国童话，而是在非常相似的主题上通过微妙的变化创造出了几乎无限数量的引人入胜的故事。对情节、性格、动机和环境等关键要素的小操作，会产生截然不同的效果。在每一个童话故事中，人物有微妙的不同，他们的生活环境有微妙的不同，他们的冲突有微妙的不同，故事的结局也有微妙的不同。但几乎每一个童话故事都有一个英雄（无论卑微还是崇高）、一个激烈的对手（无论有无魔法）、一次驱逐（从家里到荒凉的地方）、一个不祥的威胁（食人、食肉或者其他）、克服艰难的环境（无论是否获得王室中人的帮助）、报复（比如通过沸腾的油之类）和结局（如结婚）。然而，一个优秀的故事总是好过它各个部分的总和，一加一大于二。

正如我们所看到的，这些故事的情节是直截了当的，即使情节很恐怖。例如，在《汉塞尔和格莱特》的叙述中，从温馨的场景到焦虑的场景转换得很流畅：孩子们被扔在森林里，被一个吃人的女巫捕获，后来女巫被杀，他们一夜暴富，家人团聚，皆大欢喜。情节的顺序相当合乎逻辑。然而，其他的童话故事也有自己隐晦的、令人费解的逻辑。例如，在《十二兄弟》（*The Twelve Brothers*）中，国王决心斩首十二个儿子，以便他的第十三个孩子，也是唯一的女儿继承他的王国。儿子们逃走了，几年后，他们的妹妹找到了他们，并在森林的洞穴里帮他们做家务。（故事到这里，我想还不错。）然后，妹妹离开了哥哥们的洞穴，摘了百合花。（好吧。）百合花其实是她的哥哥们！（这是什么？）但后来哥哥们不再是百合花了，他们已经变成乌鸦了。（对不起，你是说"变成乌鸦"？）这样的故事完全没有一个连续的逻辑。

也许正是这样的原因，今天还是那些情节更加传统的童话故事最受欢迎。像《十二兄弟》这样情节离奇的故事很少被收藏。也许是因为这个故事已经被反复讲述多次，以至于那些与故事情节相关的某些部分随着时间的推移已经被抹掉了。不管是什么原因，很明显，一个故事要想成功，不需要进行有效的设计。重要的是，他们深入研究了相应的主题。在《十二兄弟》中，这些兄弟开始是百合花，后来变成了乌鸦，这些可能都无关紧要，因为故事的主题越来越深刻，越来越引人入胜。妹妹意识到自己的哥哥们变成了乌鸦，为了救他们，她发誓七年的时间不说话，也不笑。后来，这位女孩嫁给了一位国王。她的国王丈夫在自己邪恶的母亲的教唆下，要把女孩烧死。在火刑架上，七年的誓言结束，哥哥们从乌鸦变成了人，与妹妹团聚，并把她从火焰中救了出来。格林童话中的故事不管是受欢迎的，还是被忽视的，都是与它们经常对人类关系进行存在主义沉思、再现环境背景与生态环境以及对这种关系的经济限制结合在一起的。总的来说，这些故事构成了一个关于毅力、合作、忠诚和克服人生磨难的专家课堂。如果，出于我不敢妄下判断的原因，你碰巧认同格林童话中的恶毒角色，也许可以在这些故事中学到一些不可言说的死亡方式。一般来说，我们都需要更多地了解死亡，即使是在幼年之时。

尽管故事有着各种各样的变化和特质，但其中所考察的存在主义问题都是一样的。童话故事将生活精简到具体的要点，每一个故事都是关于重要问题的信号传递。兄弟姐妹之间的竞争、忠诚、友谊，人与动物之间的敌意，人类的美丽及其缺失，以及照顾和忽视（特别是对儿童），这些主题都很关键。那么，每一个故事的核心都是一个问题："人是什么？"（尽管这不是每个伟大故事的核心）故事的主题仍与经济相关。故事在家园或荒野中，在熟悉或迷茫的风景中展开，并聚焦在食物问题上：饥饿或食物充足，食欲正常或反常，以及食物是人类还是野兽。这对我们来说意味着，由于童话故事涉及的往往是在严酷环境下的巨大情感和生存问题，因此童话故事是不言自明的环境故事。

格林童话除了反映人际关系的主题，还以具体的方式展现了乡土景观与野生景观的差异，这使得这些环境故事格外出色。在故事中，那些为了人类的目的而使用的土地——被耕种、管理和定居的土地——与那些人类无法直接控制的土地之间存在着对立。尽管死亡也存在于城镇和村庄，但至少在故事中，死亡在荒野中有了更多的邪恶和反复无常的选择。在自己的小房子里睡在自己的床上去世，显然比被野兽撕碎要好一些。《汉塞尔和格莱特》《小弟弟和小姐姐》（*Little Brother and Little Sister*）以及《白雪公主》都反映了贪婪生物的死亡。"野兽处决"的死刑方式可能已经与很多古代世界的其他仪式一起消失了，然而，每当我们打开一本童话书时，都会对这种做法进行深深的反思。

英雄可以去造访，但是不能留在那里，这是童话中的荒野的特点。因此，童话中的荒野符合立法中的荒野精神。[6]荒野的永久居民是野生动物，当然，其中许多野生动物是无害的，虽然其中也有许多具有威胁性，还有一些则相当疯狂。格林童话中被视为无害的动物，包括那些生活在森林中或城镇范围以外的土地或水域中的动物，比如（许多种）鸟类、青蛙、蟾蜍、蚂蚁、蜜蜂、（许多种）鱼类、鸭子和其他野生禽类、野兔、鹿、老鼠、刺猬、狐狸、蠕虫及偶尔出现的蜗牛。潜伏在荒野中的还有习性更为凶猛的野兽，比如狮子、野猪、熊、狼、鹰、蛇和龙。童话里生活在荒原上的人类都是可疑的，包括男女巫师、巨人和野人。这些令人讨厌的生物以独特的方式在世界上用魔法折磨他人，并频繁地吃人。

人工管理的田地和荒野之间的区别体现在经济上，一边是人类的经济占上风，另一边则是自然经济至上。不过虽说如此，却也并没有区分得这么明确。森林中占主导地位的是人类，这种逻辑当然是资本主义的逻辑，但是在《汉塞尔和格莱特》中，很明显，对森林的掠夺为樵夫和他的家人提供了经济来源，并提醒我们，财富源头来自篱笆的另一边。我们的樵夫必须选择木材，切割木材，并将其转化为可交易的商品，以供售卖。他入不敷出的经济状态推动了故事的发展：他的家人正在挨饿，这就是为什么他同意放弃自己的孩子。但是森林对他或他们的命运毫不在意，因为这就是荒野的冷酷无情。

尽管在人类主导的那一边，更大规模的园林经济事务更加激烈，但是也只有在那一边，他们才会失败。野外的失败只是生态学的另一个名词，就像生态学还有另一个名词是成功，或者换句话说：生存和死亡都是生态学术语而已。

有些故事中提到了长期的饥饿和干渴。在《森林中的老婆子》（*The Old Woman in the Forest*）中有一个年轻女孩，她被困在森林里，一个人孤零零地喊着："我一定会饿死的。"一只鸽子，当然事实上是一位被施了妖术的王子，飞来帮助她。正如我们前面叙述的那样，在《汉塞尔和格莱特》中，正是因为樵夫不能养活他的家人了，才让情节发生变化，故事中的解决办法是樵夫把孩子们送到了森林里。在《小弟弟和小姐姐》中，这两个孩子的继母虐待他们，把他们赶进了森林。后来，邪恶的继母跟踪他们去了森林，给森林里所有的小溪施了妖术。口渴难耐的孩子们被引诱到小溪边，小弟弟喝了溪水后变成了小鹿。饥饿，无论是暂时的还是永久的，在格林童话的十四个故事中都有提及。

　　格林童话中还有两个跟饥饿相关的故事，虽然都很简短，但值得一提，那就是《甜粥》(*The Sweet Porridge*) 和《饥荒的孩子》(*The Children of Famine*)。其中，前者和森林有着千丝万缕的关系，后者则是对饥饿忧郁的沉思。在《甜粥》中，一对母女正在挨饿，女孩"去了森林，在那里她遇到了一个老婆婆"，老婆婆给了这个饥饿的女孩一口小锅。这口魔法锅听到"小锅，煮吧"的口令后，就会煮出甜甜的粥。粥煮好后，再听到"小锅，停下来"这样的指令，小锅就会停下来。有一天，母亲外出了，走之前却忘了让那口不知疲倦的魔法锅停下来。于是，粥不停地煮呀煮，后来溢了出来，先是填满厨房，然后是屋子，等等，"好像它要喂饱全世界"。当只剩下一间屋子还没有被粥淹没时，女孩回了家，把锅停了下来。《饥荒的孩子》这个故事的内容更简短，也更让人难过。一位母亲和她的两个女儿正在挨饿，母亲变得"精神错乱而又绝望"，她对孩子们说："我必须杀了你们，这样我才能有东西吃。"孩子们在母亲的手下逃过了两次。最后，孩子们对母亲说："我们要躺下睡觉，直到新的一天到来之前，我们都不会再起来了。"她们永远地睡着了，她们的母亲也离开了。

　　格林童话让我们对自己与野生动物的关系有了持续的思考。有时这些动物，比如刺猬男孩汉斯，是相当古怪的。没有一个简短的总结能公正地解释《汉斯·我的刺猬》(*Hans My Hedgehog*)

这一故事的疯狂。一对没有孩子的夫妇宣称他们"想要一个孩子，即使它是一只刺猬"。后来，他们生了一个儿子，取名汉斯，不过这孩子的上半身是刺猬，下半身是人。汉斯央求父亲给他买了一支风笛。[7]后来，他骑着一只公鸡（顺便说一句，这只公鸡穿着定制的"铁鞋"）去了森林。在森林里，汉斯住在一棵树上，照料他的一群驴子和猪。他用风笛吹奏出"优美的音乐"，吸引了一位迷路的国王，并给国王指了路。国王允诺把回到宫殿后遇到的第一个东西赐予他，第二位迷路的国王也是一样。最后，汉斯结婚了，尽管他的新娘非常合理地担心他身上的刺会伤到她。在新婚之夜，他"脱掉了刺猬皮"，四个士兵跑来把刺猬皮扔进了火里。汉斯得救了，变成了人的模样，成了王子。从此，他们过上了幸福的生活。

　　汉斯，我们的刺猬男孩，是一个野生动物和驯养动物相结合的奇怪物种。然而，在格林童话中，区分野生动物和驯养动物的界限并不混乱。一方面，你有驯服的动物、驯养的牲畜，甚至一些异国生物，包括一两头大象和猴子之类。而另一方面，从平静无害的野兽到面目可憎的野兽，森林有自己的一套野兽系统。对野生动物的恐惧会在森林荒野中催生最大的焦虑。例如，在《会唱歌的骨头》（*The Singing Bone*）中，一头野猪造成了"全国性的巨大破坏"，阻止了所有人进入森林。（野猪是被两兄弟中单纯善良的弟弟杀死的，而狡猾精明的哥哥却冒领了弟弟的功劳，后来还娶了国王的女儿。当然，最后哥哥得到了应有的惩罚。）类似下面这样的话在很多故事中都有出现："被野兽撕成碎片"（《小弟弟和小姐姐》）；"把他们扔到野外去喂野兽"（《汉塞尔和格莱特》）；"野兽肯定吃掉了祖母"［《小红帽》（*Little Red Cap*）］；"一只可怕的野兽正坐在我的洞穴里，眼睛红得吓人"［《自动上菜的桌子、吐金子的毛驴和自个儿从口袋里蹦出来的棒子》（*Little Magic Table, the Golden Donkey, and the Club in the Sack*）］；"不管怎样，他以为森林里的野兽很快就会把她吃掉"（《白雪公主》）；"于是他转过身，看见一只黑色的大野兽大叫：'把我的玫瑰还给我，否则我就杀了你！'"［《夏季和冬季花园》（*The Summer and the Winter Garden*）］。

学者托马斯·H. 伯奇曾撰写过一篇《荒野的禁锢》（*The Incarceration of Wildness*），这篇关于荒野和驯化王国之间界限的文章虽然很有争议，但是也很精彩，文章中写道：

> 西方文化对野性的禁锢，其中心是对他者的普遍（错误）理解，认为他者是敌对的，是对法律的不服从，因此是非理性的、犯罪的、非法的，甚至是犯罪性的疯狂（比如灰熊）。

如果你想去野外最危险的地方——又不想冒着被野兽撕成碎片的风险——那就读读格林童话吧。

在童话中，做人就是奋斗，就是忍耐，就是与人交往，就是能升官就升官，能发财就发财，能嫁给王室最好，能为自己报仇就一定要用火、油或者把敌人扔给野兽。童话故事在儿童身上具有生存和生态指导意义，尽管人们可能不希望孩子们从一个吻就可以使死尸复活的假象中获得虚假的安慰，因为这是以深刻的物质方式戏剧化了人类的处境和环境。换一种更具体的说法：童话故事中的人类困境是建立在一个清晰的环境限制和生物现实的背景下的，尽管童话可能是幻想，但它并没有忽视许多其他故事所具有的那种现实性。

　　万物相连是众所周知的生态格言，但是这句格言有一个鲜为人知的补充，即有些东西比其他东西联系得更紧密。在大多数情况下，我们在平静的土地上做日常工作，但有时人们必须冒险走到边缘地带。民间故事和童话故事向儿童和成年人表明，这可能是一件令人担忧的事情，正如外国王子在遭遇那些野蛮人时所发现的那样，也可能是一种变革，正如格林童话中的几个人物在进入森林并活着讲述故事后所发现的那样。

第十一章
"咕噜"一名的来源

　　巴伦国家公园的游客中心位于爱尔兰克莱尔郡科洛芬小镇克莱尔遗产中心的一楼。一年前，在一个六月的早晨，我顺道拜访那里时惊讶地发现，在地质资料、植物学指南和一只毛茸茸的漂亮山羊标本后面，有一个关于该地区景观与学者和小说家托尔金作品之间关系的投机性展览。为了隐私，就称那天的管理员为"努阿拉"吧，她唯一能告诉我的是这个展览的起源，"有一个当地人认为托尔金从这里得到了咕噜这个名字的灵感。我不知道这是不是真的"。[1]咕噜是一个疯狂的霍比特人，他漫长的一生因痴迷于一枚戒指而堕落，这枚邪恶的戒指就是托尔金的"魔戒"三部曲情节的核心部分。展览中有些文字对巴伦地貌与发现咕噜的迷雾山脉，以及死灵法师索伦居住的魔多周围的荒凉土地之间可能存在的联系进行了推测。

　　巴伦是爱尔兰西部一个独特而广阔的喀斯特地貌区，这里的地貌是轻微的酸雨长期持续不断地侵蚀石炭系石灰岩形成的。自1991年以来，这片土地中的一小部分被指定为国家公园。裸露的石灰石路面从巴伦的中心一直延伸到地平线尽头。在这些石块之间有一道深深的裂缝，被称为灰岩深沟，里面留存着大量免于牛羊之口的植物。这一地区的多样化植物群落、考古发现的古迹及其地质特征（包括爱尔兰最长的洞穴系统）颇具科学意义。[2]

托尔金受到巴伦地貌影响的说法，其背后的故事是这样的。从20世纪40年代末到50年代，托尔金曾四次以牛津大学教授的身份担任高威大学学院的校外监审员。校外监审员的工作是受邀对爱尔兰的大学的学术水平进行评定，对有关勉强合格学生的争议提出建议，并执行各种各样的其他学术任务。托尔金和他在高威大学学院的东道主——英语系主任墨菲教授成了好朋友，并一起环游了西爱尔兰。这段旅行中就包括了前往巴伦的短途旅行。他们在那里与颇有名望的巴伦专家弗洛伦斯·马丁博士住在一起。可想而知，托尔金大概在其中一次探访中接触到了巴伦广阔的洞穴系统。

波尔纳戈尔姆（翻译为"鸽子洞"）是一条隧道的入口，隧道在巴伦石灰岩下蜿蜒约16千米。当地的传说认为，洞穴入口的名字和周围的景色激发了托尔金的灵感，并影响了他当时正在创作的"魔戒"三部曲。这个传说中一个有趣的部分是，咕噜独特的吞咽声（"咕噜"）会让人想起生活在洞穴入口的岩鸽的叫声。但这个理论存在一个问题，即托尔金访问爱尔兰（他经常称其为南爱尔兰共和国）发生在咕噜这个人物创作出来很久之后。咕噜第一次出场是在1937年出版的《霍比特人》中。事情就是这样，据我所知，托尔金的信中绝对没有提到巴伦（也没有提到克莱尔和高威郡）。此外，托尔金在1955年6月30日写给美国出版商霍顿·米夫林的信中写道："我在爱尔兰待了很长时间，从去年7月开始，我实际上就是一个都柏林大学学院的文学博士。但值得注意的是，1949年《魔戒》完成后，我第一次踏上了爱尔兰。"[3]托尔金似乎急于否认爱尔兰与他的创作存在任何联系。

也许，比猜测爱尔兰风景中有什么地方影响了托尔金作品中特定章节的写作更有趣的，是作者与爱尔兰的关系问题。这不仅仅是单纯的有趣，因为爱尔兰是英国以外托尔金经常去的少数几个地方之一，这个国家显然对他产生了足够的影响，以至于他在信件中经常提到爱尔兰。

尽管相对来说托尔金旅行经历不多，但从1949年对高威的学术访问开始，他就经常去爱尔兰。他对这个国家有一些矛盾心理，但在他对爱尔兰的矛盾心理中，似乎有一些重要的东西。这可能表明，对爱尔兰的反思影响了他，或者至少证实了他的观点，即风景可以同时激发光明和黑暗的情绪。

托尔金创作这个传奇故事的动机是为英国文化创造一个创始神话。正如1951年底托尔金在写给伦敦一位颇有影响力的文学顾问米尔顿·沃尔德曼的信中所说："我希望我的想法不至于荒谬——我从小就为我所爱的国家的文化贫瘠而悲伤，它没有自己（与它的语言和土壤紧密相连）的故事，没有我所追求的品质，而在其他国家的传说中，却可以找到这些。"他对包括芬兰故事在内的欧洲传统文化非常熟悉，并对此非常钦佩，但在英国传统中，没有什么不是"贫乏的教科书式的东西"。凯尔特神话可以为他的创作打下有用的基础吗？显然不能。早在 1937 年，他就在给英文出版商尤恩的信中写道："我确实了解凯尔特人的东西（主要是他们的原始语言爱尔兰语和威尔士语），并对他们有些反感，主要是因为他们根本毫无理性。"当一位早期读者认为《精灵宝钻》（*The Silmarillion*，手稿形式）具有"某种美，但对盎格鲁-撒克逊人来说却是一种'凯尔特式'的气质"时，他特别恼火。[4]（事实上，托尔金在他的信中一次又一次地回复这位读者对《精灵宝钻》的评价，这显然让他很不爽。）

毫无疑问，托尔金对凯尔特语的蔑视使他终生怀疑爱尔兰语。他在很多信中写道，"我觉得爱尔兰语完全没有吸引力"，"我对古爱尔兰流传下来的盖尔语一点儿也不感兴趣"。此外，托尔金觉得这种语言很难学："我总是在古爱尔兰语面前一败涂地。"尽管如此，他还是非常喜欢爱尔兰人民，声称他喜欢这个国家"以及这个国家的（大多数）人民"。

关于爱尔兰的风景，托尔金保留了他最奇特的评论。1979 年9 月 29 日，在伊利诺伊州的惠顿市，克莱德·S. 基尔比（美国托尔金专家）、汉弗莱·卡朋特（托尔金的传记作者）和乔治·赛耶（托尔金和 C.S. 刘易斯的共同朋友）之间的一次谈话记录中，赛耶分享了以下逸事：

　　　　我和托尔金一起散步好几次了，他确实和我谈过他参观过的自然景观。我注意到一件从一开始就让我吃惊的事，那就是他认为某些自然场景是邪恶的。这是在他对爱尔兰一所大学的学生进行英语语言和文学方面的研究之后得出的最为令人震撼的发现。他形容爱尔兰是一个天生邪恶的国家。他说，他能感觉到来自大地、泥炭沼泽、树丛，甚至悬崖的邪恶，这种邪恶只有通过南爱尔兰人对他们宗教的虔诚才能被遏制住。这是一个非常奇怪的观点，根本不是我能猜到的。[5]

许多评论家认为这种说法十分令人费解，这件逸事在这些人的作品中都没有出现过，就仅限于这一个片段。当然，托尔金在他的任何一封信中都没有提到爱尔兰是"邪恶的"。也许有人会把这个故事当作是胡说八道而不予理睬，但我们不要太草率：在对爱尔兰的评价中，可能有一条重要的线索可以说明托尔金对所有这一切中的生物与景观之间关系的总体理解。爱尔兰的景观可以是积极的，也可以是消极的，中土大陆的景观就是这样。

在 C.S. 刘易斯写给亚瑟·格里夫斯的一封信中（日期为1930 年 6 月 22 日），刘易斯回忆道：

> 托尔金曾对我说，当一家六代人都在吃着同一片土地上生长的农作物的时候，他们对家的感觉肯定是大不相同的，也许这就是为什么他们会在喷泉里看到仙女，在树林里看到精灵——那并非他们的幻觉或谎言，因为在某种意义上，他们和乡村之间存在着一种真实的（而非隐喻性的）联系。[6]

因此，从很大程度的积极意义上来说，一个熟悉这片土地的人以一种至关重要的方式与这个地方实现了和谐：他们可以看到别人看不到的东西。他们在那里有家的感觉，而当人们经常搬家的时候，他们会失去一些东西。托尔金关于爱尔兰自然之恶的评论也反映了同样的情感，尽管这一次带有消极意义。如果一个地方散发出邪恶，居住在那里的人们也会感觉到。在爱尔兰，当地人能感觉到这个地方的精神，但这并不是人格化的喷泉中的仙女，或者树林中的精灵，并不是所有的爱尔兰魔法动物都是如此温和的——爱尔兰精灵是一种性情多变的生物，托尔金笔下的高贵精灵、他的田园霍比特人，或者他笔下意志坚强但也有温柔一面的树人都是如此。此外，爱尔兰的乡村比他在英国国内熟悉的乡村更为荒凉。也许，就像语言一样，这片土地"根本不合理"。从这个意义上讲，爱尔兰可能看起来"天生邪恶"。这种邪恶被"南爱尔兰人对他们宗教的虔诚"所遏制了。

毫无疑问，就像爱尔兰一样，中土大陆的风景情调有时也会让人"感到邪恶"，而这种邪恶"来自大地，来自……沼泽，来自树丛"。正如爱尔兰的宁静是由其虔诚的族群奉献出来的一样，也许通过世界上更聪明的生物的奉献，中土大陆可以恢复和平。也许会吧，毕竟霍比特人身上有爱尔兰人的特质。

在与巴伦国家公园就托尔金展览进行电子邮件的交流中，我表达了对咕噜的名字来源于该景观特征这一说法的怀疑。最后，一位公园工作人员写道："也许我们永远也不会知道原因。"虽然咕噜确实不是克莱尔郡人，但在爱尔兰是否对托尔金有直接影响的问题上，我认为很难说清楚。

第十二章
托尔金与荒野

―――

托尔金与树木

1972 年 6 月 30 日，在 J.R.R. 托尔金写给《每日电讯报》的一封信中，他对一篇题为《林业与我们》（*Forestry and Us*）的文章做出了回应。该文章中有这样一句话："原本可以漫步的羊肠道，变成了一种托尔金式的忧郁，没有鸟儿歌唱……"让托尔金恼火的是，他的名字在该文章中被用作形容词，用来修饰忧郁。在回信中，他写下了一句著名的话："在我所有的作品中，我都运用了树木的一部分来对抗所有的敌人。"[1]

托尔金一生喜欢和树木打交道，毫无疑问，他是一位早期的环保主义者。他的母亲梅贝尔是他的第一位植物学导师。据托尔金的传记作者汉弗莱·卡朋特说，在母亲的指导下，托尔金成了一位相当有成就的植物艺术家，虽然，很明显，他更关心的是体会植物的感觉，而不是它们的解剖学细节。

　　在托尔金的传奇故事中，显而易见，他十分关注自然在塑造人物命运中所扮演的核心角色。自然这一主题在他的作品中得到了充分体现：自然在夏尔的宁静和蔼中，在沼泽和山顶的可怕冷漠中，在森林的奇特差异中，在托尔金笔下创造的生物的多样性中。尽管托尔金对自然的许多表现形式都很敏感，但他并不是一个传统的博物学家，他的作品在很大程度上是对自然世界的沉思，而不是物质世界。他很少进入大自然！似乎他为创造自己的世界所付出的劳动——托尔金称之为"次创造"的作品——使他与自然有了某种程度的接触，其水平达到了其他环境作家在野外的艰苦跋涉中所取得的高度。

　　托尔金 1892 年出生在南非，后来随家人搬回英国。在其父亲亚瑟·托尔金去世后，一家人很快搬到了萨雷霍尔小镇的一间小屋里。托尔金一家住在那里的时候，这座小屋距离伯明翰足够远，让人感觉它就在英国的乡村。托尔金生活在萨雷霍尔的那段时间，使他在晚年可以宣称自己"早年生活在'夏尔'机械化之前的时代"。13 岁时，托尔金成为孤儿，和比他小几岁的弟弟搬到伯明翰和姑妈住在一起。正如卡朋特在《托尔金传记》（*J. R. R. Tolkien: A Biography*，1977）中所写的那样，托尔金"对乡村生活的感情现在变得充满了个人的丧亲之痛"。[2] 在后来的几年里，托尔金有趣地称自己为霍比特人（除了身材）。"我在习惯和爱好上都像霍比特人，喜欢花园、树木和未经雕琢的农田；我抽着烟斗，喜欢美味的普通食物（没有冷藏的），但讨厌法式烹饪；我喜欢，甚至敢于在这种乏味的日子里穿上装饰性的马甲。"尽管没有记录表明霍比特人对法国菜的看法，但是其他的特征都与霍比特人如出一辙，我们可以合理地说，霍比特人反而相当具有托尔金式的风格（当然，身高除外）。[3]

卡朋特在《托尔金传记》中写了一个精彩的章节，他回顾了多年来拍摄的一系列托尔金的照片，并观察到照片"几乎都是一成不变的平凡的背景"。托尔金居住的地方，甚至他去过的地方，都是"完全传统的"。在夏季，托尔金一家离开辛苦的日常生活，去一些相当普通的地方度假。虽然托尔金对驾驶曾经有过几分喜欢，但他其实不喜欢机械方面的东西，"二战"前他就放弃了这种兴趣。托尔金的朋友 C.S. 刘易斯喜欢那种艰苦的越野旅行，而托尔金则很少陪他一起去。所有这些都表明，托尔金环保主义思想的根源并没有沉浸在巨大而标志性的自然环境中。

但尽管如此，托尔金显然并非对周围的环境漠不关心。1933年，他重访了童年时在萨雷霍尔的家，对他所看到的一切备感愤怒，那里已经变成了"一个有着巨大电车行驶的毫无意义的郊区，在那里我真的迷失了方向"，托尔金接着说，"我多么羡慕那些享受了早期珍贵的风景，而没有经历如此剧烈和可怕变化的人。"托尔金在这里所表达的，正是环境哲学家格伦·阿尔布雷希特所说的"乡痛症"的一个极好例证，我们在前文中提到过这个概念。乡痛症是指当熟悉的风景被破坏或摧毁时，你会有一种忧郁的心情。在托尔金的作品中，经常被误认为怀旧的东西，那种对过去的渴望，实际上可能是乡痛症，一种对环境遭到破坏后的悲伤情绪。

英国乡村的消失令托尔金有些困扰。在写给学者德博拉·韦伯斯特的"我实际上是一个霍比特人"的信中，他抱怨了威尔士州。他热爱威尔士，或者至少是热爱"在矿山和海边度假胜地遭受可怕的破坏之后，威尔士剩下的一切"。随着对这个问题的看法变得越来越根深蒂固，托尔金开始拒绝参观林地和自然保护区，因为他害怕发现它们被毁坏。因此可以说，一个与自然接触的人，在很大程度上已经够理性的了。他退回书斋，回到自己创造的中土和亚世界（Eä，即托尔金对自己创作的世界的称呼）的镜像环境之中。像托尔金这样富有想象力的人，可能几乎不需要外部刺激就能创造出一个有说服力的虚拟世界。在目睹了英国乡村被破坏的景象后，托尔金变得阴郁又悲观。如本章开头所述，虽然他因为一句话对《每日电讯报》的编辑提出了抗议，但不可否认的是，他的忧郁无处不在。尽管托尔金可能有充分的理由宣称他"运用了树木的一部分"，但这并不意味着其作品的基调是没心没肺的乐观主义：因为事实并非如此。

托尔金没有在自然保护区上花费太多时间——除了他在20世纪50年代与爱尔兰的几次颇具影响力的亲密接触——尽管如

此，个别树木的命运还是会偶尔引起他的关注。早年，他目睹了一棵树被肆意毁坏，这让他震惊不已。他写道："磨坊水池上方有一棵柳树，我在那里学会了爬树。我想那棵树属于斯特拉特福德路上的一个屠夫。有一天，他们把它砍掉了。他们也没做什么，就是把木头放在那儿。这件事我从来没有忘记过。"在位于牛津的托尔金家的房子外面，长着一棵非常大的白杨树。托尔金很喜欢它，但也"很为它担心"，虽然这棵树已经伤痕累累，但它还是顽强地活了下来，虽然没有以前那么壮观，但托尔金还是很喜欢这棵树的陪伴。他在牛津的邻居阿格纽夫人强烈要求把它砍掉，因为她担心它会在暴风雨中砸到她的房子上，而且，这棵树还遮挡了她家的阳光。托尔金对此非常生气，他曾写道："那风如果大到能把这棵树连根拔起扔在她的房子上，那用不着树，只是那阵风就足够摧毁她家的房子了。""每一棵树，"他写道，"都有敌人，却很少有人保护它们。"

在思考他人对树木的那种仇恨倾向时，托尔金指出："这种仇恨是非理性的，是对任何巨大而不易驯服或不易摧毁的生物的恐惧。"树木，无论是单独生长在他家窗外的，还是生长在树木繁茂地区的，不仅代表了托尔金的审美偏好，也代表了他对荒野的概念。对托尔金来说，荒野的吸引力，有相当一部分就在于它的反复无常；荒野的自然是我们难以控制的东西，并且抵制我们试图将其机械化的目的。毕竟，在适当的情况下，一阵大风就可能会把一棵树吹进一位女士的房子里。

在托尔金关于树木的焦虑思考中，他也考虑到了自己的"内心之树,《魔戒》",在当时看来,这是永远无法完成的作品。他会不会像自己的短篇小说《尼格尔的叶子》(*Leaf by Niggle*,1945)中描述的艺术家尼格尔那样,无法完成它呢?在这个故事中,尼格尔发现自己在画布上画一棵巨树时被打断了,画布上还描绘了远处的一片森林。在黑暗的时代,这棵树代表了托尔金自己的死亡。C.S. 刘易斯去世后,托尔金形容自己就像一棵"正在一片片失去叶子的老树,那感觉就像是在树根附近用斧头砍了一下"。

托尔金一生中对树木命运的忧虑蔓延到了他的小说中。他作品中详细的自然历史是相当吸引人的。托尔金描述了龙、奥克斯(半兽人)、巨魔、幽灵(幽灵般的"不死"生物)、鸟类、各种各样的野兽和昆虫。我最喜欢的是魔多的苍蝇——自然,它们是吸血的——它们的背上都有一个红色眼睛般的图案,每一只都有。还有树木,山毛榉、桦树、冬青树和柳树都被赋予精灵的名字,并在故事中扮演角色。特别重要的是恩斯(树人)和胡恩(树灵)。恩斯是与树木有关的物种,而且和托尔金一样,也是树木的保护者。

即使不提关于戒指、邪恶的巫师、军事动乱、漫长的创世神话等这些冒险,托尔金的小说仍然会闻名于世,因为他创作了有史以来最大的虚构植物园。

托尔金特别关注树木。从孩提时深爱的母亲指导他植物学开始,他对树木的热爱就非常强烈,并且在他一生中始终坚持对某些个体树木的热爱。最终，树木成了他关于成长和衰老的隐喻。在他的传奇故事中，就像在他的生活中一样，树木无论是作为个体还是集体，都具有重要的意义。

在森林和林地里，树木以其集体形态，构成了托尔金关于荒野的作品的中心部分，这也是我们接下来要讨论的主题。

荒野中的霍比特人

托尔金只写了一个故事，但他写得很好，用了一生的时间写了好几卷来讲述。事实上，在他所创造的宇宙被世人完全认识之前，托尔金就去世了。一个人可能从小时候就开始读《尼格尔的叶子》《霍比特人》和《哈姆盖尔的农夫》（*Farmer Giles of Ham*，1949）了，到了青少年时期，会看"魔戒"三部曲，成年后再多次重读这些书，然后再读到《精灵宝钻》或其他托尔金去世后才出版的作品，这些书都是十分成熟的传奇故事（人们甚至可以深入研究其中的诗歌，或者就此完成学术著作），最后在安详的睡眠中死去之前，手里紧握着一本破损的《努门诺尔和中土世界之未完的传说》（*Unfinished Tales of Númenor and Middle-earth*，1980）。

在托尔金的作品中，既有如霍比特人居住的夏尔那样田园般的地方，又有茂密的森林和多山的荒野，不同的风景交替出现。这些都是文学作品中创造出来的一些更加令人敬畏的荒野地带。

尽管如此，托尔金实际上很少使用"荒野"这个词（例如，

"魔戒"三部曲中只出现了 21 次）。实际上，这个词在英国和欧洲其他国家的使用频率本来就不如北美。当托尔金使用这个词时，它总是指荒凉的地方。在某些情况下，他用该词来专门指那些乱七八糟的植被、翻滚的巨石以及无人居住的土地。山地荒野（主要指迷雾山脉）是"魔戒"三部曲中最常出现的实景（共提及 569 次），其次是森林（189 次）。此外，还提到了其他艰苦的环境：沼泽（47 次）、泥淖（10 次）、泥沼（5 次）、草地（5 次）和欧石楠灌丛（1 次）。即使不使用"荒野"这个词，他的意思也很清楚：在中土世界有着丰富的危险地形。

托尔金的大部分冒险都是作为一个个探险任务来安排的，为了完成这些任务，故事中的人物必须穿越广袤的荒原。托尔金意义上的荒野，是指可能遇到有碍英雄获得幸福的生物、事件和物理环境。英雄的目标就是忍受这样的遭遇，并最终在这样的挑战中获胜。然而在某些情况下，荒野也会胜利，会逼退我们的英雄。

荒野，除了作为一个充满挑战的地方，托尔金还希望对这个词做出更现代的定义。这是因为，他认识到荒野不仅是一种险恶的环境，更是一种心情，也是对前方道路的期待。正如我们所见，这可能是他从与爱尔兰风景的邂逅中学到的。

在众多作品中，托尔金不断增加强度，找到了一种方法，在笔下的人物进入荒野之前，预先警告他们前方的危险。一种生活在动荡年代的生物，离开他们田园般的家园，穿越令人生畏的地方，完成了一项艰难的任务。即使后来退休回到家庭生活，这段经历仍然不可逆转地改变了他们。显而易见，这是比尔博·巴金斯的故事，是弗罗多的故事，也是甘道夫、神行客、山姆、梅里、皮平以及无数精灵和矮人的故事，这是人类的故事。

在托尔金的作品中，有几个荒野之旅的例子值得一提。

当霍比特人的英雄比尔博·巴金斯和与他同行的矮人们进入幽暗密林时，他们得到了很明显的警告。在中土时代的第三纪——即托尔金的传奇故事《霍比特人》以及随后的三部曲故事所发生的时间——广阔的幽暗密林已经被强大的亡灵巫师索伦控制。当探险队经过时，那片森林已经死气沉沉，漆黑一片，到处都是可怕的野兽。当他们出发的时候，为此次冒险提供参谋的巫师甘道夫，就警告他们不要偏离森林小径太远。甘道夫说："如果离开森林小径，那么很可能你就再也找不到它，再也走不出幽暗密林，然后我想我或者其他人，就再也见不到你了。"很明显的警告！

然而，他们仍然继续努力不肯放弃，因为他们必须这样做。当然，他们确实走错了路，后果也是致命的。

托尔金在《霍比特人》中开创的预先警告角色在荒野中会发生什么，然后一语成谶的模式，在"魔戒"三部曲中得到了强化。

在三部曲的第一卷，也是《霍比特人》的续集《魔戒：魔戒同盟》中，有一个很长的章节讲述了穿越老森林的故事。这次的主角是比尔博的侄子弗罗多·巴金斯，他刚刚从比尔博那里继承了一枚魔戒，这是一枚将决定中土世界命运的戒指。护戒远征队必须穿过一片森林荒野，这枚神奇的魔法戒指，引起了一些不善者的注意。因此，弗罗多必须在园丁桑维斯·甘吉以及年轻的同乡霍比特人梅里和皮平的陪同下，离开霍比特人的祖籍地——安全的夏尔。这片老森林以前是一片面积巨大的林地，在第三纪已经退化成一小块，与夏尔相邻。（托尔金在他的小说中描述了类似的森林退化的情况，表达了自己对世界上的森林命运的忧虑。）在所有生物中，最大的伤害是由树木本身造成的，其中有一些树上居住着看起来很恶毒的树精灵（他们虽然不全是恶人，但总是阴沉沉的，托尔金把它们叫作"胡恩"）。几年前，夏尔的霍比特人被迫与这片森林作战。那场战斗可不仅仅是一场周末修剪，霍比特人"砍倒了数百棵树，在森林里点起了篝火"。

然而，霍比特人还是进入了老森林，因为他们必须这样做。让我们跟着他们走一段吧。

"你在老森林里不会有什么好运的。"弗罗多的朋友小胖博尔杰在他们进去之前警告说，"在那里没有人有运气，你会迷路的，没人会去那里。"对于这个警告，梅里有些乐观地反驳道："我去过好几次了，当然，通常是在白天，那时树木昏昏欲睡，相当安静。"读到这里，我们已经期待一些不寻常的事情：对我们大多数人来说，永远不会担心树木的清醒。

进入森林不久，霍比特人就感到焦虑不安，他们觉得森林不喜欢他们。他们继续前进，一根树枝在他们面前折断了，周围的树木似乎都在安静地倾听。当霍比特人以为自己已经找到方向时，其实他们迷路了。从早晨到午后，他们沿着一条通向河边的小径走着——那本来是他们应该避开的。森林变得更加茂密，更加不祥：

> 几个霍比特人开始感觉非常热。各种虫子成群地在他们耳边嗡嗡作响，午后的阳光在他们的背上灼烧。最后，他们突然来到一片薄薄的树荫下，灰色的树枝伸过小径。

霍比特人昏昏欲睡，他们坐下来，一个接一个地睡着了——在那个被施了魔法的地方做了一个被施了魔法的梦。弗罗多弯下腰去河里喝水，不知不觉间，他掉进了水里。在他旁边，"一棵大树的根好像压在他的身上，把他压了下去"。山姆把他从水里拖了出来。过了一会儿，弗罗多说："那棵讨厌的树把我扔了进去！"与此同时，梅里和皮平发现，他们躺着的柳树上的裂缝已经闭合，开始埋葬他们。幸运的是，汤姆·邦巴迪尔——这是一个非常古老而复杂的角色，类似于上帝——拯救了他们。汤姆·邦巴迪尔对着柳树唱歌，然后用树枝敲打柳树，让它放了霍比特人。霍比特人随后跟着汤姆走出老森林，远离了眼前的危险。他们逃离了这片荒野。

两种居住方式

动静交替、静极思动、安居乐业，这就是动物生存的特点，不管是霍比特人、人类、巫师还是精灵。

当代哲学家爱德华·S.凯西认为，运动和静止都包含了"居住"（dwelling）的维度，值得我们停下来研究一下这个重要的词的含义。"居住"一词在英语中有一个奇怪的现象：既有积极的含义，也有消极的含义，而且常常有相反的含义。作为动词，"居住"（to dwell）可以有多种含义。它的意思可以是"像在一个永久的居住地一样，留在一所房子、一个国家等里"或者"在一个地方、一个州或一种身份下，在一段时间内，在一个地方、一种状态或一个条件下，持续下去或继续住下去"。⁴ 从这里我们得到"居住地"（places of dwelling）这个词，它听起来总是令人很舒适！另一方面，这个词可以意味着"沉迷、误导、迷惑，或者眩晕、昏迷"。虽然与此相关的含义现在有些过时，但在这个更阴沉的意义上，"居住"（dwelling）可以追溯到它的词源。据《牛津英语词典》记载，"dwelling"一词来源于古英语"dwalde"，意思是"误入歧途、阻碍、拖延……误入歧途，即错误；被耽搁，即迟钝"。在古德语中也有类似的意思，在古德语中"gitwelan"的意思是"被惊呆，被麻痹，麻木，也表示停止、放弃"。与之相关的是古英语单词"gedwolen"，它的附加意思是"出错了，或者病态"，我们不要"沉湎于悲伤的消息"（dwell on sad news）中的"沉湎"一词即是"dwell"，从这个例句就可见一斑。

在那本引人入胜的，但不可否认颇具挑战性的书《回到原地：重新认识这个地方——世界》（*Getting Back into Place: Toward a Renewed Understanding of the Place-World*，1993）中，爱德华·S.凯西反复思考如何体现不同生物各自的居住方式，比如你和我。尽管这位哲学家在他的分析中没有特别提到霍比特人，但我认为我们完全可以用他的思想来分析这个矮矮胖胖的神奇物种。

凯西区分了两种居住形式。第一种是所谓的"赫尔墨斯式"，在那里，我们紧随赫尔墨斯的翅膀，被推出自己的家园，沿着尘土飞扬的道路，进入他们的空间。因为，正如凯西所写，赫尔墨斯是"道路和路人之神"。自古以来，赫尔墨斯的故事都把他描绘成聪明、狡猾和不诚实的人。在《荷马史诗》（*The Homeric Hymn to Hermes*）中，他被描述为"狡猾而迷人的小偷、偷牛贼、梦境使者、夜之间谍、门之守望者……"[5]赫尔墨斯的身份之一是带领死者的灵魂下地狱的使者。尽管赫尔墨斯是通往地狱的"灵魂引路人"，但在某些情况下，他也可以再次指引灵魂归来。例如，荷马史诗《伊利亚特》（*The Iliad*）中的英雄普罗提西劳斯在特洛伊战争中被杀后，赫尔墨斯将死去的英雄交还给他的妻子团聚了三个小时，然后普罗提西劳斯才被送到阴间。赫尔墨斯式的生活就意味着游历，穿梭于一个地方和另一个地方之间，是的，就是冒着被引入歧途的危险。

第二种居住形式是凯西所说的"赫斯提亚式"，也就是我们蜷缩在壁炉前的居住方式。赫斯提亚式的生活就是待在家里放弃冒险，即使只是暂时的。当其他希腊众神冒险旅行时，赫斯提亚静静地待在奥林匹斯山的家中闭门不出。她起誓终身不嫁，作为灶火和家庭女神，她受到了所有人的尊敬。[6] 晚上我们躺在孩子身边讲冒险故事时，赫斯提亚是孩子们崇拜的女神。赫斯提亚加剧了冒险的可能性，其领地是兴奋开始前的平静。她阻止我们前去冒险的脚步。

　　凯西还从城市和建筑的角度讨论了居住地。赫尔墨斯式与赫斯提亚式是居住在城市建筑空间中的两个方面，我们在城市中搬来搬去，其实还是停留在原地。但是，在荒野世界的家园中，这两方面可以在更广阔的尺度上，把家庭领域的建筑和普通人所不知道的自然结合起来。从这个更广阔的视角看，托尔金是关注居住生活的伟大作家。他在整个中土范围内把这两种居住形式结合在一起。关于霍比特人的历险，既包括在夏尔和瑞文德尔（精灵之地）的赫斯提亚式居住时期，又包括霍比特人必须经过的森林、山脉和每一片荒野中的赫尔墨斯式居住时期。在荒野中安营扎寨需要培养特殊的能力，赫尔墨斯式的霍比特人必须拥有坚韧不拔的精神，而且不管多么勉强，也必须与荒野和平相处，因为中土的命运取决于此。霍比特人不会永远居住在荒野中，但是他们中的一些人，那些英雄人物，很清楚他们的使命。

　　在赫尔墨斯和赫斯提亚的双重精神影响下，穿越荒野的情节成为儿童文学的主要内容。彼得、苏珊、埃德蒙和露西在 C.S. 刘易斯的《纳尼亚传奇：狮子、女巫和魔衣柜》（*The Lion，the Witch and the Wardrobe*，1950）中往返纳尼亚的迁徙就是一个例子。[7]

沃尔特·德·拉·马雷的《三只忠心的猴子》(*The Three Mulla-Mulgars*, 1910)写了一个奇怪而迷人的故事,即三只猴子顶针、拇指和点头穿越非洲寻找他们父亲的土地。[8]最近,莎拉·潘尼培克的《小狐狸派克斯》(*Pax*, 2016)也是这一类型的作品。荒野故事也会更具赫斯提亚倾向,在那里,故事中的人物为了生存而经营家园,比如盖瑞·伯森于1999年出版的生存故事《手斧男孩》(*Hatchet*, 1999)。同样引人入胜的还有劳拉·英格尔斯·怀尔德的"草原上的小木屋"系列图书,它记述了英格斯家庭的生活,以及珍·克雷赫德·乔治于1959年出版的颇具影响力的小说《山居岁月》(*My Side of the Mountain*, 1959)。这样的主题在儿童读物中非常普遍,你不妨试试能否找到一本没有以这样或那样的形式受此影响的书。

第十三章
铁皮人在奥兹土地上的屠杀之路

————

如果你还没有统计出在莱曼·弗兰克·鲍姆的经典名著《绿野仙踪》（*The Wonderful Wizard of Oz*，1900）中铁皮樵夫（或者用他不太正式的绰号——铁皮人）肆意屠杀的生物数量，让我提供一个恐怖的目录来帮助你。

铁皮人在清理穿过森林的小路时，似天生般得心应手。他砍掉了森林中妨碍他们团队前进的那些麻烦的树枝。他的伙伴包括多萝西——一个在飓风中被从堪萨斯州卷走的女孩、多萝西的狗托托、一个没有大脑的稻草人以及一头胆小的狮子。他们正前往翡翠城，那里住着魔法师奥兹。铁皮人作为樵夫，砍伐树木是他的本职。

杀戮开始的时候是无伤大雅的，这种事情经常发生。当大家穿过森林时，铁皮人踩死了一只甲虫——意外总会发生。铁皮人"流下了几滴悲伤而悔恨的眼泪"。铁皮人没有心，他发誓要非常小心地对待动物，不会对任何东西"残忍或不友善"，他甚至还央求胆小的狮子不要杀死一头鹿，生怕他为这种（正当的）死亡而流下的眼泪会使他的头生锈。

尽管铁皮人在杀戮问题上采取了这种值得称赞的谨慎态度，但死亡的生物却开始增加。在奥兹国的森林里，他们遭到了卡力达的袭击。卡力达是一种"身体像熊，头像老虎"的可怕生物，在稻草人的建议下，铁皮人砍倒了一棵茂盛的大树，架起桥让大家通过一条沟渠。多萝西和朋友们安全通过沟渠后，铁皮人砍掉了树冠，那树冠当时就倒在沟渠旁。两只卡力达和这棵树一起掉进了深沟，它们"撞到底部尖锐的岩石上，摔得粉身碎骨"。我想我们可以把这种行为归因于随机应变，毕竟，是他们遭到攻击在先。

铁皮人的斧头没有闲置太久。多萝西和她的伙伴们经过了一片罂粟田，这片罂粟田让他们所有的人都昏昏欲睡。胆小的狮子和多萝西都陷入了沉睡，其他伙伴认为狮子已经长眠不醒了，跌跌撞撞地带着多萝西逃了出来。穿过罂粟田后，铁皮人转过身来，看见一只黄色的野猫在草地上飞驰而过。它肯定是在追什么东西：那是一只灰色的田鼠。铁皮人毫不迟疑地砍下了野猫的头并"清理掉它的身体"。为了强调这一点，鲍姆写道，这只猫"在他脚边滚成两截"。人们不禁要问，这种行为是否可以避免？一只猫，即使是一只野猫，肯定也能够被其他的方式转移注意力。但是，作为对这起谋杀的救命之恩的回报，那只田鼠——不是普通的田鼠，因为它正是"所有田鼠中的女王"——组织了一群下属，把那只胆小的狮子从罂粟田里拖了出来。

到现在为止，我们的铁皮人已经完全适应了杀戮。后来，在与西方邪恶女巫的奴仆们的冲突中，铁皮人完全发疯了，和伙伴们发誓要杀死他们。邪恶女巫看到这群人越来越靠近她的领地，便吹起银色的哨子，召集狼群聚集在周围。她命令野兽们把铁皮人的团队撕成碎片。当野兽们靠近时，铁皮人冷静地向伙伴们宣布："这是我的战斗。"同伴们跟在后面，铁皮人的斧头呼啸着杀死了每一匹狼。每匹狼的头都被砍了下来，当他血腥的怒火平息后，40 匹狼的尸体堆成一堆，放在他的面前。

在目睹狼群被彻底消灭后，西方邪恶女巫放出了野生乌鸦。这一次是稻草人在处理这些动物，他抓住乌鸦国王的头，"扭着它的脖子，把它掐死"。这一次，经过一个早晨的杀戮，稻草人杀死了 40 只乌鸦。接下来应对的是蜜蜂。蜜蜂们决心要把多萝西和她的野蛮朋友们蜇死。铁皮人又站了出来，蜜蜂们一点儿成功的机会都没有。他的金属外壳击碎了它们的螫针，蜜蜂们都死了，"像一小堆细煤一样密密麻麻地散落在铁皮人周围"。然后，女巫又派出了飞猴。我还会接着看吗？（我会的：飞猴们抓住稻草人，把他扔到锋利的岩石上。它们也对铁皮人做了同样的事，铁皮人"躺在那里，伤痕累累，不能动弹，也不能呻吟"。它们从稻草人的衣服和头上拔出稻草，然后抓住了狮子。在前面的故事中，多萝西的额头上印上了善良女巫的吻，于是她安然无恙地离开了。）

尽管如此，铁皮人那令人毛骨悚然的任务还是没有完成。在从对战飞猴的惨败中恢复过来后，多萝西消灭了邪恶女巫，他们一起踏上了最后一次残忍的旅行。为了与南方的善良女巫格林达商量多萝西返回堪萨斯州的事，他们开始穿越荒野。阻碍他们前进的是一群顽强的树木守护者，它们是"森林警察"。当粗鲁的旅行者铁皮人一行试图进入森林时，树木守护者弯下树枝，抓住稻草人，把那个细长的家伙扔在地上。这时，铁皮人已经知道该怎么做了，他不再拘泥于不伤害生物的诺言，而是像在激烈的战斗中一样变得顽强起来。当树向他出手时，铁皮人"猛地砍了它，把它砍成了两半"。树疼得直发抖。铁皮人从树下走过，当树枝伸向小狗托托的时候，他又挥出一拳。

那么，统计结果如何呢？两只卡力达、一只野猫、40匹狼、无数蜜蜂，还有一棵有感觉的树。铁皮人后来成了温奇的领主，统率奥兹国西部的原住民，毫无疑问，他还在那里磨刀霍霍。铁皮人是老派的荒野英雄。

Section Four:
Children on Wild Islands

———

第四部分

荒岛故事

老汤姆岛

"老汤姆"早年曾在英国海军服役，后来在商船上谋生。晚年，他被冲上了我的家乡坦普尔格的海岸，在交通岛上安营扎寨——那是一个环岛，就在中学附近。他的岛屿很小，植被茂盛，从沃金斯顿到坦普尔格，再到南郊，再到都柏林市中心，川流不息的车流将其与日常生活分隔开来。

冬天，老汤姆岛上的草会变成棕色；春天和夏天，蒲公英和雏菊在茂密的绿色草丛中生长。小岛的中央有点儿高，那就是老汤姆支帐篷的地方。帐篷实际上是倾斜的，用一块帆布系在用箱子做成的墙上。

每天有一两次，老汤姆会离开他的岛，去参加每日弥撒，或者在附近推着小车走来走去，收集废料，晚上回到安全的岛上。没有人是一座孤岛，可是老汤姆就像一座孤岛。也许，终究，每个人都是这样。

当老汤姆住在他的岛上时，没有人擅自闯入，后来虽然他已经搬走了，但我注意到还是很少有人会穿过这座岛，他们宁可过马路，也不愿穿过那片奇怪的土地。那座岛屿既吸引人又神秘莫测。

第十四章
岛屿的成因和意义

———

当然，并不是所有的岛屿都是荒野，但是每个荒野之地都是一座岛屿，不可避免地被繁忙的交通和枯燥乏味的环境包围。如果一个孩子喜欢荒野，那么他应该去一座岛屿，无论这座岛屿是真实的还是隐喻的。

给孩子们讲的很多故事都是以岛屿为背景的，我们对此不应该感到惊讶，因为岛屿有与世隔绝的性质，它们的相对难以接近，以及它们所唤起的特殊感情为情节增添了不可避免的紧张气氛。到达一座岛屿可能是一件苦差事，离开也可能是一件苦差事。

岛屿是特殊的地方，但不是每一个故事都是一座孤岛吗？一个故事把我们带到另一个世界，一个由突然的开始和结局组成的世界。书籍也是岛屿，其范围由书的封面清晰地界定。难道读者不是被冲到一本书的岸边，从日常生活的喧嚣中长出一口气，在那里躺上一段时间，努力面对他们所居住的新世界，然后重新振作起来，进入内心深处吗？

　　岛屿以一种矛盾的方式在想象中发挥作用。一方面，岛屿是天堂，扮演着梦幻之旅的角色。在岛上，人们可以摆脱激烈的竞争，从日常生活的需求中解放出来，但是另一方面，一旦你出现在岛上，就会被潜伏在那里的任何东西困住。例如，在赫伯特·乔治·威尔斯的《莫罗博士岛》（*The Island of Dr. Moreau*，1896）中，爱德华·普伦狄克和莫罗博士被困在太平洋的一座小岛上，莫罗博士正在通过活体解剖创造人与动物的杂交物种。普伦狄克在那里被怪物包围。在詹姆斯·巴里的《小飞侠》[1]（*Peter and Wendy*，1911）中，在永无岛上，迷路的男孩、海盗和"红皮人"在一个永恒的循环中互相猎杀，彼此紧随其后，既是猎人又是猎物。至少在文学上，这十分罕见，对于一个被困在岛上的角色来说，不要去猜测岛上还有什么。

　　在接下来的内容中，我将讨论这样的问题：什么是岛屿？为什么它们对生物学家和故事讲述者都这么有吸引力？在阅读岛屿故事的过程中，孩子们被灌输了岛屿生活的生态学：紧张的情节可以让他们为真正遭遇岛屿做好准备。岛屿无处不在。

岛屿究竟是什么？

　　许多学科的历史记录了我们对看似相同实际上不同，以及看似不同却相同的事物的认识。[2]虽然现在人们对岛屿的定义主要是"一片被水包围的土地"，但这个词最初并没有那么严格统一的定义，这就是为什么这个词现在有如此多的用法。

《牛津英语词典》中对岛屿的定义之一（当然不是最主要的一个）是"一件家具，在私人住宅或博物馆、图书馆等处，周围是空置的地面空间"。例如，一个书架，或者一块摆放在现代厨房中央的砧板。这个词在技术上的用法可以指"指纹线条之间一个孤立的小山脊或结构"——我们的指尖上确实有孤岛；或者"完全被不同结构包围的组织或细胞群的一个分离或隔离部分"——我们的内心深处有座孤岛。"岛屿"的其他定义更接近于我们对"真正的岛屿"的直觉，包括"一块被沼泽或'间隔'地带包围的高地"。如果坦普尔格的道路可以被视为"间隔地带"，那么老汤姆的环形交叉路口就可以被视为一座岛屿。

在"岛屿"这个词的长期使用中，它一方面被水固化和包围，另一方面，可以说，"岛屿"已经漂离，变成了任何被其他东西包围的东西。让我们具体分析一下岛屿的分类，这将有助于我们理解它们在儿童故事中的叙事用途。

岛屿的类型

在爱尔兰大西洋西海岸的康尼马拉，距离莱特格什海滩几米的地方有一小块陆地。你可以走到那里，在远处的海岸上栖息。坐在那里，你可以眺望数千千米开阔的海洋。不过还是要小心一点儿，因为潮水很快就会冲到这里，在你进行海上遐想的短暂过程中，曾经与海岸安全相连的陆地会变成一座岛屿。

多年前，我的几个学生和我一起去过那个海滩，后来，他们发现自己被困在了那个新鲜出炉的小岛上。在汹涌澎湃的大海平息了他们心潮的喧嚣之时，他们才意识到，自己在与月亮的私人谈话中迷失了方向，而大海对他们一点儿也不在乎。幸运的是，人们只需要涉水通过一段短暂的只到大腿深的水域，就能回到岸边，消除所有被抛弃的焦虑感。

蒂姆·鲁滨逊是生活在爱尔兰西部海岸岛屿的杰出编年史家，他描述了自己对其中一些"间歇性岛屿"的访问情况，不过他所写的那些岛屿比莱特格什岛的种类要丰富得多。鲁滨逊笔下的两个岛屿有人居住。在《走向岛屿》（*Walking Out to Islands*，1996）一书中，他写道，"有时候，人们不得不等待海水的分离，就像等待戏剧揭开序幕，这会唤醒人们高度的期望"。[3] 此后，就设定好了计时器，你的访问时间由潮汐决定。

你从莱特格什返回的海岸本身就在一个岛屿的边缘。爱尔兰这个岛屿，已经被古代上升的冰后期潮汐从邻近的大不列颠岛分开。曾经有过这样的时刻：一只犹豫不决的动物发现自己生活在爱尔兰的土地上，可以穿越浅海回到大不列颠，然后，如果它愿意的话，还可以回到大陆上。现在，古老的陆地桥梁已经淹没在波涛之下。爱尔兰岛——为自治而发生的冲突造成了几个世纪的政治动荡——至少从这个意义上来说，早就已经自由了。

真实的岛与虚幻的岛

爱尔兰、大不列颠和莱特格什海滨的间歇性岛屿被物理、地理学家称为"大陆岛屿"，例如，爱尔兰的阿基尔岛和阿兰岛、苏格兰的奥克尼群岛和赫布里底群岛、葡萄牙的亚速尔群岛、丹麦的费罗群岛等，都是如此。事实上，欧洲大陆上有 300 多个面积超过 50 平方千米的岛屿。大陆岛屿的典型特征是它们位于大陆架上，即那些岛屿与大陆有着相同地质历史的浅层海床。因此，欧洲周围的海域更像是凹陷的山谷，而不是开阔的海洋。

大陆岛屿常常成为儿童小说的背景，比如伊妮德·布莱顿的《疯狂侦探团 1：沉船秘宝》（*Five on a Treasure Island*，1942）中的科林岛，以及玛丽·海德维克的"凯蒂·莫拉格"系列（Katie Morag series，始于 1984 年）中虚构的斯特鲁伊岛。[4] 这样的岛屿可以让人产生一种与世隔绝的感觉，但它们仍然与大陆保持着令人欣慰的联系。去这样的岛上，人物角色可以随心所欲地来回走动，可以在情节中创造一个愉快的插曲，但是当返航的手段被破坏——比如有人击沉了船只或者偷走了船桨，这是故事中阻碍返航大陆的典型方式——这种方式可以改变故事的情节，增加紧张感，或者在必要时增加恐怖感。

与那些被浅海与大陆隔开的岛屿形成对比的，是那些从未与大陆联系在一起的海洋岛屿。这些岛屿是深海火山爆发的产物，是堆积高度足以凸出海平面的熔岩。海洋岛屿通常是单独出现的，但作为群岛的一部分也并不少见，比如夏威夷群岛和希腊的基克拉迪群岛，都分布在一小片海洋上。在故事中，海洋岛屿比大陆岛屿更能让人产生一种长期与世隔绝的感觉。

　　当角色，无论是真实的还是想象中的，想要远离一切时，往往会去往海洋岛屿。人类学家、探险家托尔·海尔达尔和他的新婚妻子利芙，在他们 20 岁出头时前往南太平洋的法图希瓦，进行回归自然的实验。海尔达尔的作品《法图-希瓦：回归自然》（*Fatu-Hiva: Back to Nature*，1974）中记录了这次失败的行动——这本书我只推荐那些喜欢冒险的年轻人阅读，他们可能不至于对食人和象皮病（寄生虫引起的一种可怕的疾病）的描述感到恐慌。疾病和越来越敌对的原住民把他们赶出了岛。比如，原住民中的一个人还盯着利芙的前臂，形容它是女人身上最美味的部分。其他为人熟知的海洋岛屿故事包括罗伯特·路易斯·史蒂文森的《金银岛》（*Treasure Island*，1883）和 威廉·戈尔丁的《蝇王》（*Lord of the Flies*，1954）。

　　大陆岛屿与海洋岛屿是岛屿最基本的类型。然而，除此之外，还有两种类型的岛屿值得注意：屏障岛和珊瑚环礁，它们都具有巨大的生物和文化重要性。它们也是几个重要故事的背景。沙子或砾石沉积物平行于海岸线堆积，形成狭长的陆地带，于是形成了屏障岛。它们被一条浅水道、一个潟湖与大陆隔开。北布尔岛是一座奇特的屏障岛，是近几个世纪在都柏林海岸附近形成的。1801 年，威廉·布莱船长制订了一项计划，想要建造一个新的码头，以防止都柏林港口泥沙淤塞，该计划与英国皇家海军"邦蒂号"上的叛乱有关。纽约市附近的康尼岛和琼斯海滩也是比较有名的例子。珊瑚环礁和被称为珊瑚礁的相关岛屿是一种罕见的热带岛屿类型。环礁形成于火山岛的余烬，火山岛已退到海面以下，并在其周围形成珊瑚礁，礁石围成一个潟湖。苏格兰作家罗伯特·迈克尔·巴兰坦的小说《珊瑚岛》（ *The Coral Island: A Tale of the Pacific Ocean*，1858）是以珊瑚岛为背景的。这部小说的灵感来自戈尔丁的《蝇王》。与环礁有关的还有珊瑚礁，这是一种小型的热带岛屿，主要由珊瑚或沙子组成。西奥多·泰勒的生存小说《珊瑚礁》就是以这种地形为背景创作的。

最后一类岛屿，也许是一类奇怪的岛屿，那就是想象中的岛屿。这些岛屿不仅在儿童故事的历史中扮演着引人入胜的角色，同时也在地理文学中扮演着令人惊讶的角色。根据罗伯特·麦克法兰的说法，19 世纪英国海军部绘制的地图上，有 200 多个不存在的岛屿。[5]一片低洼的云、一团孤零零的雾，甚至是一些航海家虚构出来的不存在的陆地，都可能被标志成岛屿。其中至少有一些在神话中是很有名的：例如海布拉塞尔岛，是一座被认为远离爱尔兰海岸的岛屿。制图师安吉利努斯·达洛塔在他的《布拉塞尔岛》（ *L'isola Brazil*，1325）一书中写道，一些成功登陆该岛的水手报告说，岛上树木茂密。想象中的伊尼什曼南岛——"伊尼什"在爱尔兰语中是岛屿的意思，"曼南"源自凯尔特海神马纳南，这座岛就类似海布拉塞尔岛，是艾利斯·狄龙在 1954 年出版的小说《失踪的岛屿》中的同名岛屿。儿童小说中其他著名的虚构岛屿还包括詹姆斯·巴里的小说《小飞侠》中彼得·潘的家——永无岛。

荒岛上的博物学家

在儿童故事中，岛屿是一个享有特权的栖息地。它们的孤立性、新奇性、野性、适航性和可穿越性，使它们成为许多故事中吸引人的背景。与大陆相比，岛屿的面积不大，因此也相对较为舒适。这里的"舒适"是一种在狭小的空间里得到安逸和安慰的感觉，是作家杰瑞·格里斯伍德在《像孩子一样感知：童年与儿童文学》（*Feeling Like a Kid: Childhood and Children's Literature*，2006）一书中指出的因素之一，是许多成功的儿童故事中反复出现的主题。就像岛屿是为孩子们的想象力而设计的风景。

相比之下，岛屿作为研究生态和进化现象的重要栖息地，至少对于非专家来说，并不那么直观。大陆，尤其是热带地区，似乎是所有生物活动的发源地。热带森林、热带稀树草原和草原从生物学家那里得到了不成比例却合理的关注。这些栖息地广阔而且生物多样化，大多数情况下，这里也是大型凶猛动物漫步的地方。[6]

岛屿只占地球陆地总面积的一小部分。所有的陆地，本质上都是岛状的（被海洋环绕），抛开这一合理的争论，传统的岛屿总数据估计超过10万个，其中许多是极小的，加起来不到地球陆地总面积的10%。事实上，按大小排列的前500座岛屿——从500平方千米的罗斯柴尔德岛到216.6万平方千米的格陵兰岛——加起来只占地球陆地总面积的6.5%。[7]

尽管岛屿所占的陆地面积很小，而且大陆栖息地（特别是在热带地区）在生物栖息方面的重要性不可否认，但岛屿仍然应该受到相当大的关注。为什么会这样？因为岛屿具有一系列独特的性质，值得生物学家进行研究。岛屿是分离的，与大陆面积相当的部分相比，它们的边界更容易辨认。一旦踏入大海，你就知道已经离开了这座岛。

除此之外，岛屿往往以不同的组合为物种提供栖息地。同一群岛中的几座岛屿，每座岛屿都可能有单一的动植物群落，可以同时拥有令人惊讶的多种形式。生态学家从一座岛屿到另一座岛屿，就可以在相当有限的地理环境中调查截然不同的生态环境。在《瑞士的鲁滨逊一家》（*The Swiss Family Robinson*，又名《海角一乐园》，1812）一书中，约翰·达维德·维斯召集了一个令人无比惊讶的动物园。在那座虚构的岛上，羚羊、熊、猎豹、野狗、大象、长颈鹿、河马、鬣狗、豺、袋鼠、豹、狮子、猴子、西貒、鸭嘴兽、豪猪、犀牛、老虎、海象、野猪、狼、袋熊、斑马等被聚集在一起，岛上鸟类和植物的数量同样令人难以置信。虽然怀斯选择的这种组合在生物地理学上实属胡说八道，但岛屿无疑是独特的，他汇集生物群的精神还是值得称赞的。

岛屿群落的相对贫困，也常常反映在儿童故事中。在詹姆斯·巴里的小说《小飞侠》中，永无岛的居民组成了一个相对稀疏的社区，包括精灵、鸟类、迷路的男孩、海盗、美人鱼、"红人"、某些动物（熊、老虎等），偶尔还有侏儒、王子和一个长着鹰钩鼻的小老太太。

有几部关于岛屿自然历史的非虚构著作，可供年轻读者们阅读。我特别喜欢的作品包括兰迪·弗拉姆的《岛屿：海洋中的生命宝石》（*Islands: Living Gems of the Sea*，2002）、罗斯·派普斯的《岛屿》（*Islands*，1998），还有一部与著名的岛屿生物学家查尔斯·达尔文的学说特别相关的作品，即琳达·塔格里亚费罗的《加拉帕戈斯群岛：大自然中脆弱的微妙平衡》（*Galápagos Islands: Nature's Delicate Balance at Risk*，2000）。[8]

用已故的颇具影响力的实验生态学家罗伯特·潘恩的话来说，岛屿是一种重要场所。[9]在儿童文学中，岛屿不成比例地频繁出现，在塑造童年的幻想中起着不可或缺的作用。同时，对岛屿的调查和研究，对于我们理解当代物种如何形成也是不可或缺的。最近，更为不利的是，岛屿塑造了我们对有机物如何消失的理解。岛屿是物种灭绝的中心。[10]

然而，我们不应过度解读儿童文学和生态与进化研究中某个流行主题之间的关联。岛屿出现在这两种资料中的原因有着相当明显的区别。没有一个儿童作家会因为岛屿可以作为理解自然模式富有成效的实验复制品，而创作关于它们的作品；生态学家也不会因为它能唤起人们的舒适感、安全感和孤独感，而选择研究一座岛屿（尽管他们可能会因为一座岛屿的美丽而选择研究它，但这完全是另一回事）。抛开这个不说，岛屿同样吸引着文学和科学的想象力，因为它们是分散的、包容的、易于管理的，充满了异国情调，而且通常还十分古怪。岛屿通常是荒野，往往受制于大自然的力量，而且通常是可以通航的。岛屿把事物精简到最低程度，一目了然。

生态学家和进化论者通过研究岛屿来确定形成自然群落的力量。但故事作者常常告诉我们的是，他们的主人公是如何看待自然模式的。他们描述了人们遇到岛屿时的感觉，岛上充满了孤独感和令人不安的奇异感，岛屿包含并强化了阴谋。所有这一切的重要含义是，在一个熟练的故事讲述者看来，一个岛屿故事就足以阐明岛屿环境。孩子可能会从这样一本书的微观体验中走出来，更多地了解他们与野性力量的关系，更多地了解情节基本走向之外的世界。关于岛屿的故事，是了解岛屿的性质以及我们与岛屿和在岛屿上的互动历史的一个途径。如果一个孩子爱上岛屿，那么他们成年后就可能会重视它，而通过重视岛屿，他们可能会对世界产生巨大的有益影响。岛屿，是通向更广阔的荒野世界的基石。

作为情绪的岛屿

在伊妮德·布莱顿的《疯狂侦探团1：沉船秘宝》中，安妮、朱利安、迪克、乔治和狗蒂米这"五伙伴"在结束了早期对英格兰多塞特海岸科林岛的探险后，安妮发表了关于岛屿的声明："大多数岛屿都太大了，感觉不像是岛屿。我的意思是英国是一个岛屿，但是除非被告知，否则生活在它上面的任何人都不可能知道这一点。现在这个岛（科林岛）真的感觉像一个岛，因为无论你在哪里，都能看到它的另一面，我很喜欢。"

　　尽管我们可能不想完全接受安妮对岛屿的定义，因为它强调了边界的直接可见性，然而，一个岛屿肯定应该让人感觉像是一个岛屿。如果说英国不觉得自己是一个岛国，那么爱尔兰是否觉得自己是一个岛国也就不得而知了。在古代，韦斯特米斯郡的乌斯尼奇山被认为是爱尔兰的中心。（才不是呢！）虽然在晴朗的日子里，从乌斯尼奇山顶（约182米）上可以看到爱尔兰32个郡中的20个郡，但是即使在此山峰上，也看不到爱尔兰的边缘地带，必须有人告知，你才能知道这个国家是一个岛屿。因此，爱尔兰并不符合安妮相当严格的岛屿标准。

　　尽管爱尔兰内陆面积相对较大，但是爱尔兰的岛屿性仍然是其民族认同的一部分。对于爱尔兰的作家来说，这个国家长期以来被称为"圣徒和学者之岛"。[11]这种作为一个孤岛的自我意识影响了这片土地上的文学作品，甚至关于爱尔兰神话传统的故事也强调了该岛屿的地理分离性。爱尔兰文学中也充满了关于爱尔兰沿海岛屿的故事。远离岛屿的岛屿，是岛国本质的一种非常特别的精华，它们甚至已经远离到了遥不可及的地方。提尔纳诺格——意为"青春之地"，勇士诗人奥西恩，即菲恩·麦克·康海尔和萨德赫（她是一只鹿——这是一个很长的故事）的儿子，他和仙女公主尼亚姆游历过的地方——是一个神话般的岛屿，关于这里有几个美丽的故事。据说，另一个虚构的岛屿——海布拉塞尔岛位于爱尔兰大西洋西海岸之外，也出现在几个故事中，而且，正如我们所看到的，它甚至被添加到许多真正的航海地图中。在这些故事中，随着大西洋迷雾的升起，海布拉塞尔岛变得时而可见，时而消失。但即便如此，作为一个神奇的地方，这个岛屿也无法用普通的手段到达。

古老的爱尔兰修道士们——上面提到的那些圣徒和学者——来到海边，在海岸附近的孤岛上建立修道院。这类或真实或虚构的航行，都被记录在一个名叫《依姆拉姆》（*Immram*）的史诗般的海上故事中。据说修道士们会到一个遥远的岛上去，停下来看……他们会继续划船前行。自中世纪以来，记述航海家圣布伦丹……故事尤其流行。《圣布伦丹航海记：应许之地之旅》（*The Voyage of Saint Brendan*，公元900 年）是对圣布伦丹航行的一个梦幻般的描述。按照传统的说法，布伦丹和他的修道士们去了几个岛屿，包括加那利群岛、亚速尔群岛和马德拉岛，有些人声称他到了格陵兰岛，甚至可能到了北美。《圣布伦丹航海记：应许之地之旅》具有所有航海史诗所共有的几个特点，包括在到达最终目的地（布伦丹的最终目的地是希望之岛）之前先登上几个岛屿；讲述奇怪的岛屿（布伦丹停留的一个岛实际上是鲸鱼塞康利斯的背）；被不可能真实存在的野兽占据的岛屿（岛上的绵羊比牛还大）；提供精神慰藉的岛屿（其中一个岛屿上有"神奇的白面包"）；还遇到了也许没有那么神奇，但是相当有趣的火山、冰山等等。这个故事有几个优秀的儿童版本，包括迈克·麦克格雷夫的《圣布伦丹和哥伦布之前的航行》（*Saint Brendan and the Voyage Before Columbus*，2004 ）。

　　《依姆拉姆》、传说、奇闻怪事和精神追求，始终把岛屿与特定的情绪联系在一起：岛屿是神秘的、奇妙的、偶尔可怕的，而且几乎总是魔幻的。岛屿与一系列独特而吸引人的情绪之间的联系并不是英国和爱尔兰独有的。亚速尔群岛的传说和童话以一种可爱的方式来庆祝岛上的神奇气氛。这些故事在艾尔西·斯派塞·厄尔斯的图书《魔法岛：亚速尔群岛的传说、民间传说和童话》（*The Islands of Magic: Legends, Folk and Fairytales from the Aores*，1922）中有所描述。在序言中，斯派塞提醒我们，亚速尔群岛通常被认为是失落的亚特兰蒂斯大陆的山峰。1920年至1921年的整个冬天，她都在岛上记录这些故事。我最喜欢的是魔法故事。在《魔法大师》（*The Master of Magic*）中，一个小男孩为了帮助他的父亲，变成了一只猎狗。这只由男孩变成的狗卖了一个很高的价钱，后来，男孩又变了回来，回到已经富有的父亲身边。接下来，他又把自己变成了一匹马，又一次被卖给了一个伟大的魔术师。男孩变成玉米粒，大魔术师就变成母鸡来吃玉米粒；玉米又变成狗，男孩——现在是狗——就咬住魔术师变成的鸡来回摇晃。在一片喧嚣声中，魔术师承认这个男孩"肯定是一个魔术大师"。后来，男孩娶了魔术师的女儿。另一个关于亚速尔群岛的魔法故事，可能与现代人的情感共鸣就没那么强了：在《魔法之口》（*The Magic Mouthful*）中，一个老妇人给一个女人一瓶水，告诉她当她丈夫责骂她时，就喝下这瓶魔法水。她照做了，也避免了被丈夫殴打。最后，她跑出来找到那个老妇人询问原因。老妇人承认那水很普通，一点儿也不神奇，只是吞下一口水后，她就无法对丈夫的责骂做出回应，这样就不会挨打了。故事结尾的寓意是："在亚速尔群岛，人们通常都知道，如果一个人不想继续吵架，最好假装他满嘴都是水。"

英国小说家和诗人劳伦斯·达雷尔是杰拉尔德·达雷尔
~~~~~~~~~~~~~~《追逐阳光之岛》（*My Family and Other Animals*）

光。劳伦斯在《对海洋维纳斯的迟思：罗德斯景观手册》（*My Family and Other Animals*，1953）中描述了岛屿对某些人的特殊吸引力，他提到了一个"未被医学分类"的奇怪疾病列表，其中包括"恋岛症"，这是一种罕见的"精神折磨"，患者认为岛屿的魅力是不可抗拒的，知道自己身处岛中，他们就会感到"难以形容的陶醉"。患有这种疾病的人——用达雷尔的话来说就是"岛痴"——据说是失落的亚特兰蒂斯大陆的后裔。

我们可能并不都是岛痴，但我们中的许多人对岛屿的神奇气氛很有感觉。特别是儿童作家，似乎对孤岛特别感兴趣。就像伊妮德·布莱顿笔下的安妮一样，作家们似乎也很喜欢它们。

第十五章
格德、梅林、哈利·波特等巫师的故事

———

　　厄休拉·勒古恩的幻想系列《地海传奇》（*The Earthsea Cycle*）中塑造的中心人物大法师格德，在驶向位于地海群岛最西端的塞利多岛时，用魔法召唤出了他出生的小岛冈特的幻象。格德与他的年轻伙伴阿伦分享了这一幻象，阿伦命中注定要成为内海岛屿哈夫诺的国王。在那里，阿伦看到了大法师早期的老师——沉默者奥金的家。在那所房子周围的森林中，格德和阿伦眺望着"积雪下陡峭的山顶岩石、阳光充足的草地……沿着一条崎岖的道路，在一片金绿交错的黑暗中前行"。格德热切地对他的年轻朋友说："没有什么沉默能比得上森林的沉默。"格德最终还是回到了冈特，他在"死亡之地"累得筋疲力尽，这个曾经极其强大的巫师已经失去了魔法力量。

　　魔法的实践，可以被定义为任何试图通过神秘或超自然的手段，影响事件或改变事物的物理性质的行为，当然，并不是一套仅限于岛屿的实践。但是许多虚构的魔法师都与岛屿有关：梅

林和哈利·波特只是最明显的。本章的核心主张——儿童文学中的魔法往往不是建立在自然历史的基础上的——适用于你在任何地方发现的男巫师、女巫师和魔术师。在莎士比亚的《麦克白》（*Macbeth*）中，女巫们准备酿酒时背诵着以下原料：

> 沼地蟒蛇取其肉，
>
> ~~亦以为片者至熟；~~
>
> ~~蝙蝠之毛入其腹，~~
>
> 蝮舌如叉蚯蚓刺，
>
> 蜥蜴之足枭之翅；
>
> 炼为毒蛊鬼神惊，
>
> 扰乱人世无安宁。

组合这些成分不仅需要掌握黑暗的技艺，还需要对自然历史有着深刻的了解。

《地海彼岸》（*The Farthest Shore*，1972）一书中讲述了冈特的幻象，这是该系列中关于地海群岛宇宙的第三本书。该系列还包括《地海巫师》（*A Wizard of Earthsea*，1968）、《地海古墓》（*The Tombs of Atuan*，1971）、《地海孤儿》（*Tehanu: The Last Book of*

Earthsea，1990）、《地海故事集》（*Tales from Earthsea*，2001）和《地海奇风》（*The Other Wind*，2001）等其他书籍。所有这些书都获得过各类文学奖项，其中最著名的是获得了纽伯瑞银质奖章的《地海古墓》和获得了美国国家儿童图书奖的《地海彼岸》。

　　这一系列图书，一方面将背景设置成幻想的景观，但另一方面，又非常重视岛屿上真实详细的物理和文化环境。鸿篇巨制《地海传说》的第一句话就提到了格德家乡岛屿的自然属性，"冈特岛有一座单独的山峰，高出饱受风暴困扰的东北海约2千米，是一块以巫师闻名的土地"。这个地海群岛由数十个岛屿组成，分布在方圆数千甚至上万平方千米的海洋上。在讲述这个故事时，作者充分利用了岛屿和将它们分开的海洋的自然和文化特性。这里的风景破碎而与世隔绝，而地海的故事则交替出现在穿越分隔遥远岛屿的外海的扩张探险之旅，以及在阿图安岛地下墓穴的幽闭恐惧之中。我们通过对其中几个岛屿的了解得知，每个岛屿都是截然不同的，每个岛屿都有自己独特的文化，每个岛屿都有自己与魔法独特的关系。

　　当我们第一次见到格德的时候，那个当时叫当尼的男孩还是个很野的孩子，住在一个荒岛上，他母亲死了，父亲是铜匠，那孩子在冈特山上放羊。他从他的女巫姑妈那里学会了第一个咒语。这个咒语是偶然获得的，他模仿姑妈的话，把羊成群结队地赶到山下，但是当羊群密密麻麻地挤在他身边时，男孩很惊慌。女巫姑妈看到了他的魔法天赋，便把他叫到家里教授更多的魔法。女巫的房梁上悬挂着一些晾干了的药草，包括"薄荷、茉

莉、百里香、蓍草、灯芯草、三色草、艾菊和月桂"。他的姑妈
还教了他一些额外的技巧：例如，他学会了如何把蜗牛从壳里哄
出来，以及如何召唤空中的猎鹰。虽然这些都是微不足道的小
事，但是可见自然知识有其自己的力量。格德学到了足够多的这
种自然魔法，当他的城镇遭到来自卡尔加德帝国入侵者的进攻
……制造了一团浓雾降临在城镇周围。这一壮举拯救了镇上的
……格德早年的非凡才能开启了……
格德巫师魔法。不过，格德在接受强大的巫师奥金的魔法教导时
却备感沮丧。奥金教他了解植物的本性。看到一种被称为"四叶
草"的植物（不像大多数悬挂在他姑妈家房梁上的植物，这是一
种虚构的植物）后，格德向奥金询问它的用途。"据我所知没有。"
他的老师回答。其实奥金是想让格德"通过视觉、气味和种子，
了解四叶草在所有季节中根、叶和花的样子"，因为只有这样，
格德才能"知道它的真实名字，知道它的存在：这比知道它的用
途更重要"。

格德后来学会了了解植物。因为这在幻想文学中是一个普
遍的真理：在奢侈的追求之前，在龙和黄金之前，在权力之戒之
前，在强烈的英雄主义到来之前，首先要搞定植物学。霍比特人
在夏尔的农场种地，哈利·波特和斯普劳特教授一起在温室上课，
格德和沉默的奥金一起在冈特山上散步，通通都是在学习植物的
用途。

在一次事件中，格德高估了自己薄弱的力量，遇到了"影

子"——这是贯穿整个系列的主题的预兆——一之后，他不再做奥金的魔法学徒，而是去了罗克岛上的一所巫师学校。如果这个渴望力量的年轻人认为，在罗克岛进行的培训可能会与之前大不相同，那么他可就大错特错了。他所受教育的基础仍然植根于自然历史，罗克岛上的学生们花了几天时间和草药大师在一起，"学习植物生长的方式和特性"，其他的时间则是跟随风候大师学习"风和天气的艺术"。男孩们（学生都是男孩）驾驶着船，创造出他们自己的"魔法之风"，吹向海港。岛上还有其他的课程，包括学习古老的歌曲和魔法技巧，更重要的是，他们在冬天和命名大师一起去孤岛塔学习了几个月"名单、等级和轮回的名字"。"想要成为大师，"命名大师告诉他们，"必须知道大海里每一滴水的真名。"每一滴！

在文学作品中，比如在勒古恩的《地海传说》中，像格德这样的年轻魔法师的训练，往往是一种自然知识的训练。在西方思想中有一个悠久的传统，即女巫和男巫都带着野性。梅林也许是最著名的巫师，他与亚瑟王有来往（尽管从传统上讲，他是独立于那个神话中的国王的）。根据詹姆斯·麦基洛普的《凯尔特神话词典》（*A Dictionary of Celtic Mythology*，1998）记载，梅林的形象源于林中赤裸而行的莱洛肯。根据尼古拉·托尔斯泰在《寻找梅林》（*The Quest for Merlin*，1985）一书中的描述，梅林这一形象实际上可能是莱洛肯、威尔士吟游诗人梅尔丁和爱尔兰国王苏布恩（他曾因为战争的喧嚣而疯狂，逃亡并生活在树上）的混合体。

当沃特（这个名字与"艺术——Art"谐音），这个即将成为亚瑟王的男孩第一次遇见梅林——在 T.H. 怀特 1938 年出版的图

……剑》（*The Sword in the Stone*，1938）中，梅林的名字拼

……这位巫师是一个喜欢自然生活的人。梅林第……

> 沃特看到的那位老先生是一个奇人，他穿着一件飘逸的长袍，上面绣满了黄道十二宫的图案，还有各种各样的神秘符号，如三角形的眼睛、古怪的十字架、树叶、鸟兽的骨头，还有一个天象仪，里面星光闪闪，就像一块块镶着太阳的镜子……

> 梅林长长的白胡子在两边垂着，仔细一看，他一点儿也不干净。倒不是因为他有脏指甲之类的东西，而是好像有只大鸟在他的头发里筑巢。

怀特在小说中用了一整章来描述梅林在索瓦吉森林的住所。该场景中的元素提供的主题，在有关巫术故事的文学作品中反复出现。天花板上挂着一只"科金德里尔"（神话中的爬行动物）；他的书架上堆满了相互支撑的书，"仿佛它们喝了太多烈酒，不太相信自己能站稳"；墙上挂着各种各样的动物纪念品；玻璃缸里有草蛇蠕动着；还有孤零零的黄蜂窝，蜂箱通向窗户，蜜蜂在房间里进进出出；刺猬躺在棉絮上休息；獾发出嘎嘎声向主人叫着；抽屉上贴着一个又一个的药草名字。事实上，我在这里只是

将儿贝的详细描述一笔带过。可以说，梅林伴在一个名副其实的自然历史博物馆里。

沃特遇到了梅林的猫头鹰阿基米德。这只猫头鹰会说话，虽然它一开始挺聪明，对这个男孩产生了怀疑，不过这些怀疑在沃特喂它吃了老鼠后就烟消云散了。沃特和梅林一起吃早餐，之后餐具和器皿自动焕然一新。在这个"最不可思议的房间"里，男孩充满了强烈的兴奋之情，他惊奇地宣称，他一定是在"探险"。

在对沃特的教育中，梅林避开了正规的学习方式，而是让男孩沉浸在自然世界中。他把那孩子变成不同的动物，比如鲈鱼、獾、鹰、蚂蚁、猫头鹰和野鹅。沃特从不同的动物身上学到了一些运用权力的能力，以及拥有王权所需要的技能。但并不是所有动物对他的引导都是良性的，例如梭子鱼，一个魔鬼的同类，告诉沃特"爱只是进化力量对我们的一种戏弄"。"只有权力，"梭子鱼尼采式地继续说道，"强有力的权力最终决定一切，只有强权才是正确的。"

另外，还有其他一些令人痛心但有益的经验教训。迪士尼动画版《石中剑》中有一个具有突破性的角色——米姆夫人，在书和电影中，她扮成乌鸦，拔出了被沃特从天空中射出的箭。不过，电影略过了一个事实，即米姆夫人属于食人族。沃特为了那支箭开展了一次救援行动，结果被米姆夫人抓住了。如果不是跟那只被死灵法师俘虏的山羊进行了有益的交谈，跑去找梅林求救，沃特的命运就是成为晚餐，而不是英格兰的国王。

最后，沃特注定要把剑从石头上拔出来。因为预言是这样写的："拔出这把石头中的铁剑的人，就是整个英格兰的英明国王。"后来，沃特成了亚瑟王，而梅林留在了他的身边。

另一个巫师，也许是当代小说中最有名的，是托尔金笔下《霍比特人》与《魔戒》中的甘道夫。甘道夫是凯尔特和日耳曼巫师的混合体，是一个流浪者，就像梅林一样拥有超越自然的能力。然而，在托尔金的宇宙中，对动植物最有亲和力的是他的"表哥"——巫师拉达加斯特。对于拉达加斯特，被派到中土的巫师领袖和他们的首领萨茹曼嘲笑道："拉达加斯特，驯鸟者！头脑简单的拉达加斯特！傻瓜拉达加斯特！"然而甘道夫对其有更积极的看法和评论："拉达加斯特当然是一位杰出的巫师，精通各种形状和颜色的变化，对草药和野兽了如指掌，对鸟类尤为精通。"

在勒古恩的《地海传说》中，我们可以看到比同类的大多数书籍更完整的关于巫师训练的描述。事实上，勒古恩认为这是地海小说的一个核心创新："我并不是创建巫师学校的灵感来源——如果有人这么做的话，那一定是 T.H. 怀特，但他只是一次性创作出来的，并没有进行发展，而我是第一个这么做的人。"[2]

在描述巫师学校的概念和对教学细节的关注方面，勒古恩无疑对最著名的巫师成长小说，即 J.K. 罗琳的"哈利·波特"系列的写作产生了影响。在此，我不对书中关于波特的教育进行详细的描述，但需要提醒的是，即使在这个不太明确的魔法故事环境中，自然历史也扮演着重要的角色。纵观霍格沃茨魔法学校一年级学生的课本，就可以看出这种培训的方向。比如，教材中包括菲利达·斯波尔的《千种神奇草药和蕈类》（*One Thousand Magical Herbs and Fungi*）和纽特·斯卡曼德的《神奇动物在哪里》（*Fantastic Beasts and Where to Find Them*）。霍格沃茨魔法学校的学生也可以携带"猫头鹰、猫或蟾蜍"进入学校。波特和他之前的巫师梅林一样，也有一只猫头鹰，取名为海德薇。

波特的故事实际上充满了对大自然的思考。除了课程的细节，《哈利·波特与魔法石》在开始的几章还描述了哈利对蛇的好奇。哈利无意中从动物园释放了一条大蟒蛇。这条蟒蛇曾经对他说："我来自巴西……谢谢，朋友。"后来，在对角巷，当哈利进入奥利凡德的魔杖店时，奥利凡德先生帮他挑选了一根带有凤凰尾羽的冬青木魔杖，凤凰也是伏地魔魔杖中的杖芯，而伏地魔正是哈利在书中的主要对手。在这个简要概述中，我最后要提到的是波特和斯内普教授之间关系紧张的第一次交流。斯内普问波特："如果我把水仙根粉加入艾草浸液中，我会得到什么？"

植物学自始至终贯穿于魔法教育之中。

1929年出生的厄休拉·勒古恩是人类学家阿尔弗雷德·路易斯·克洛伯和作家西奥多拉·克拉考·克洛伯·奎恩的女儿。阿尔弗雷德·路易斯·克洛伯的学术声誉建立在他对美洲原住部落的民族志研究上。他在学术兴趣上兼收并蓄，其著作如《人类学：生物学与种族》（*Anthropology*，1923；修订版，1948）、《文化成长结构》（*Configuration of Culture Growth*，1944）、《文化本质》（*The Nature of Culture*，1952）和《风格与文明》（*Style and Civilizations*，1957），塑造了当代人类学。西奥多拉·克拉考·克洛伯·奎恩在晚年开始写作，出版了几本引人注目的书，包括重述了九个美洲原住民神话的《内陆鲸》（*The Inland Whale*，1959）、《两个世界的艾希：北美最后一个印第安原住民的传记》[1]（*Ishi in Two Worlds: A Biography of the Last Wild Indian in North America*，1961）、《艾希：他部落的最后一个人》（*Ishi: Last of His Tribe*，1964）。在勒古恩的童年时代，上学时他们一家人住在加州伯克利，夏季则是在纳帕谷一个占地约 16 万平方米的牧场度过。那是一个令人颇为兴奋的环境，有许多访客，包括作家、人类学家和各种各样的知识分子。在那里，勒古恩接触到了许多后来在她的小说中出现的思想。传统故事的节奏、对神话信仰的关注，以及对环境的高度敏感，都在地海小说中表现得淋漓尽致。

《地海传奇》的情节发展很快，动作很有节奏，剧情有时也很紧张。拥有龙总是很有帮助的，尤其是当这些龙被明智地使用时，因为在地海世界中，一条小龙也大有用处。但是勒古恩的小说也有一种反思的特质，这种特质也许可以解释为什么一开始勒古恩的读者并不多。地海系列小说归根结底是关于思想的书，对勒古恩来说最重要的思想以及整套书的基础包括女权主义、道家

---

[1] 艾希是北美雅希人的唯一幸存者。

学说和来自生态学的思想。当然，没有必要将这些迥然不同的哲学归结为一种本质，因为每一种思想都在勒古恩的著作中得到了独特的表达。尽管如此，这些观点的共同点是平衡或均衡的概念，包括男女之间的平衡、行动与反思的平衡、稳定与变化的平衡，以及善与恶的平衡。在每一种情况下，这些对立的概念都不像它们看起来的那样截然相反，因为勒古恩思想中的每一个极端概念都被注入了明显相反的东西。这就是所谓的"勒古恩之道"。

这些思想的最伟大之处表现在勒古恩的魔法概念上。对魔法的阐释分散于整部小说之中，但我们是在格德第一次在罗克岛上学习这些原则时，才开始了解到它的核心原则的。格德厌倦了单纯的幻术——巫师在物体恢复到原来的形状之前，会暂时地把它隐藏起来——他向九位罗克大师的其中一位询问："如果我把一块鹅卵石变成一颗钻石……我该怎么做才能让这颗钻石保持钻石的样子？变化的咒语是如何锁定并持续下去的？"

大师的回答值得我们引用一下：

> 一块石头，一块人类赖以生存的土地。它就是它自己，它是世界的一部分……要把这块石头变成宝石，你必须改变它的本质。
>
> 而这样做，我的孩子，即使对于这个世界而言只是一小部分，也是对世界的改变，这也是可以做到的。但是在你知道随之而来的善恶之前，你不能做出改变，哪怕是一块鹅

卵石，或者一粒沙子。世界处于平衡状态之中，而一个巫师的变化和召唤能力可以动摇这个世界的平衡。这种力量很危险，甚至是最危险的。这种力量必须遵循于知识，服务于需要。点燃蜡烛的同时，也意味着投下阴影……

在这个表述中，"点燃蜡烛就是投下阴影"既是魔法伦理的精髓，也是其生态意义。一切都是有联系的，但联系的方式又十分微妙。我们永远不可能只做一件事，我们强加的每一个改变都会产生影响，尽管我们很少知道这些变化的全部内容。它不仅仅是光明或者黑暗、善或者恶——它总是两者都是。[3]

后来成了罗克大法师的格德，向阿伦阐明了魔法的原理。《地海彼岸》的时间设定在《地海巫师》的几十年后，讲述了整个群岛魔法力量衰退的事件。在故事中，就连龙也失去了说话的能力，也许有一些邪恶的魔法正在酝酿。阿伦大声地询问格德，这是不是某种形式的瘟疫，"一种从一个地方飘到另一个地方的瘟疫，使庄稼、羊群和人的灵魂枯萎？"。格德回答说："瘟疫是一种巨大的平衡运动，是平衡运动本身。"他这样说的意思是，瘟疫可以被看作是自然界中的某种东西，"自然界并不是非自然的"。他推测，整个群岛经历的魔法消失是完全不同的事情。"这不是平衡的矫正，而是平衡的扰乱。只有一种生物能做到这一点。"那就是我们——人类。怀着这种悲观的思想和对阿伦的辩词（他的辩词是通过观察人们合理的生活欲望及改变事物的必然性的形式来表述的）的反驳，格德说："当我们渴望权力而不是生命——无尽的财富、无懈可击的安全以及永恒的不朽——那么欲望就变成了贪婪。如果知识与贪婪结盟，那么邪恶就会降临。然后世界的天平就摇摆了，毁灭的重量沉重地压在天平上。"

近年来，"自然平衡"的思想在环境思想中受到贬抑。事实上，即使到了勒古恩创作《地海传奇》的时候，生态科学家基本上也已经放弃了这个毫无意义的概念。早在 19 世纪 20 年代，牛津生态学家查尔斯·埃尔顿就在他的《动物生态学》（*Animal Ecology*，1927）中宣称："自然界的平衡是不存在的，也许从来没有存在过。"

但是，尽管"自然平衡"这个词现在基本已经在生态科学的技术文献中被抛弃了，科学家和活动家们仍然坚信，人类的活动在某种程度上是例外的。毫无疑问，人类是与其他生物一样的自然力的产物。我们进化，并且与其他生物一样，与自然资源有着关系。要产生一种生物就意味着要有一种环境，而有环境就意味着要同时改变环境和被环境改变，这一点即使是在铺垫着琼脂的培养皿中滑动的变形虫也能做到。改变一种环境就意味着给某些生物施加某种程度的伤害（事实上，通常就是伤害制造者本身），并给某些生物带来福音。从这个角度来看，所有的有机体在某种程度上都是破坏性的。但要想破坏全球环境则需要相当的毅力。人类可能并不打算这么做，而且可能需要很长时间才能做到，但是人类现在可能会为自己拥有改变地球的力量而感到有些反常的骄傲。[4]

如果我们同意大法师格德的观点，即对无尽的财富、绝对安全以及永恒不朽的渴望，再加上狡猾的技术诀窍，可能会导致一场世界大灾难——我也是这么认为的——那么我们可能会同意，人类是例外的，我们可以动摇世界的"平衡"。由于我们共同的影响，"毁灭的重量沉重地压在天平上"。

尽管勒古恩对人类在削弱世界魔法力量中发挥的作用心存怀疑，她仍然是一个敏锐的环保主义者。

我在上面的描述中提到的大多数巫师都是岛上居民，或者至少他们的根在岛上——比如英国的梅林，以及来自虚构的地海岛屿宇宙的格德。在某些情况下，其岛屿起源可能是巧合的。例如，哈利·波特一定是英国人吗？在格德的故事中，这种必要性则更具说服力。这并不是说，在大陆上编织地海传说故事是不可想象的，但勒古恩确实利用群岛以各种方式隔离和加强行动力。

从生物学上讲，岛屿制造并容纳了其中的怪物和微生物。正如我们所看到的，岛屿限制了物种分布，在上面聚集了独特的物种群落，岛上的生物通常很罕见。同样，那些塑造种群并决定物种生存和消亡的力量也是独特的，而且往往是极端的。格德可能是罗克岛的主人，但要进出这些岛屿，他也只是另一个在开阔的海洋上乘船的人（尽管他是一个掌控风力的人）。即使是龙（它们虽然在空中最为自在，但一旦落在地上，也像天鹅离开池塘不得不蹒跚而行一样笨拙），也被限制在它们自己在地海的领地

（主要是"龙跑"岛和塞利多岛）内。

在良性平衡的意义上，可能无所谓自然的平衡，因为只要人类不侵扰，这种平衡就一直存在。然而，在岛屿上占据优势的反对力量（例如殖民和灭绝）的行动对于岛屿生物具有决定性作用。岛屿处于不稳定的平衡状态，所有这一切都是关于岛屿的直觉。不出所料，勒古恩笔下的知识分子英雄是达尔文。在接受《巴黎评论》采访时，她说："如果非要我选一个英雄，那就是查尔斯·达尔文——他智慧非凡，有对科学的好奇心和求知欲，以及把所有这些整合在一起的能力。"[5]不巧的是，地海中的魔法需要认真掌握生物分类学——知道海洋中的每一滴水的名字——这也是那些像自然历史学家（也就是像达尔文）一样的人的特权——知道万物的名字。对于达尔文，勒古恩在同一次采访中接着说："达尔文的思想有一种真正的灵性。他也感受到了这一点。"《地海传奇》是一个无与伦比的岛屿故事，讲述了物质与精神的平衡。地海的魔法正是自然界的魔法。

第十六章
谁影响了伊妮德·布莱顿的"疯狂侦探团"?

————

　　位于皮尔斯街的都柏林市立图书馆距离市中心的三一学院大约 800 米，它的档案馆就在喧嚣的图书馆总流通部的上方，档案馆的房间里总是弥漫着一种令人愉快的朴素的学术氛围。我在参观档案馆的时候，发现许多顾客在经过警惕的工作人员仔细检查后，会获准走进一扇上锁的门。根据从大楼内部为这些顾客取来的书卷，我可以断定，他们是在研究家族史。在仔细研究了书架上图书的摆放位置后（书名上的目录信息不太完整），我终于发现了 L.T. 米德的小说《岛上四人：冒险故事》（*Island: A Story of Adventure*，1892）——现在已经相当罕见，也很少有人阅读——它被放在一个软垫上送到我面前。[1] 图书管理员在我身边站了一会儿，很明显是在猜测我在阅读这本易碎的书时是否需要戴手套。最终，她认为无须如此，于是才把书留给了我。

　　这本书是否影响了 20 世纪后半叶英国和爱尔兰经久不衰的儿童小说——伊妮德·布莱顿的《疯狂侦探团 1：沉船秘宝》

呢？虽然孩子们喜欢布莱顿，但他们的父母、老师和图书管理员就不那么喜欢了，有些图书馆甚至限制每次只能借一本她的书。[2]

在拜访这座图书馆的前几天，我从现在居住的芝加哥地区返回都柏林，并阅读了布莱顿的小说，我记得这本小说中有一些有用的环境方面的参考资料。尽管布莱顿热衷于写关于自然的书——她的早期著作包括《鸟书》（*The Bird Book*，1926）、《动物书》（*The Animal Book*，1927）和《自然课》（*Nature Lessons*，1929）——在我的记忆中，《疯狂侦探团1：沉船秘宝》是一部硬核的冒险故事，而不是对孩子们在荒岛上生存的田园式沉思。这是一个关于四个表亲兄妹和他们的狗在多塞特海岸附近的一个小岛上游玩，寻找"金条"，喝着"大扎"姜汁啤酒的历险故事。

岛屿故事很有趣，因为远离父母视线的孩子们不仅会兴高采烈地狂欢，而且常常会受到自然界更加野蛮的力量（他们自己的和生态环境的）的摆布。布莱顿的小说对科林岛的自然历史做了一些观察，结果令人十分愉快：其岩石难以接近，上面有十分温驯的兔子，鸬鹚的捕鱼技巧也不错。我怀疑自己的职业选择（算是科学家）源于对脾气暴躁的科学家昆廷叔叔的好感，昆廷叔叔是乔治娜的父亲，也是布莱顿的著作"疯狂侦探团"系列中朱利安·迪克和安妮的叔叔。

布莱顿的学识固然十分渊博，但《疯狂侦探团1：沉船秘宝》却因为性别认同问题获得了一些学术关注。[3]布莱顿最受喜爱的角色"假小子"乔治娜更喜欢被称为乔治。正如迪克对安妮说的，"你知道她讨厌做女孩，讨厌有一个女孩的名字"。在为科林岛的出售大哭之后，乔治"有点儿羞愧"，惊呼道："我一直表现得像个女孩子似的。"

《疯狂侦探团1：沉船秘宝》情节进展很快，伙伴们和他们的狗蒂米划船来到这个岛上，目睹了一艘沉船在暴风雨中被从海底抛到岩石上，他们调查发现沉船上的黄金被埋在岛上。与此同时，昆廷叔叔无意中把岛卖给了一个无恶不作的寻宝者，以寻找那些黄金。剧透警告：孩子们找到了黄金，挫败了寻宝者。全书完。

所以，在重读了几天之后，我在档案馆里找到了米德的《岛上四人：冒险故事》（*Four on an Island*）。我能发现它只是因为书名中有"岛"这个词，这本书现在已经很难找到了。在米德的300多本书中，《女孩的世界》（*A World of Girls*，1886）是现在仍然偶尔会被阅读的少数几本书之一。

伊丽莎白（"莉莉"）·汤玛西娜·米德约1844年出生在科克县班顿，她父亲是爱尔兰教会的牧师。1847年，她随家人搬到伦敦，1914年在牛津去世。尽管她的书主题多种多样，传播很广，但更受欢迎的是关于青春期的女孩的作品，而且通常是以学校为背景的。

这类小说对后来的作家，如布莱顿和安吉拉·布拉泽，有着很积极的影响。例如，米德有一本书叫《非常淘气的女孩》（*A Very Naughty Girl*，1901），布莱顿有一本书叫《学校里最淘气的女孩》（*The Naughtiest Girl in the School*，1940），但情节很少雷同。米德可能也间接影响了"哈利·波特"系列的创作。

　　米德的岛屿故事是关于英国的四个表亲兄妹费迪南德、伊莎贝尔、瑞秋和托尼的，再加上他们的狗芒戈，加起来共五个同伴。暴风雨过后，孩子们在巴西海岸搁浅了。费迪南德和伊莎贝尔（她坚持让别人称自己为"贝尔"）征服了这个岛屿，贝尔宣称："我一直都是个像男孩一样的女孩，这是多好的一件事啊！"她与恶毒的螃蟹搏斗，挥舞斧头，在野外茁壮成长。在适应岛屿生活的过程中，这对表兄妹发现了一艘搁浅在岩石上的沉船，并对其进行了调查。

　　不可否认，故事的情节与布莱顿的岛屿故事如此相似，以至于很可能是旧作激发了新书的灵感。除了情节，两者之间还有一个奇怪的词汇相似性。米德的书中提到了"小渔船"，这在她那个时代很常见，而在《疯狂侦探团1：沉船秘宝》中，小渔船也被多次提及，然而到布莱顿写这本书的时候，这种类型的船只已经很少见了。

　　要更大胆地探讨布莱顿人物和情节元素的独创性是很困难的。毕竟，这两部小说都受到丹尼尔·笛福的《鲁滨逊漂流记》（*Robinson Crusoe*，1719）的启发，并与《鲁滨逊漂流记》的主题一致。[4]鲁滨逊也是海上风暴的受害者，通过洗劫沉船开始了他的岛屿探险之旅。

　　话虽如此，布莱顿应该是知道米德的作品的，当她还是个孩子的时候，米德的作品很受欢迎。出生于1897年的布莱顿是一个如饥似渴的读者，9岁的时候，她曾瞥了一眼小说中的一页内容，然后把里面的每一个字都背诵给父亲听，以此来展示自己过目不忘的记忆力。直到去世前不久，布莱顿罹患阿尔茨海默病之前，她一直为自己的记忆力感到骄傲。她向心理学家彼得·麦凯拉描述了自己的创作过程，她写道："我认为我的想象力包含了我曾经看到或听到的所有事情，我的意识早已忘记的事情——它们都被混杂在一起，直到一道光穿透迷雾，这里或那里发生的事情被取出、转化，或者形成一种在故事中占据自然和合法位置的东西。"[5]布莱顿说，她的人生经历"沉淀在我的'心底'，在那里慢慢酝酿，等待着创作中再次需要它们的时刻到来——经过修改、蜕变、完善、精雕细琢——与它们被打包收藏之时大不相同"。如果布莱顿读过《岛上四人：冒险故事》，她是不会忘记的。

　　将 L.T. 米德的书放在图书馆的档案馆里，可能是最合适的。从文学的角度来看，它还算不上是一部伟大的小说，布莱顿的作品也不是。回到芝加哥后，我又重新读了一遍《疯狂侦探团 1：沉船秘宝》，享受着那些故事，沉浸在怀旧的心情之中。

第十七章
《鲁滨逊漂流记》中的荒岛生活

———

这是一本很好的书，里面充满了沉重的神学教义、人性、巧妙的手段，以及关于礼仪、道德、生活的知识，如果给 7 岁到 12 岁的男孩子提供这些信息，没有任何人会拒绝。

——《鲁滨逊漂流记》[1]

在关于笛福的《鲁滨逊漂流记》的文献中，很少提到漂流记中猫的奇怪命运。有两只猫，都是母的，是鲁滨逊·克鲁索从沉船上抱到岛上的。其中一只逃跑了，鲁滨逊放弃了它，任它自生自灭，另一只则留在他的身边。不过，令鲁滨逊惊讶的是，那只逃走的猫带着三只小猫回来了，它们是和岛上的野猫繁殖而生的。

第一次提到岛上的野生猫科动物种群，是在鲁滨逊的早期叙述中。鲁滨逊正从沉船上把食物搬上岸时，一只野猫坐在他的食物上。那只猫直视着他，他记录道，这只猫看起来"好像有意想要与我相识"。当鲁滨逊用枪指着它时，那只猫似乎并不惊慌，就像年轻的达尔文后来发现的加拉帕戈斯岛野生动物的情况一样。这就是岛屿动物的镇定性。鲁滨逊对此印象颇为深刻，于是他喂了猫，然后那猫就离开了，重新回到了岛屿深处。

接下来记录的与野猫的遭遇，就没有这么亲切了。这一次，鲁滨逊射杀了那只猫，然后剥了皮。他在日记中写道，猫皮很柔软，而另一方面，肉体却"毫无用处"。不祥的是，鲁滨逊提到他保存了杀死的每一只动物的皮。这样的杀戮似乎不计其数。

鲁滨逊认为岛上的野猫与欧洲的猫有很大的不同。但很明显，它们可以与鲁滨逊的家猫毫无困难地繁殖。与岛上的动物交配生出第一批小猫后，将来会有更多的小猫出生。鲁滨逊的庇护所最终被混血猫占据，后来他被迫"像杀死害虫或野兽一样杀死它们，并尽可能地把它们赶出自己的房子"。在杀死了"很多很多"之后，猫们离开了他。尽管如此，鲁滨逊的脑海里似乎还是浮现出猫群大量消失的画面。他在日记中三次提到了这场屠杀，在最后一次写到对猫的大屠杀时，他声称这种行为是一种义务。他戏剧性地说，如果不是他杀了它们，那些猫就会把他和他所有的东西全都吃掉。

鲁滨逊·克鲁索是个好奇的挪亚。[1] 他把两只猫从沉船中救了出来，其中一只仍然很温驯，而另一只则变得狂野并产生威胁。当然，这两种可能性正是鲁滨逊本人所面临的问题。毕

---

[1] 挪亚，《圣经》中记载的人物。

竟，荒野可以把我们带到她的怀抱中，滋养我们心中疯狂的野性，或者，在某种更快乐的环境中，她可以把我们曾经的柔软生命塑造成强健有力的形象。尽管笛福的小说没有进一步阐述这一观点，但似乎鲁滨逊凭直觉认为，他在岛上的日子可能有两种走向。就像他的两只猫一样，要么保持温驯，要么变得狂野，也许甚至以一种可怕的方式延续。众所周知，鲁滨逊站在了驯化和文明一边。做出选择后，他驯服了这个岛屿，并赶走了许多猫。

鲁滨逊式的故事：丹尼尔·笛福荒岛故事的持久影响

正如我们在前一章节中看到的，伊妮德·布莱顿在写她最畅销的儿童读物《疯狂侦探团1：沉船秘宝》时，可能无意间借用了 L.T. 米德早期的《岛上四人：冒险故事》的主题。但是米德也不可否认地借鉴了笛福的《鲁滨逊漂流记》。鲁滨逊的影响是如此之大，以至于整个关于岛屿的写作流派都被命名为鲁滨逊式创作，尤其是当其涉及在充满挑战的岛屿环境中生存，或者思考孤独对小说人物的影响时。[2]

鲁滨逊主题可以追溯到无数后来的书籍，但并不是所有的书都以岛屿为背景，比如威廉·戈尔丁的《蝇王》、珍·克雷赫德·乔治的《山居岁月》和《狼群中的朱莉》（*Julie of the Wolves*，1972），斯·奥台尔的《蓝色的海豚岛》（*Island of the Blue Dolphins*，1960）和盖瑞·伯森的《手斧男孩》。即使是像苏珊·柯林斯的《饥饿游戏》中的那些故事，也在这一主题上有一个转折，尽管在这个系列中，凯特尼斯·伊夫狄恩一直有一群可怕的伙伴——其他孩子想在她的荒野竞技场上杀死她，她可能更喜欢鲁滨逊式的孤独。

威廉·史塔克的《阿贝的荒岛》（*Abel's Island*，1976）就是一个很好的例子。在这个故事中，我们的"鲁滨逊"是一只人格化的老鼠！一场暴风雨卷走了老鼠阿贝妻子的围巾，阿贝急急忙忙跟在后面追赶。他被激流卷入河中，被困在河中央的一个小岛上。水流太急，他不敢再次冒险，而他那些巧妙的逃生计划，比如用草编成的绳子，也都没有实现。

就这样，我们的老鼠阿贝，一个相当文明的家伙，在岛上度过了一个冬天。他在腐烂的原木上建了一个家，并发现在文明老鼠的表面之下，他拥有在艰难环境中生存需要的所有技能。他建造了一个家，为严冬收集食物，还击退了一只猫头鹰。尽管如此，阿贝尔还是保留了一些他的文明本能。例如，当他排便时，即使没有人能看到他，他也会躲在石头后面。他发现了一块手表，它可以在自然不规则的音乐声中旋转，嘀嗒作响，提供一种"机械的节奏"，这正是他在那个"荒野之地"所需要的。

正如《鲁滨逊漂流记》从某种程度上唤醒了宗教本能一样，阿贝尔的思想中也显露出神秘的一面。阿贝尔收集猫头鹰的羽毛，把它们种在地上，然后对它们念咒语："你在我的力量之内，我拥有你的羽毛！"他试图通过心灵感应与妻子阿曼达取得联系。不过，也有一点点疯狂蔓延开来，他会对自己说话，对星星说话。

　　尽管不可否认的是，阿贝尔在这个岛上变得更加强悍，但是，当他最终逃离这个岛时——在河水水位最低的时候游过去——他带着一种新的生活目标，从苦难中走了出来。他一心想成为一名艺术家，当他离开时，他看着自己的小岛，说："难怪我喜欢它，它很漂亮。"他把妻子的围巾还给了她。

　　厄休拉·勒古恩的"地海传奇"系列第一卷《地海巫师》算是最奇怪的鲁滨逊式的故事。巫师格德在穿越构成地海宇宙的岛屿时遭遇了海难，被凶猛的海浪抛到了一个小岛礁的沙滩上。那天晚上，当穿过陆地时，他意识到"所处的地方不是岛屿，而只是一块礁石，是大海中的一片沙砾"。

　　但是在这块礁石上住着两个人，他们是一对兄妹，当巫师走进两兄妹摇摇欲坠的家时，他们有些畏缩，因为他是两兄妹几十年来见过的第一个人。两兄妹以鱼类、贝类和"岩石草"为食，从微咸的水井里打水喝。尽管对格德心存戒备，但那位老妇人还是被他迷住了。她给他看了一件泛黄的童装，那是她被遗弃在礁石上时穿的。格德猜对了，他们是卡加德帝国的一位皇室的后裔，被遗弃在岛上，在那里度过余生。在离开之前——他们不会和格德一起旅行——格德将他们的水井改造成一个能够可靠地提供甜美淡水的井。故事的结尾写道："小屋已经看不见了，许多冬天的暴风雨也没有留下任何踪迹，他们在那里过着自己的生活，然后孤独地死去。"

丹尼尔·笛福的《鲁滨逊漂流记》，全称《约克郡水手鲁滨逊的生活经历与惊人冒险》(*The Life and Strange Surprising Adventures of Robinson Crusoe of York，Mariner*)，是英国第一部伟大的小说，被公认为儿童文学经典，尽管儿童并不是该书的目标读者。虽然小说出版后，笛福同时代的人普遍认为它没有什么价值，更适合"下层读者"——甚至更糟糕，适合儿童阅读，但这本书就是大获成功。例如，讽刺作家乔纳森·斯威夫特就是笛福诋毁者中的典型，他称笛福为"那个可怜的家伙，我记不得他的名字"。[3]到了19世纪，这部小说的境遇并没有得到太多改善。关于《鲁滨逊漂流记》，哲学家、评论家莱斯利·斯蒂芬爵士（值得一提的是，他是第一位在瑞士滑雪的英国人）尖刻地写道："对于那些因为没什么骄傲自尊，而愿意享受低级趣味的人来说，《鲁滨逊漂流记》永远是最有魅力的一本书。"

　　弗兰克·H. 埃利斯在其《20世纪对鲁滨逊·克鲁索的诠释：评论论文集》(*Twentieth Century Interpretations of Robinson Crusoe：A Collection of Critical Essays*，1969)中写道，最近对《鲁滨逊漂流记》的批评取得了一项成功，那就是笛福的书"被发现是一本适合成年人阅读的书，甚至是适合20世纪成年人阅读的书"。这成了20世纪对本书的反思的比喻，批评家回忆了他们年轻时对这本书的阅读经历，然后评论他们最近对这本书重大主题的发现。例如，詹姆斯·乔伊斯就非常欣赏这部小说，尽管他表达欣赏的方式还是一贯的尖刻。克鲁索的故事有助于向乔伊斯解释"那个在北海的一个小岛上过着艰苦生活的下等人，完成了无限的世界征服"之谜。⁴明确地说，那个小岛指的就是英国。因此，对乔伊斯来说，鲁滨逊·克鲁索是英国征服力的真正象征，一个人"被丢弃在荒岛上，口袋里就装着一把刀和一只烟斗、一小盒烟叶，成了一名建筑师、磨刀工、天文学家、面包师、造船师、陶艺家、马鞍匠、农民、裁缝、制伞师和牧师"。我觉得，这可谓是实至名归。⁵

其他评论家对这部小说的宗教意义、教育价值，及其在食人问题上的道德相对主义等进行了卓有成效的评论。虽然这部小说确实适合成人进行清醒的思考，但我认为，《鲁滨逊漂流记》是时候重新被视为一部儿童小说了。它无疑塑造了许多知识分子的童年情感。哲学家兼经济学家约翰·斯图尔特·密尔（1806—1873）写道，《鲁滨逊漂流记》是他童年时期最杰出的小说，它"在我整个童年时代一直给我带来欢乐"。⁶

从根本上说，《鲁滨逊漂流记》是一个令人叹为观止的故事，它讲述的是如何在艰难环境下生存下来，充满了与岛上原住民和野兽的邂逅情节。鲁滨逊是个讲求实际的人，他狩猎、驯养动物、学习有用的技艺。他造了一只筏子，但离开这个岛的尝试基本都以失败告终了。他保存朗姆酒、抽烟斗，并从食人族手中解救了星期五。后来，星期五成为他的助手和仆人，二人的友谊得以巩固。他驯服鹦鹉，还在一艘英国船上与反叛者搏斗。在28年之后，他终于离开这个岛，回到了英国。另外，鲁滨逊和星期五在结束了他们的岛屿冒险之后，还去比利牛斯山脉与饥饿的狼群开了一战。

如果，我是说如果，像早期的评论家所抱怨的那样，所有这些都是低级的娱乐形式，那可能也没关系。毕竟，孩子们，即使是我所知道的一些相对成熟的孩子，有时也倾向于享受一种相当低级的娱乐。

《鲁滨逊漂流记》是一本适合每个孩子的书。这个故事以一种非常朴素的风格讲述，其平实客观的叙述方式使得在出版后的最初几年，常常被人们认为是一个搁浅水手的真实故事，并且这种假设被出版商加以大肆宣传。尽管如此，仍然只有相当早熟的孩子才可以坚持阅读《鲁滨逊漂流记》，这绝不是一本很容易上手的书，因为这个故事需要花一些时间才能开始。然而，一旦故事开始，《鲁滨逊漂流记》的情节就无疑是在以合理的速度前进了。这就解释了一个事实，即有许多优秀的缩略版本可供年轻读者使用。

哲学家、教育家让-雅克·卢梭是评论过这部小说的著名哲学家之一，他把这本书推荐给他理想化的学生年轻的爱弥儿。[7]卢梭写道，《鲁滨逊漂流记》将成为"他阅读的第一本书；在很长一段时间里，它将成为他整个图书馆的一部分，而且它将永远保留在那里"。孩子可以从这本小说中学到很多东西，卢梭敦促读者不要再谈论鲁滨逊在岛上生活之前和之后发生的事情。他说，这些都是小说中的"不相关的材料"，这些"不相关的材料"包括对鲁滨逊青年时代的描述，以及他与父亲之间含蓄的冲突，后者敦促儿子过一种不那么冒险的生活，实际上是提倡一种田园式的"中庸之道"，一种离家更近一点儿的生活方式（我们许多人可能会给孩子提供这样的建议），而鲁滨逊回避了这样的建议。笛福讲述鲁滨逊在这个岛上的掠夺之前，还详细地讲到了我们主人公的第一次沉船，他被囚禁和奴役的经历，他的逃离，他后来在巴西作为种植园主的经历，他作为奴隶贩子的不体面的日子，以及他在西非海岸掠夺并运输黑奴的故事。这一切都发生在他第二次的海难和28年的岛上流亡之前。

那么，让我们听取卢梭的建议，尽情地砍掉开头部分，直奔小说与世隔绝的核心内容。让我们与身处岛屿边缘的鲁滨逊·克鲁索会合吧。在海难后，克鲁索在岛上的水边挣扎求生：

> 没有什么能形容我沉入水中时所感到的慌张混乱，因为虽然我游泳很好，但我还是不能在海浪中自如穿梭、自由呼吸，直到那浪把我推到岸边，或者更确切地说，把我带到岸边去又退了潮，但我也已经被淹得半死了。

突然之间，鲁滨逊·克鲁索从海水里浮了起来，像是重生了一样爬上了沙滩。事实上，他爬上了海滩，就像第一个从海洋起源的陆地生物一般。

　　鲁滨逊站在岛的边缘，浑身湿漉漉的，没有食物和水，"除了饿死或被野兽吞噬，他似乎无路可走了……"。他会怎么样？他孤身一人，惊恐万分，没有食物，任凭大自然和野兽的摆布。他的生活可能会朝着两个方向发展，而这两种命运正好相反，那就是降临在他的猫身上的两种命运：一种保持驯养，一种恢复野性。

　　因此，一方面，如果鲁滨逊拥有足够的能力，他就可以改变这个岛，驯服它。而另一方面，这个岛也可能会不可逆转地改变他，使他发狂或发疯。因为这是许多小说中被放逐的灵魂的命运。例如，在罗伯特·路易斯·史蒂文森的《金银岛》中，本·葛恩在岛上仅仅待了 3 年，就"在孤独中变得疯狂"，其中最不明显的表现就是他对烤奶酪的特殊渴望。[8] 对笛福小说的典型解读集中在前一种叙述上：鲁滨逊是殖民者，是改变世界的人。但是有大量证据表明，这个岛反过来也改变了他。有理由认为，在岛上生活了那么多年之后，鲁滨逊实际上已经彻底疯了。这是我有些激进的观点——他可能根本就没有离开这个岛，他与食人族的遭遇、他对星期五的指导、他与四面楚歌的英国船长的合作，以及他回归文明。最后，也许尤其是，他与贪婪的狼群的斗争，都是几十年孤独所造成的幻觉。

　　所以，让我们依次看看每一种可能的命运。首先，鲁滨逊作为岛屿的改革者，在这个改造岛屿的传奇中，以一种令人赞叹的精练形式，讲述了人类和环境的故事。然后我们将研究岛屿是如何改变鲁滨逊的，因为这也是人类的故事：当我们改变自己的环境时，环境会在我们身上留下印记。

鲁滨逊·克鲁索改造了他的岛屿

在进化论界，有一个被广泛接受的结论，那就是如果进化重新进行，不太可能再次出现同样的模式。这是多洛定律的重新表述。多洛定律是以出生于法国的比利时古生物学家路易斯·多洛的名字命名的，他提出，"一个生物体不能回到，即使是部分回到它的祖先已经实现的前一阶段"。[9]再也回不去了！然而，鲁滨逊在改造他的岛屿的过程中，再现了人类的经济和生态历史。[10]因此，他对这个岛屿的改造是一种象征性的再现——这是进化论话语体系中的再现——把我们这个物种的历史压缩成了28年，这段岁月对于一个人的一生而言十分漫长，但对于一个物种的历史而言则非常短暂。

正如我们所看到的，鲁滨逊的岛屿生活开始于他从海洋中浮出水面，就像第一个陆生生物离开了它出生的海洋一样。[11]从这个出发点，鲁滨逊开始了他在荒芜和未知地形中的生活。他首先驯化了自己，然后驯化了这片土地，使之为自己服务。在接下来的篇幅里，我考察了鲁滨逊在岛上生活的一系列场景，大体上可以说，他似乎重新创造了这个岛上的物种的历史。如果一个人可以在地狱中一个极度孤独的地方度假的话，那可以把这些生活想象成一系列度假相册中的照片。

鲁滨逊在岛上的第一个晚上很烦躁，"……因为我害怕躺在地上，不知道会不会有野兽吃掉我"。于是他爬上一棵树，睡着了。实际上，他的心情很糟糕：

那时，我所能想到的一切办法，就是爬到一棵茂密的树上，比如长在我身边的这棵冷杉，但树上却又长满了刺，我决定整夜坐在那里，考虑第二天我大概就会死去。因为到目前为止，我还看不到我能活下去的可能性。

第二天早上，鲁滨逊从树上爬下来，仿佛他是在人类故事的第一天的第一道曙光中出现的第一个原始人。他发现自己"比我想象中的任何时候都精神焕发"。于是，他开始着手改变自己的岛屿。

鲁滨逊最初上岸时，身上几乎没有什么东西："总之，我身上除了一把刀、一根烟斗和盒子里的一点儿烟叶，什么也没有。"他的首要任务是从沉船中"救"出补给品，在那些天里，沉船仍然在近海。他发现了大量可回收的材料，例如，"面包、大米、三块荷兰奶酪、五块干羊肉……还有一点儿欧洲玉米，这些玉米是我们带到大海中的一些家禽留下的……"此外，他还带了几件工具上岸，"有几样东西对我很有用，首先在木匠的仓库里，我发现了两三袋钉子……"他从船上获得了充足的生活材料。"没有枪，没有弹药，没有任何工具来制造任何东西，我该怎么办？没有衣服、被褥、帐篷，或任何形式的遮盖物呢？"他还拥有"三把大斧头，还有不少短柄斧头（因为我们携带短柄斧与印第安人交易）……"

虽然鲁滨逊确实通过自己的劳动，复制了许多文明所需要的元素，但他并没有彻底改造这些元素的生产方式，他对文明的重建是以那艘船提供的残骸为基础的。一些评论家说道，这使得鲁滨逊不仅是一个精明的劳动者，而且还是一个资本家。卡尔·马克思挖苦地指出："从沉船中救出一块手表、账本、笔和墨水之后，就像一个真正的英国人一样，开始保存一套书籍。"这话言之有理，但是在开始他的海岛生活计划的时候，他又一次用极度缩小的形式复制了人类历史的一个主要模式。难道人类不是生来就有工具在手吗？我们难道没有从史前人类的丰厚遗产中受益吗？比如，比我们的物种还要古老的石器，以及我们有头脑的祖先馈赠的礼物——智力。鲁滨逊不必从头开始，根本从来就没有人是真的从头开始的。

在复制人类文明历史的过程中，鲁滨逊首先成了一个狩猎采集者。他培养了敏锐的自然观察能力，并注意到岛上有成群的山羊。笛福完美地描述了鲁滨逊的博物学技能和必要的狩猎技能：

> 它们是那么害羞，那么温驯，脚步是那么敏捷。它们是世界上最难对付的东西，但是我并不为此感到沮丧，毫无疑问，我可能会时不时地射杀一只，因为在发现它们的常去之处后，我就埋伏在高处"守株待兔"。如果它们在山谷里看见我，哪怕它们在岩石上，也会受到惊吓逃跑，但是，如果它们在山谷里觅食，而我在岩石上，它们就不会注意到我。由此，我得出结论，它们的视线朝下，根本看不到它们上面的物体。所以后来我总是采用这种方法，先暗藏在岩石上

面，然后发出漂亮的一击。我在这些动物中开的第一枪，打死了一只母山羊，它身边有一只小山羊，可能还没断奶，这让我很伤心。

忠实地遵循人类发展的顺序，鲁滨逊接下来成了一个植物驯化者。利用从沉船中打捞出来的种子，他最终"看到大约有10到12颗长出了穗子，它们是完美的大麦，就和我们的欧洲大麦一样——不，是和我们的英国大麦一样"。此后，鲁滨逊又成了牧羊人，"我发现，如果我想在没有火药或铅弹的条件下给自己补充山羊肉，那么养一些驯服的羊是我唯一的办法，也许我可以把它们像羊群一样养在我的房子周围"。有了养羊的决心后，笛福在接下来的内容中写道："……大约一年半之后，我有了一群山羊，大约12只，其中有些还是小羊羔。又过了两年多，除了被我宰杀吃掉的，我还有43只羊。在那之后，我把5块地围起来喂养它们，想什么时候吃就什么时候吃，想吃多少就吃多少……"

我认为，没有必要讲述鲁滨逊在岛上工作的所有细节。我们只需要知道他确实有驯化的天赋。想想这句话——"我一生中从来没有真正拿起过工具，然而，通过劳动、应用和发明，我终于发现，只有我想不到的，没有我做不到的"。

在岛上的几十年里，鲁滨逊从一个受惊的潜在猎物，变成了一个世界的改造者。在到达岛屿后的几年里，他宣称："现在，我开始理智地感觉到，我现在过的生活，尽管处境悲惨，却比我过去那段时间所过的邪恶、受诅咒、令人憎恶的生活要幸福得多。"鲁滨逊成功地把一个荒岛变成了家。

岛屿改造了鲁滨逊

鲁滨逊在他的岛上大声说出的第一句话是对金钱说的。当他前来取最初的补给品时，沉船上有许多东西。"哦，毒品！"他对着那一大堆钱大声说："你有什么用呢？"在成为漂流者之前，鲁滨逊无疑是一个唯物主义者，在岛上生活期间，他仍然是唯物主义者，但他后来的物质主义则截然不同。沉船后，鲁滨逊对金钱不假辞色，不是因为他拒绝财富，而是因为金钱对他不再具有现实价值。（顺便说一句，他离开这个岛的时候没有忘记带这笔钱。）在岛上逗留期间，鲁滨逊以自然资源的有形价值取代了货币的象征价值，他凭借自己的力量将这些东西转化并赋予价值。正如我们所看到的，鲁滨逊的生存取决于他对这个岛屿的改造，而这个岛屿反过来也改变了他。

在大多数情况下，鲁滨逊都待在他所说的"他那边的岛屿"上，事实上，那不一定是岛上更丰饶的地方，甚至也不是更令人愉快的地方。只是碰巧就是他被冲上岸的那个地方。岛的另一边有更多的海龟、更多的鸟，还包括企鹅，而且，更令人愉快！这是他发现他的鹦鹉的地方（他用棍子把鹦鹉打倒后驯服了它），这也是他狩猎第一只山羊的地方。岛的另一边是他第一次遇到野蛮人的地方，当然后来又遇到了更多。在他第一次穿越这个岛后，他决定再也不离开他所在的那一边。因此，他驯服的岛屿是他居住的那一边，而另一边则是荒野。

　　岛上生活让鲁滨逊发生的转变表现在几个有趣的方面。有些变化是有趣而肤浅的——当鲁滨逊在文明社会穿着的服装破烂后，他开始穿兽皮，可却还带着一把雨伞！从表面上看，他的价值体系肯定会发生变化，就像亨利·大卫·梭罗的价值观在很久以后发生的变化一样。梭罗是一个更为典型的环境榜样，他在瓦尔登湖畔的一座小木屋里短暂停留（仅两年两个月零两天），人们就此将他与鲁滨逊在岛上度过的几十年进行了比较。[12] 尽管把梭罗比作克鲁索的作品比比皆是，但批评家阿奇博尔德·麦克梅切尔对《瓦尔登湖》（*Walden*）发出了以下合理的警告：

> 如果读者在读这本书时，想要再享受一次《鲁滨逊漂流记》，那他大概会失望，因为他时不时地要听一次非专业的布道，或是一场学术讲座。《瓦尔登湖》中类似《鲁滨逊漂流记》式的冒险部分是不朽的。[13]

　　另一方面，无论是成人还是儿童，如果阅读《鲁滨逊漂流记》时没有预料到书中有相当数量的神学和其他严肃话题，或者对这些话题不感兴趣，那么这些读者的阅读体验就很糟糕了。对鲁滨逊来说，正如我们所见，他也有一两篇关于生存问题的演讲。和所有天才作家一样，笛福在很大程度上是通过"展示"给我们的东西来解释的，但也做了大量的"讲述"。事实上，这部小说的大部分内容都包含在鲁滨逊的日记中。在道德教育方面，这本日记既是对事件的讨论，又是说教。在日记中，我们了解到这个孤独的人默认了上帝的旨意。他在宗教上皈依上帝的过程十分缓慢，但是，考虑到本书的主题，我们无法在这里详细地讨论这些神学问题。[14] 然而，关键的一点是，在他的孤独之中，尤其是当鲁滨逊感到孤独和生病带来的脆弱时（当他的思想转向上帝时，他是十分狂热的），他经历了宗教皈依的过程。鲁滨逊为自己感到难过，大声喊道："主啊，帮帮我吧，因为我正处于极大的痛苦之中。"[15] 他祈祷着，"这是我多年来所做的第一次祈祷，如果我可以这么说的话。"他在岛上的皈依持续了很久，他开始读新约。鲁滨逊反思道，上帝并没有惩罚他的不义生活，而是"慷慨地"对待他，把他带到了这个岛上。虽然看起来他与其他人的社会隔绝了，但这个岛已成为一个社交场所。鲁滨逊的沉思不再仅仅是对自己的沉思，他正在享受自己和上帝的"相互交谈"。鲁滨逊问自己，这是否比"人类社会的最大享受"更好。这个长期饱受苦难的岛屿，终于救赎了鲁滨逊。

在这一章的开头，我讲述了鲁滨逊的两只猫：一只变得狂野，一只保持驯服状态。接下来，让我们以他驯养的鹦鹉来结束这一章的内容。鲁滨逊驯服了几只鹦鹉，不过只有第一只鹦鹉能说会道。鹦鹉学会了说自己的名字。鲁滨逊写道，这是"除了我自己，我在岛上听到的第一句话"。这就好像这个岛第一次和鲁滨逊对话，鹦鹉首先叫出自己的名字"波尔"，然后又叫出了鲁滨逊的名字。这只鹦鹉发生了一件非常奇怪的事情，值得一提。这一点很重要，因为它让人怀疑故事中后来发生的一些著名事件的真实性，例如，在岛上发现食人族，营救星期五，以及鲁滨逊和星期五随后离开这个岛，等等。事情是这样的：

那是鲁滨逊在岛上居住（或被囚禁）的第六年，他决定乘坐那艘为环岛航行而制造的船探索一下这座岛。他刚下水不久，就被水流冲走了，他开始后悔离开了海岸。当他几乎要被卷走，远离他那"心爱的岛屿"（因为在看到岛屿后退的那一刻，他发现自己很喜欢它）时，他幸运地被卷入一股水流，安全地回到岸边。之后他决定留在他的岛上。他走回一个小村落，即他的"乡间别墅"，然后沉沉地睡了过去。在睡梦中，他听到一个声音在呼唤他："鲁滨，鲁滨，鲁滨·克鲁索，可怜的鲁滨·克鲁索！你在哪里，鲁滨·克鲁索？你在哪儿？你去哪儿了？"

我想，你不会感到惊讶的，那是他的鹦鹉在叫他。但这让鲁滨逊·克鲁索大吃一惊。他花了一些时间才从震惊中恢复过来：首先，那只鹦鹉是怎么发现他在岛的另一边的？第二，为什么鹦鹉在附近徘徊？鹦鹉看到他似乎欣喜若狂。也许人们不应该对这一段读得太多——尽管无可否认这是一个不同寻常的情节——但它发生在情节的关键时刻。在这次邂逅之后，鲁滨逊回到了自己的小岛上，一年内都没有离开。他继续改进他的技术，继续做其他的家务。然而，在短短六段的篇幅里，我们已经跳过了鲁滨逊旅居的第十一个年头。鲁滨逊审视自己的领地，为他在荒野中所雕琢的一切而赞美上帝的旨意。但不可否认的是，他身上发生了变化。他现在认为自己是"全岛的王子和领主"，是他决定着他的"小家庭"的生死。波尔现在是"他最喜欢的人"，也是"唯一被允许与他交谈的人"。值得注意的是，鲁滨逊提到他的狗已经变老，而且变得疯狂（实际上，他自己可能也是如此）。但鲁滨逊继续经营他的农田，他种葡萄，还晒成葡萄干，这为他的饮食提供了"令人愉快的美味"。在那次他几乎被海浪从岛上卷走的惨败之后，船就一直闲置在那里。有一天，当他外出检查自己的船时，发现了一件让他大吃一惊的事情：

> 有一天，大约中午时分，我朝我的船走去，看见岸上有一个人赤脚的脚印，我感到非常惊讶，那在沙滩上非常明显。我站在那里，仿佛晴天霹雳，或是白日见鬼；我侧耳倾听、环顾四周，却一无所获；我走上一块高地，往更远的地方眺望；我在岸上、水下四处搜寻，但都只有这一个脚印，除此之外一无所有。
>
> 我又去看是否还有别的东西，看是否不过是我的幻想，但是没有别的解释，因为那里确实是个有脚趾、脚跟和脚的每一部分的印记。它是怎么到那里的，我不知道，也无法想象。

终于，鲁滨逊·克鲁索有了同伴，这使他几乎精神错乱。十五年过去了，他没有见到"任何人哪怕一点点的影子"，直到他看到那个脚印。又过了两个小时，他心里非常不安。接着，鲁滨逊在一个废弃的火坑里发现了一些可怕盛宴的残骸，包括"骷髅、手、脚和其他人类尸体的骨头"。过了一段时间后，鲁滨逊依然忧心忡忡。他停止了一些工作，因为担心噪声会吵醒食人族；出于同样的原因，他也不敢开枪。他满脑子只想着那些野蛮人。鲁滨逊在书中一个引人注目的段落中说，既然食人族"没有伤害"他，那么他就不应该谴责他们。最终，在经历了这么多年的焦虑之后，他终于在岛上发现了九个野蛮人。尽管在这一发现之后，大量的情节元素展开了，但故事还是以很快的速度向前发展。对星期五的营救，向他灌输文明的生活理念，对星期五的父亲和一名西班牙水手的营救，一艘路过的英国船只上的哗变，对该船船长的支持，英国船只的夺回，返回英格兰，恢复财富，与饥饿的比利牛斯狼的战斗，所有这一切都以极快的速度进行着，读者不禁怀疑他们是否在读一本完全不同的小说。

比起胡乱猜测故事仓促结尾的原因，我建议采取另一种方式解读，即笛福只不过是用一种笨拙的方式结束了一个冗长的故事。鲁滨逊的岛屿生活所面临的挑战使他从一个普通人变成了独立的工匠，从一个受到惊吓的海难受害者变成了农夫，从一个无神论的唯物主义者变成了正直而虔诚的基督教徒。但是，尽管一个人可能会学到很多东西并且成长很多，但是当他只能把这些资源用在自己身上时，笛福很可能知道这样的孤独会让一个人发狂。从鲁滨逊对他的鹦鹉在岛上一个偏远的地方神秘地发现他，从而让他感到不安开始，他作为漂流者的焦虑就不断加剧，直到因为害怕被野蛮人吃掉而精神错乱。鲁滨逊只是想象出星期五——一个从另一个人的嘴里救出的神奇的同伴。随后出现的幻想包括鲁滨逊奇迹般地逃到英格兰，以及小说结尾所有极不可能的事件。

一个人可以改变一座岛屿，但同样，一座岛屿肯定也会改变一个人，甚至可能摧毁一个人。

第十八章
仁慈的岛与恶毒的岛

————

如果读者愿意，可以在丹尼尔·笛福的小说《鲁滨逊漂流记》中画一条线，把它分成两个故事。在一个故事中，这个岛对我们的英雄产生了很大的有益影响——他在精神上被唤醒，认识到自己足智多谋；在另一个故事中，鲁滨逊在岛上令人困惑的长期逗留激起了内心深处的孤独感，而对食人族的恐惧又加剧了这种孤独感。现代的鲁滨逊派往往选择其中的一条道路而不是另一条，为我们提供一种在岛上生活的救赎，或者，当主角们被主流社会孤立，被放任自生自灭时，岛屿引发的恐惧便会浮现出来。

即使是用虚构的方式描述在一座仁慈的岛上的生活，我也怀疑，如果不是作者认为这些人物被抛弃对读者有所启发，他们是否还会选择被困在一个岛上。但是这种被抛到一个岛上的经历被描绘成对人物产生了一些积极的影响。反过来说，这些故事又启发和取悦了读者。在这一章中，我们也会被冲上险恶的海岸，观察那些结果不那么有益的环境。

　　《蓝色的海豚岛》是斯·奥台尔最受欢迎的一本书，该书是根据一位名叫胡安娜·玛丽亚的女性的故事虚构的。胡安娜在19世纪中叶独自生活了将近20年，生活在远离南加州海岸80千米的一个偏僻岛屿上。她在获救后回到了加利福尼亚，不久就去世了。她的故事是一个鲁滨逊式的故事，情节集中在一个孤独的人会以何种方式来适应自然之道。这是一个乐观的故事，并非多愁善感。但它并没有忽视这样一个事实：人类是一种社交动物，会为孤独所伤，但也说明了其他物种和大自然的力量可以为人类提供某种形式的慰藉。故事通过具体的情节尽力去捕捉岛上生活的魔力，并为我们提供了一个荒野冒险的情境，充满了与野生动物的令人兴奋的遭遇。而同时，这也是一个极度孤独的故事。对于所有这些，《蓝色的海豚岛》暗示着一种田园般平静的可能性，它描述了一种与自然力平衡的生活。所有这些都昭示着故事的警示性。这部小说是根据一位妇女的传记改编的，她在英吉利海峡的一个岛屿上孤独地生活了下来，在与大陆人接触后很快死去，这是原住民第一次与美国定居者接触时的典型情况。

　　圣尼古拉斯岛是海峡群岛中最偏僻的一个岛屿，被当地人称为加拉斯岛，大约宽5千米、长14.5千米。尼科尔尼奥部落在岛上生活了几个世纪。在与俄美公司雇用猎捕海獭的阿拉斯加阿留申人发生灾难性的遭遇后，尼科尔尼奥人中的大多数被屠杀。1835 年，传教士疏散了岛上的人员，但一名年轻女子被留下了。有人说，她发现自己的孩子不见了，就在离开岛时从船上跳了下去。后来，孩子死了，这个女人在那里独自生活了 20 年，最后在 1853 年被猎手兼探险家乔治·奈德弗船长救出。

据说，这个女人性情很好，总是笑着唱歌。没有人能理解她所说的语言——岛上所有其他的原住民都已经去世了——所以她的故事细节很难核实，而且这些故事是以她与圣巴巴拉传教士交流时使用的手语拼凑而成的。她到大陆七周后死于痢疾。在死之前，她接受了教士们的洗礼。教士们给她取了一个教名，叫作胡安娜·玛丽亚。

虽然奥台尔的小说基于这些对圣尼古拉斯孤独女性的描述，经常被描述为另一个鲁滨逊，但实际上它在许多方面与《鲁滨逊漂流记》相反。该故事的中心人物是一个年轻的妇女卡拉娜，而不是一个成年男子（此外，这个男子在被冲上海岸之前是一个奴隶贩子）。与遭遇海难的鲁滨逊不同，卡拉娜在疏散船载着她的族人离开后留在了岛上。卡拉娜没有"星期五"来缓解她的孤独，尽管她确实和一个带着一群阿留申人短暂上岸的年轻女孩在保持距离的情况下结为朋友。然而，这次邂逅却加剧了她的孤独感。最后，卡拉娜并不像鲁滨逊那样依靠勤劳和辛劳生存，她靠着与岛上的环境和谐相处而生存。

虽然这是一个强调和谐的故事，但野生动物可不会不经过斗争就放弃它们的猎物。卡拉娜的岛屿像个天堂，却并非真正的天堂。她必须通过采集和狩猎获得食物：她用石头打海豹以获取它们的肉；她试图杀死一头海象以得到象牙作为矛尖；她收集鲍鱼和其他贝类作为食物；她还捕鱼、搜寻植物，并用鸬鹚的皮毛做了一件衣服。她打破禁止加拉斯妇女制造武器的禁忌，制作了一套弓箭。凭借对这个岛屿及其资源的了解，她建造了一个新家，远离她的族人曾经居住过的荒芜村庄。

这个岛屿并非没有危险。例如，她的弟弟拉莫——在奥台尔的故事版本中，拉莫的恶作剧导致他们被留在岛上，因为岛上仅存的人口都被野狗杀死了。卡拉娜因为太接近两只公海象之间的斗争而受伤，还有一次她在试图杀死一条魔鬼鱼（鳐目软骨鱼的一种）时发生了严重失误，再次受伤。但是卡拉娜和岛上的许多动物都是朋友。她驯服了两只自己以前从未见过的鸟，救了一只受伤的水獭。但她与杀害她弟弟的野狗的关系才是故事的核心，卡拉娜在她弟弟死后发誓要让这些动物血债血偿。她猎杀了那些狗，并将一支箭深深地射进领头狗的身体里。然而，狗奄奄一息时，她又为它感到难过，救了它的命。她还给狗起名为伦图，与它成了朋友。

在这之后，卡拉娜不再那么孤独了。或许，更复杂的是，她只是在有伦图可以倾诉之后才注意到自己的孤独。《蓝色的海豚岛》的美妙之处在于，它承认在自己的世界里，自己作为一个孤独的人存在着种种困难——在这里，把自己限制在一个岛上——但同时也揭示了动物和大自然能够带来的真正的救助。与动物的邂逅让卡拉娜意识到"动物和鸟类也像人一样，尽管它们说的话和做的事情不一样"。在小说的结尾，卡拉娜不再猎杀水獭、鸬鹚或野狗。她认为，如果没有动物，"地球将是一个不幸的地方"。一个人不需要成为一个漂流者才能认识到这个事实。

戈尔丁的实验：《蝇王》

《行尸走肉》（*The Walking Dead*，2003 年开始连载）是罗伯特·柯克曼创作的一部成功的漫画小说，由托尼·摩尔绘图，后来被改编成一部受欢迎的电视剧。它探索了许多世界末日叙事中常见的一个比喻：随着文明在危机中解体，文明价值观也随之瓦解。当残暴的力量释放出来时——例如在《行尸走肉》中，丧尸生吃活人——我们不知道人类是否能够维持体面。这种认为文明价值观只是一种可以在混乱时期被抛弃的虚饰的悲观看法，并不是威廉·杰拉尔德·戈尔丁的原创。戈尔丁的第一本书《蝇王》是第一本向儿童介绍这一概念的书。这部小说讲述了一群男孩坠落在一个热带岛屿上的故事，经常被推荐给高中生阅读。

那些在英国或爱尔兰读过几年中学的人很容易接受戈尔丁的小说，认为这是对假设一群小学生被遗弃在一个热带岛屿上，可能会发生什么事情的合理推测。而作为成年人在阅读这本书时，推测哪一个角色最能代表你自己则是一个很有意义的思考。你是拉尔夫吗，有缺陷但明智的领袖？或者猪崽子，那个胖胖的家伙，代表理智和文明的声音？也许你是杰克，带着他邪恶的得力助手罗杰和一群孩子一起变得野蛮？也许你是罗杰，杀了猪崽子？然而，你可能是西蒙，脆弱的神秘主义者，热爱大自然的幻象预言者，他在孩子们围着火跳舞时被杀害了。当然，你也有可能是"小不点儿"中的一员，"在黑暗中忍受着无尽的恐惧，挤在一起寻求安慰"。

威廉·杰拉尔德·戈尔丁对孩子有一些了解，他在"二战"前后都是一名教师，《蝇王》也正是创作于其当老师期间。多年后，在1982年的一次采访中，他对小说的主题进行了反思。"我相信，我的观点是，无论你从哪个国家带走一群男孩，把他们困在一个岛上，最后你都会陷入混乱。"[1]在推测隐藏在人类行为表面下的邪恶时，戈尔丁回应了更为丰富的人性观，这些人性观通常是儿童冒险故事的典型特征。事实上，《蝇王》中的人物就反映了其中的部分人性观。拉尔夫一发现岛上只有他们，就惊呼道："'就像在一本书里一样。'立刻传来一阵喧闹声。'金银岛……''燕子和鹦鹉……''珊瑚岛……'"

罗伯特·迈克尔·巴兰坦的《珊瑚岛》就是这种乐观主义风格的一个很好的例子。这部小说以拉尔夫·罗孚（当时15岁）回顾性叙述的形式写成，讲述了三个男孩在南海岛上的遭遇。拉尔夫在小说的开篇写道："当我经历这里的奇妙冒险时，还是个男孩。"在珊瑚岛，三个男孩像年轻版的鲁滨逊一样，寻找食物和饮用水，自己做衣服。他们建立了一个庇护所。孩子们干得很出色，他们在波利尼西亚岛上过着田园般的生活。不过，在遭遇食人族后，他们的情况变得很糟；在遭遇英国海盗后，情况则变得更糟了。最终，在传教士的帮助下，男孩们逃走了，尽管他们还没能让食人族首领改信基督教。

很难想象戈尔丁笔下的拉尔夫会记得他在荒岛上度过的时光是"美好的"。当救援的军舰终于到达时，拉尔夫正在被杰克的部落追捕，整个小岛都着火了。海军军官一开始把这种情况视为"玩笑和游戏"，但很快就变成了警报。"希望没有人死。有尸体吗？"他问道。而得到的回复是："只有两个，他们已经走了。""拉尔夫哭泣着，为失去纯真而哭泣，为人类内心的黑暗而哭泣，为一个真正聪明的朋友猪崽子的陨落而哭泣。"在我年轻时的记忆中，没有比这更令人如鲠在喉的文字了。但这位军官只是尴尬地转过身说："我本以为一群英国男孩能做得比这更好。"

如果有一千个小组的男孩被分别空投到一千个热带岛屿上，这些"戈尔丁试验"中的每一组都会导致"混乱"吗？难道文明的外表对于年轻的男孩（就此而言也包括女孩，尽管戈尔丁并不关心这个）来说是如此薄弱吗？那些在小城镇或分散的郊区社区长大的人，甚至包括我们之中的很多人——也就是说，我们中的大多数人——都忍受着无人监督的教室（此处就是密集的小岛），都会记得童年并非无忧无虑，特别是当你不得不任由其他孩子摆布的时候，更是忧心忡忡。我们很难不得出这样的结论（因为这难道不是生活在我们自己的小岛上的经历吗？），即每一次"戈尔丁实验"——尽管走的是一条独特的道路，而且通常（尽管并非总是如此）带来灾难性的结果较少——都向我们揭示，文明价值观的灌输来之不易。一群任由自己做主的年轻人是不会轻易改变举止的。那些忘记了童年创伤的人是幸福的，甚至那些只留下小伤疤的人都是幸福的。但不可否认的事实是，在父母监督的范围之外，童年可能是一件令人沮丧的事情，特别是对那些性格敏感的人而言。毫无疑问，霸凌问题是儿童文学的主题：作家们很少忘记他们早期的经历。猪崽子在折磨他的人手中遭受的痛苦，只不过是在儿童文学中发现的对霸凌行为进行剖析的众多有启发意义的叙述之一。

戈尔丁在《蝇王》中为我们描述的特殊实验最终以杀人告终，当然，这个岛屿的毁灭是作者决定的结果，作品的结局是作者的选择。但这一结果符合戈尔丁的悲观论点，即黑暗潜伏在人类的心中。敏感的读者也许会意识到，在故事的早期就已经对这个残酷的结局有了一些暗示，因为戈尔丁在这个过程中给了我们一些指引。例如，拉尔夫是一个好孩子，但他毕竟仍然是一个孩子，尽管他有领导者的品质，但也缺乏安全感，经常犯错误。杰克领导着一小群猎人（以前是唱诗班成员），他是随之而来的混乱局面的始作俑者，而在更严厉的领导下，他本可以收敛一些的。这些主要人物的缺点就像保持紧张状态的弹簧，悲剧的节奏被设置为这些紧张状态的嘀嗒声，最终在大屠杀中尘埃落定。

在之后的采访中，戈尔丁坚信文明只不过是阻挡黑暗势力的一道光明而薄弱的屏障。任何地方的任何一群无人监管的男孩都可能被烧死。然而，这部小说并不是随便写的。它被设置在一个热带岛屿上，而这个岛屿不仅是一个事件展开的背景，还同时在事件中起着一定的作用。如果我们要把《蝇王》解读为戈尔丁施加严格控制的一种机制，那么明智的做法是比过去更多地关注这种环境。戈尔丁和其他许多创作环境题材图书的小说家一样，对人与自然世界的关系有着敏锐而深刻的直觉，这种直觉证实并扩展了环境科学和哲学的观点。

　　戈尔丁对这个热带岛屿进行了如画般的描述。虽然孩子们不知道他们到底在哪里，但是他们感到欣慰的是，"女王有一个大房间，里面放满了地图，世界上所有的岛屿都画在那里。所以女王有这个岛的全景图片"。话虽如此，男孩们需要的不仅仅是领主对岛屿的远程熟悉。"我打赌以前没人来过这里。"杰克说。因此，拉尔夫、杰克和西蒙翻山越岭去探索这座岛屿。他们爬上一座由粉红色花岗岩构成的山，但满是"根茎和爬藤植物"的矮树丛阻碍了他们前进的脚步。他们已经筋疲力尽了，除了邻近的森林有些不祥之兆，森林本身也在"细微地振动着"。男孩们把一块石头扔下山坡，"在森林的树冠上砸出了一个很深的洞"。过了一会儿，他们到达了山顶。向下看去，他们看到了整座岛屿。

　　"两边有岩石、悬崖、树梢和陡峭的斜坡。"他们向一侧看去，那里的下坡比较平缓，除此之外，他们还看到一块"岛上的平地"，布满浓密的绿色，不过在尽头处露出了一块粉红色的岩石。在那里，就在岛屿逐渐消失在水中的地方，有另一个岛屿：一块几乎独立的岩石，像堡垒一样矗立着，面对着他们，绿色的对面有一个醒目的粉红色堡垒。

　　拉尔夫满意地张开双臂，说道："都是我们的。"

　　就这三个伙伴而言，他们每一个人都与岛上的环境形成了独特的、必然不同的关系。对于拉尔夫来说，岛屿是一个障碍，是他想要逃离的一个暂时的围栏（猪崽子非常强烈地赞同这种观点）；对于杰克来说，岛屿是他成为自己一直想成为的那个人的一个机会；对于西蒙来说，岛屿是一座神圣的殿堂，在那里，自然固有的神圣性和堕落的人性彼此冲突；而对于我们与环境的关系来说，这可能既是一条历史之路，也是一条未来之路。

　　这个岛是拉尔夫需要克服的障碍。在故事情节的关键时刻，当信号火焰即将熄灭（救援的希望越来越渺茫），那些成为猎人的男孩的疯狂情绪越来越高涨，年幼的男孩们对"野兽"（岛上一股充满希望的邪恶力量）变得越来越焦躁不安，拉尔夫的权威被篡夺，他独自走开去思考当前的处境。他开始理解为什么生活在一个荒岛上是如此令人厌烦。他自嘲地回忆，这是他第一次热情地探索这个岛屿，因为现在问题对他来说已经非常清楚了。在岛上，他反思道："每一条路都是一种即兴创作，一个人醒着的时候，很大一部分时间都花在了注意自己的脚上。"对拉尔夫来说，文明意味着不必去想自己落在地上的脚步声。大自然的一切都是即兴创作，而文明是一条可预见的道路，在这条道路上，人们可以沉浸在思考之中。

　　拉尔夫对这个岛失去了兴趣。猪崽子——拉尔夫尽管常常漠视却依然十分忠诚的盟友——更不喜欢这个岛屿。猪崽子似乎存在于大自然之外。男孩头发的生长符合戈尔丁的目的，那不仅标志着时间的流逝，也暗示了自然对男孩的改造。然而，猪崽子的头发"一缕一缕地垂在头上，好像秃顶是他的自然状态"。这与其他男孩头发生长的自然活力形成了鲜明的对比。猪崽子依赖于他的眼镜（他从 3 岁起就一直戴着），这也是文明价值的象征。眼镜被用来点燃信号火，那是男孩们唯一的救援机会。最终，猪崽子的眼镜被偷了，小男孩甚至连看岛的能力都被剥夺了。但是我们不清楚他是否真的看到过那个岛。为了防止戈尔丁所说的文明是容易腐烂的这一观点被我们遗忘，戈尔丁在故事中杀死了猪崽子——谋杀。

杰克小心翼翼地关注着这个岛屿，以便于捕猎野猪。书中有一些令人愉快但不怎么吉利的场景描述了猎人在追捕过程中不断成长的聪明才智。我们看到杰克俯身在"潮湿的土地"上，仔细观察一条通往森林的小径。他观察到了一些轻微的痕迹，"强迫痕迹跟他说话"。观察完痕迹，他又发现了一些粪便，然后冲着一头猪跑去。现在，他离猎物更近了，接着投掷长矛……文中对杰克捕猎技能的描述，让人想起那些野外的土著猎人。伟大的美国博物学家和作家巴里·洛佩兹将一个原住民对风景的解读描述为，他就像一个观看大火的人，但他并不仅观察火焰，还发觉火焰周围的一切：

我的（原住民）同伴会看一眼那道光的外围，然后回过头来，来回地看火。他们会反复地把较小的东西放在较大的东西里，前后移动。当他们注意到空气中有微弱的气味，或者听到鸟鸣声或者易碎的刷子发出的咔嗒声时，他们实际上及时避开了与熊的相遇。[2]

不可否认的是，杰克敏锐的狩猎能力令人不安，因为他最终会利用这些技能来追捕他的同伴。

在对这个岛屿的了解方面，唯一能与杰克相提并论的是西蒙，他是个孤独的人，热爱大自然。当读到杰克独自狩猎的段落时，我们在森林深处遇到了西蒙。不过，西蒙寻找的东西更加难以捉摸。在一个特别令人心酸的场景中，西蒙弯下腰，躺在由蕨类植物和倒下的树干组成的草垫上。他把爬山虎和灌木丛拉到身上，屏住了呼吸。西蒙"一听到岛上的声音就竖起了一只挑剔的耳朵"。他听到了海鸥归巢的声音，也听到了海水冲击远处的暗礁的声音。夜花绽放，他察觉它们的气味"占据了这个岛"。

尽管西蒙具有神秘主义者的空灵气质，但他仍然是一位重要的现实主义者。他意识到最让男孩们害怕的不是生活在岛上的某种野兽，不管是想象中的野兽还是真实的野兽，而是像他对其他男孩说的那样："我的意思是……也许只有我们。"他努力分享自己的直觉。戈尔丁写道："西蒙在表达人类的本质疾病的努力中变得口齿不清。"但是那一刻过去了。后来，西蒙从山上跌跌撞撞地走下来，他知道孩子们最害怕的是行人和人类的起源，而并非恶魔，他还没来得及说出来就被杀死了。

一个多世纪以来，荒野思想一直认为，自然环境可以对人类精神产生突变作用。戈尔丁所暗示的是，在正确的情况下（也许总是在涉及小男孩的时候），它可以使人的思想偏离文明的价值观。无论如何，女士们先生们，不妨把你们的孩子送到一个荒岛上去，但是不要那么肯定这会激发他们最好的一面。

Section Five:
Urban Stories

———

第五部分

都市故事

都市荒野

我在芝加哥的第一个冬天，雪下得好像永远不会停一样。下雪对我来说并不是什么新鲜事。大约每隔几个冬天，爱尔兰就会下一场雪。在我童年时期，有一年，雪下得很大，我们一伙人去当地的公园里打雪仗。我的朋友凯文相信被冰雪覆盖的池塘是安全的，于是他一下子就冲破了冰面，掉进齐腰深的水里。我们当时觉得太有趣了。1987年，我在纽约市的曼哈顿度过了一个寒冷的冬天。事实上，正是在曼哈顿的那个冬天，我经历了人生的第一次暴风雪。那段时间，我住在时代广场附近，到皇后学院教书。暴风雪的那个早晨，我离开位于第四大街40号的小宿舍，来到时代广场臭气熏天的地铁站中。地铁进站时，蜷缩在温暖车站里的老鼠们四散奔逃，地铁开动后，它们又重新聚集起来，就像小鸟一样。那些沾满污垢、病歪歪的老鼠，在短暂的不满后又回到了窝里。我上地铁的时候，靴子上的冰已经开始融化了。由于没有座位，我只好紧紧地抓住扶手上面的带子。在地铁的颠簸中，我结冰的鞋底一直打滑。地铁进站时刹车特别用力，我没站稳滑倒了，撞在一位老妇人的膝上。我倒是觉得这挺有意思的，不过其他人可不这么想。那女人目不转睛地瞪着我，还有好几双眼睛无精打采地朝我这个方向望了望，然后又转过头去。

　　但这不是我想在这里讲述的故事。那是 1999 年，我在芝加哥度过的第一个冬天。雪下得很大，我从来没有经历过这种寒冷。我记得当时特别想知道早期的定居者是否担心过这里的雪可能永远不会停止，并且气温还会一直下降，直到没有人能够生存下来。下雪的第一个早晨，我们一家人勇敢地出去吃早饭。雪太深了，人行道被清理后，人宛若行走在雪的壕沟内，而在壕沟外，根本看不到我家两个小男孩的头。我那出生于希腊的岳母在齐腰深的雪中勇敢地向前移动，她的上半身就像游艇的帆，在满是泡沫的爱琴海中航行。

　　那天下午，我怀着新手对雪的兴奋心情，出发去了离我们公寓几个街区远的密歇根湖。下午三点左右，雪花慢慢地落下，仿佛它们知道这些柔软的降落时刻如水般美好。我兴高采烈，恶劣的天气使我显露出一种开拓者的气质。我带了一把雪铲，以备随时帮助我的邻居们。也许有汽车需要挖掘出来，也许有一条人行道上的沟渠需要疏通。

　　当我到达湖边时，那里的天气变得也像暴风雪似的。我继续穿过公园——芝加哥有一系列海滨公园，它们与湖岸平行，形成一条绿化带，将水系与城镇隔开——我在覆盖着海滩的积雪上漫不经心地走着，一不小心走进了雪堆里，雪太深了，无论多蠢的人都会停下来。我停在那里，沉思了一会儿，意识到我不再确定哪条路是水，哪条路是地。

随着雪花飘落，建筑物已经消失不见了。午后的时光渐渐过去，很快到了寒冷的傍晚。我意识到我的决定现在变得相当重要。这看起来似乎非常可笑，但现在我确实有可能在离星巴克800米的地方迷路了，而且，我似乎可以想象自己会死在公园里——我原以为自己的死不至于那么荒谬。直到那时，我才听到周围雪地上一连串的嘶嘶声，一开始我很难想象那个嘶嘶声是什么，就好像有人朝我这个方向投掷弹丸一样。我感觉弹丸在我周围掉了下来，掉进了雪里。

过了一会儿，我惊呆了，我意识到那是湖面上的冰块碎片。每当波浪撞击水边的冰面时，浪花就会凝固，像匕首一样呼啸着冲出湖面。湖水想要杀死我，雪想要埋葬我。危险似乎是真实存在的，但现在我知道湖在哪里了。我开始移动，但雪是如此之深，就好像我在一个噩梦里，无论怎么跑，就是无法摆脱一个奇怪的攻击者。幸运的是，我带了一把雪铲。在疯狂地挖掘了几分钟之后，我得救了。

一回到人行道上，我就站在路灯下，气喘吁吁。雪还在下，但是现在已经变得越来越轻，越来越软，最后一个大雪片从天空中飘落下来，就像小绵羊在寒冷黑暗的田野里欢蹦乱跳一样。

第十九章
《快乐王子》中的城市

———

如果你想让孩子感受一下美丽而温柔的创伤，一定要读奥斯卡·王尔德的故事《快乐王子》（*The Happy Prince*，1888）。[1] 大约 45 年前，我第一次读到这个故事，我想从那以后我就没有真正停止过为此哭泣。这个故事对城市环境保护主义者来说很有意义，因为它是儿童文学中第一部，可能也是唯一一部以拟人化的燕子为特点的作品。燕子爱上了快乐王子，那是一座镶有宝石的美丽雕像，高高地矗立在城市中。

王子生前并没有意识到周围人们的苦难，现在却看到一个女裁缝为她饥饿的孩子烦恼；一个作家在他的阁楼里工作；一个卖火柴的小女孩，她的货物被扔进了排水沟；以及其他降临在这个城市的可怜人身上的灾难。王子请求燕子推后飞往埃及的计划，以便帮忙把他的珠宝分发给穷人。燕子每天都会给王子讲述一个遥远的埃及的故事，每天都在推迟自己前往温暖地方的计划，这样它就可以帮助王子了。当王子的财富全部分配完毕，他双目失明（因为他那蓝宝石的眼睛已经赠予他人），衣衫褴褛（因为他的皮肤曾经是金叶子），燕子坚持说自己不会离开王子的身边。燕子亲吻王子的嘴唇，然后死去了。燕子死后，王子的心都碎了。

市里的议员们注意到了这只鸟的尸体，把它扔进了垃圾堆，而把王子的残骸扔进了火炉。王子那破碎的心不会熔化，于是，他们把那颗心也扔进了垃圾堆。当上帝派遣天使去取城市里最珍贵的东西时，天使取回了那颗破碎的心和那只死去的鸟。

也许，比起生态学家，道德教育家对王尔德的故事更感兴趣。《快乐王子》的主题是自我牺牲、同情和对穷人的怜悯。燕子在快乐王子的善意影响下，经历了美丽的蜕变。起初，燕子只关心自己，关心自己远离恶劣天气的迁徙，关心自己的爱情，关心异国奢侈品的故事。在故事结束时，它变成了王子的眼睛，注意到那些不幸的人需要帮助。尽管我们毫不怀疑，当王尔德创作这个故事的时候，他心中最重要的是对穷人的怜悯，但是，他是一位非常优秀的作家，在完成故事时，他不会忽略自然历史的细节。一只燕子在寒冬里坚持不走是不寻常的。一位鸟类学教授注意到了这一现象，并曾为报纸撰文报道。随着天气越来越冷，燕子生存的机会也越来越渺茫。燕子的离世，杀死它的不是同情心，而是寒冷。这正是燕子在同伴们离开后留在北方城市可能发生的事情。

如果你和你的孩子能够忍受这个故事，你们肯定会成为更好的人，而且，它还可能使你们和城市的自然历史更加和谐。

在奥斯卡·王尔德的小说中，城市生活的形象是十分黯淡的。至少在这个故事中，生活在城市里对穷人来说很不幸，对城市的精英来说则在道德上十分空虚。即使在这只鸟死亡和发现王子难以熔化的心脏之后，政客们也无法理解这些东西的奇妙之处。但他们为什么要去理解呢？死去的鸟和废弃的金属碎片在大都市里司空见惯。但是上帝看到了它们，我们读者也看到了它们。

在接下来的章节中，我将讲述一些有关城市的优秀儿童故事。在儿童故事中，人们对城市的态度有一个梯度，从不满开始，经过宽容与委婉的表达，延伸到最终的庆祝。当然，本质上庆祝的不是城市，而是庆祝由于城市绿化使其困境得以改善成为可能。大多数故事都接近这一范畴，也就是说，许多儿童故事要么忽略了城市，要么把城市描绘得不讨人喜欢。我们将从一个几乎没有注意到城市存在的流派开始研究这个梯度：在童谣中，城镇很少被提及。

第二十章
童谣与城市生活

———

　　毫无疑问，童谣有的可笑，有的则很深奥，而且一般都在疯狂的边缘左右摇摆，童谣在孩子们的童年时期塑造了他们的环境敏感度。考虑到童谣的重要性，我们应该如何看待大量童谣在有关城市化的重要问题上的沉寂呢？

　　童谣常常以一种健康且有些玩世不恭的方式，专注于大自然。埃里克·金凯德在《童谣集》（*Nursery Rhymes*，1990）中收集并配图的117首童谣，有94首发生在户外。其中，足足有43%的童谣与动物相关：狗、猫、猪和母鸡尤其普遍。有一首童谣是这样写的：当一艘船移动的时候，这只鸭子，很有先见之明地说"嘎嘎，嘎嘎"（"我看见一艘船在航行"）。许多童谣描写了非常奇怪的人类与动物的相遇：比如《小小姐》（*Little Miss Muffet*）和她的蜘蛛，或者《我曾经看见一只小鸟》（*Once I Saw a Little Bird*）中的女孩，她对跳到窗台上的小鸟犹豫不决，结果它飞走了。还有十几首童谣，描述与无生命物体、天气等的相遇。例如，《一个薄雾朦胧的早晨》（*One Misty Moisty Morning*）谈到天气，顺便提到一个穿着皮衣的老人；《一闪一闪小星星》（*Twinkle, Twinkle Little Star*）和《我看见月亮》（*I see the Moon*）涉及超自然的事情。如果你仔细看的话，至少有一篇作品提到了计划生育的好处，即《有一个住在鞋子里的老妇人》（*There Was an Old Woman Who Lived in Shoe*），至少在创作者看来，她孩子太多了，而很显然，这让她手足无措。

　　与动物和无生命的自然形成鲜明对比的是，植物在童谣中受到了冷落。据我统计，在金凯德的书中，只有三首诗专门描写植物（或它们的果实），即《我有一棵小坚果树》（*I Had a Little Nut Tree*）、《橘子和柠檬》（*Oranges and Lemons*）和《喜欢高树的鹿》（*The Hart He Loves the High Wood*）。然而，金凯德的插图大大弥补了他的童谣集中缺少绿色植物的不足。其中有一半以上（总共60首）的童谣插图使用了植物，也许这正好反映了金凯德对绿色事物的喜爱。金凯德到底有多热爱植物？有四次，他在墙纸或窗帘上添加了花卉图案——那都是并非必要的美妙的植物图案！不过，可以公平地说，绿色植物只是童谣世界中的一种背景，植物本身并没有消耗童谣作家的创造力，也没有吸引聆听童谣的孩子们的注意力。这里有一个有趣的相似之处，即旧石器时代艺术中对植物的描绘不足，这在前一章中已经讨论过了——原始人的头脑完全专注于动物，那时的创作也没有植物。

　　和植物一样，童谣中直接提到城镇的作品数量非常少。金凯德的117首童谣中只有9首童谣要么指向特定的城镇，或者更通俗地说，指向城市地区；要么指向城市生活的某些方面。这些童谣包括《我要去圣艾夫斯》（*As I Was Going to St. Ives*）、《福斯特医生去了格洛斯特》（*Doctor Forster Went to Gloucester*）、《到巴比伦有多远》（*How Many Miles to Babylon*）、《伦敦桥》（*London Bridge*）、《勇敢的约克老公爵》（*Oh，the Braie Old Duck of York*）、《我们镇上有个女孩》（*There Was a Girl in Our Town*）、《这只小猪去了市场》（*This Little Pig Went to Market*）、《扬基·杜德进城去》（*Yankee Doodle Came to Town*）和《去市场，去市场》（*To Market, to Market*）。据我统计，还有另外 9 首童谣，其故事明显是以一些大小城镇为背景的。这些童谣包括《威莉·温基》（*Wee Willie Winkie*），细一琢磨，这首童谣简直就是噩梦——威莉·温基穿着睡衣在城里跑来跑去，通过锁着的门朝孩子们大喊大叫，催孩子们上床睡觉。

　　也许我们不应该对童谣中很少提及都市生活耿耿于怀，因为这不一定是对都市生活的轻视。但与我们所说的植物不同，这次金凯德并没有用插图来补充童谣中缺少的东西。很少有童谣是以荒野为背景的，《人在荒野》（*A Man in the Wilderness*）算是其中之一。大多数童谣都是以农村为背景的：乡村、小村庄或小城镇。童谣记录了乡间生活的考验和磨难。

　　大城市生活的景象并不适合。

　　在试图正视没有城市童谣这一情况的过程中，我想到了两个问题。为什么会这样？这意味着什么？第一个问题很容易回答，而第二个问题就需要思考，没那么容易回答了。

许多童谣都很古老，而且大多是在口头文化中流传很长时间之后才被写下来的。根据爱奥娜·阿奇博尔德·奥比和彼得·奥比编辑的《牛津童谣词典》（*The Oxford Dictionary of Nursery Rhymes*，1955）记录，超过 30% 的童谣早于 1600 年，只有 2.3% 的童谣是 1825 年以后创作的。童谣中鲜少提及城市生活并不奇怪，因为与农村地区相比，生活在城市和大城镇的人口比例只是现在的一小部分。从这个角度来看，任何童谣中提到的大城镇都可能给我们留下深刻的印象。

在写这一小节的过程中，我让几个学生说出他们最喜欢的一首童谣，结果没有人可以在没有提示的情况下说出来。我说了几个，包括《矮胖子》（*Humpty Dumpty*）、《咩咩黑绵羊》（*Baa Baa Black Sheep*）、《一闪一闪小星星》和《玛莉有只小羊羔》（*Mary Had a Little Lamb*），这些都引起了大家的共鸣。但是没有人能够回忆起两三首以上的童谣，奇怪的是，也没有人能够回忆起他们是在哪里听到这些的。"也许在乐队里？"有人猜测。如果童谣已经不再流行，那可能也不错，童谣的世界是超现实主义的，有时也充满暴力。有一首关于教堂钟声的平淡无奇的童谣《橘子和柠檬》（*Oranges and Lemons*）是这样结尾的："这是亮你床头的蜡烛，那是断你人头的砍刀。"此外，那种描写农耕生活的童谣对大多数孩子来说也是难以理解的。话虽如此，那些无用的小调仍然萦绕在年轻人的脑海里，即使许多人压根儿不记得这些东西是如何渗入大脑的。

第二十一章
《小房子》与城市衰落

———

让幼小的孩子在成长过程中涉猎色情漫画家罗伯特·D.克拉姆的作品，这样的监护人无疑是鲁莽的。克拉姆，就像他的大部分作品显示的那样，是作为20世纪60年代和70年代地下"漫画"杂志运动的一员出现的。尽管他所有的卡通作品都很粗俗，比如他创造的最有名的角色怪猫菲力兹，引领一种温文尔雅但又另类的享乐主义的生活方式——克拉姆在关于城市生活的写作中有一些主题与许多环保文本相似，使得人们在对无忧无虑的田园风光时代的怀念和城市生活的矛盾之中得到平衡。

他的漫画作品《美国简史》(*A Short History of America*，1979)展示了他想象力的两极。[1]该系列共12幅画面，先是在一片开阔草地上散布着正在吃草的鹿，四周是茂密的林地，然后逐渐变成了城市的衰败景象。随着火车轨道首次出现——就像科技评论家利奥·马克思所说的被科技干扰的自然形象："花园里的机器"[2]——轨道附近的树倒在树林里；小木屋被建了起来，前面种

上了一棵树；火车轨道上方拉着电报线，道路变宽，木屋四周围
上了一道栅栏；接下来，其他房子点缀着风景，林地也在减少；
后来，只剩下一棵树（就是种在小屋外面的那棵）。这时，草地已
经成了一座城镇，有轨电车沿着大道的中心行驶。在第九幅画中，
最后一棵树也不见了。一个德士古[1]公司标志隐约出现在小房子的
上方，房子四周有一道铁丝网。那么小屋就不复存在了。从前这
里有草地和树林，后来有了一个简陋的家、一个停车场；汽车在
街上川流不息，不少车停在街道上；后来火车轨道消失了，建起
了更多的房子。一家便利商店矗立在小木屋过去所在的地方。"下
一步会怎样？"克拉姆最后问道。

　　这里有一个很好的测试，看看你的朋友们对城市化的容忍度：
在这一系列图画中，他们在什么时候会感到恐惧不安？[3] 如果你的
朋友是现代原始人，那么即使是火车轨道和小木屋的增加也可能让
他们觉得自然被破坏得太厉害了。有些人被乡村或小镇生活吸引，
对于这些浪漫的灵魂，克拉姆漫画的中心部分可能会引起共鸣。失
去林地对人们的打击真的很大，当最后一棵树——也就是种下的那
棵——从风景中消失的时候，还是需要一颗坚毅的心才能依然爱着
那个地方。但也许你的朋友就是如此，这也无可厚非。

　　如果你想评估，或者确实想知道你的孩子对城市衰落的反
应，又不希望让孩子们接触克拉姆的作品，那么可以选择维吉尼
亚·李·伯顿的《小房子》(The Little House, 1942)。比起克拉

---

[1] 美国一家大型石油公司。

姆的作品,《小房子》的场景要容易接受得多,孩子们在树冠下嬉戏,狗在追树上的猫,鸟儿在空中飞来飞去。这座小农舍位于繁忙的农村土地中间:田地被犁过,马被养起来,牛在谷仓里进进出出。尽管每天都有新的事物出现,但这座房子会随着季节的变化而存在下去。夜晚,城市清晰可见。克拉姆的文本很简洁("下一步会怎样?"是他唯一的评论),伯顿则提供了一个相当配套的故事。不久之后,故事变得略带忧伤:"孩子们长大了,去了城市……"伯顿写道:"现在到了晚上,城市的灯光似乎变得更加明亮,也更近了。"然后,随着"无马马车"的侵入,帮助筑路的蒸汽机车冒出浓烟,乡村地区开始急剧衰落。随着新路的修建,出现了新的房屋,地平线上仿佛挂着一块黑色的幕布。小房子周围是公寓、学校和商店,这所房子已经荒废了。值得赞扬的是,起初小房子并不确定自己是否喜欢这座城市,但是她"想念开满雏菊的田野和在月光下翻跹的苹果树",现在,一列高架火车就建在小房子的外面,脚下还有一个地铁系统,她再也说不清季节,也说不清是白天还是黑夜。

在克拉姆看来,这座小房子被拆毁了。而伯顿在克拉姆之后进一步开始了她的城市化梯度,她将这一序列扩展到了他的范围之外,因为她回答了"下一步会怎样?"的问题。有一天,小房子建造者的曾曾孙女发现了这座小房子,因为喜欢这座房子,后代们把房子吊在拖车上,带回了乡下。最后一张图片显示,这座小房子心满意足地被苹果树环绕着,重新安置在一座小山上,夜幕降临,星星在头顶闪烁。

　　《小房子》无疑是一本令人愉快的图画书。它赢得了1943年的凯迪克金奖，并且一直是孩子们的最爱。毫无疑问，许多农村孩子读了一遍又一遍，就像他们面前的小房子一样，感受到了大城市的吸引力，同时又对城市核心的东西感到焦虑。也许对于一些孩子来说，这个故事告诉他们或者坚定了他们永远生活在小镇上的决心。与此同时，我想象着一个芝加哥的小孩在这本书出版74年后翻开书页，他听到"L"号列车在头顶疾驰，看到窗外明亮的灯光，城市的喧嚣使他获得安慰，而现在，在读完《小房子》后，他梦想着在一个可能不再存在的地方生活：他们将不再生活在田园风光的环境中。这种小小的失望就是生活的安排，也许伯顿的故事在某种程度上同时提升和粉碎了灵魂。

　　大部分房屋都建在原地，世界围绕着它们旋转。这就是为什么维吉尼亚·李·伯顿的《小房子》能够有效地描述城市化的故事。小房子很好奇住在城市里会是什么样子。她只需要等待，城市就会向她走来。在相对静止方面，树木具有相同的特性。凯伦·格雷·鲁尔的《那棵树》（*The Tree*，2008）讲述了纽约市一棵老榆树的故事。[4]曾经萌发着种子、生长着幼树的荒野变成了墓地，变成了军火库，随着城市的发展，邻近建立起了儿童之家，然后又被烧毁。野猪在城市的空地上觅食，最终，这片土地变成了城市公园，公园变成了内战时期的军事基地，然后又变成了马戏场——城市依然在生长，树也依然在生长。这棵树现在已有250多年的历史了。

第二十二章
《卡尔文与霍布斯虎》和城郊生活

———

只需少量诱导，就可以通过从外围稳定迁移的方法增加城市的生物多样性。野生动物会沿着绿色走廊进入城市中心。美国有几个城市的商业区都出现过郊狼的踪迹。[1]就像现实中的野生动物一样，儿童故事中的野生动物也是如此。最近的城市儿童文学的"绿化"始于郊区对自然的庆祝活动，这就是我们应该开始的地方。关于郊区环境题材的故事有两个典型的例子：保罗·弗莱舒门的《威斯利王国》（*Weslandia*，1999）和比尔·沃特森的连环画《卡尔文与霍布斯虎》（*Calvin and Hobbes*，1985—1995）。[2]

在我的家庭相册中，有一张比较不雅的照片（我的意思是，就像现在大多数人一样，这张照片被存在某块硬盘里），是我们把7岁的奥西恩绑在餐厅地板上的照片。但请允许我解释，法官大人，奥西恩决心成为一名"脱身术大师"，他要求我们把他绑起来，即使我们提出异议，他还是坚持如此，然后我们只好用腰带绑住他的浴袍，让他在地板上折腾几分钟，试图挣脱束缚。奥西恩当然不是霍迪尼，但他也逃脱了几次。还有一些时候——大多数时候——他会放弃，让我们把他解开，在我印象中，我们总是忙不迭地赶紧松开他。

我现在意识到，奥西恩可能是从"卡尔文与霍布斯虎"系列 [收集于《权威版卡尔文和霍布斯虎》(*The Authoritative Calvin and Hobbes*)，1990] 中得到灵感，有了这个想法的，因为在故事里，卡尔文宣称他将"成为下一个霍迪尼"。[3]6 岁的主人公卡尔文要求他的老虎霍布斯（它是活的，这不取决于任何人的观点——最重要的是，对于卡尔文而言，它是活的）把他绑在椅子上。他在努力挣脱绳子时，家人喊他去吃晚餐，可他却解不开绳结了，霍布斯也解不开。于是，霍布斯只好慢慢地翻阅童子军手册，寻找有用的建议。最后，卡尔文的父亲过来帮忙，他对卡尔文如何陷入这种困境感到十分困惑。当父亲解开卡尔文的绳结时，霍布斯无精打采地坐在椅子旁边，身子靠在一边，一副不知所措的无辜模样。

"卡尔文与霍布斯虎"系列故事的优势在于，它不仅可以影响那些淘气的孩子，让他们去做一些他们本不会想到的事情，就像它对奥西恩的影响一样，而且还以理想化的形式反映了他们的世界和他们年轻时的专注点，这正是孩子们应有的生活。例如，卡尔文希望下雪天能让他从未完成的家庭作业中暂时解脱，这反映了每个孩子的希望；他喜欢玩水气球、雪球，以及踩着雪橇滑雪，这也是每个孩子喜欢的运动；如果神是公平的，那卡尔文丰富的想象力也应该是属于每个孩子的。尽管作者沃特森小心翼翼地避免提到这个地带确切的地理位置，但从降雪量来看，它应该位于美国中西部的某个地方，但这幅童年场景的背景显然是郊区。附近绿树成荫，有一条峡谷，后院附近有一片大得足以让他们迷路的林地。在一个晴朗的夜晚，卡尔文和霍布斯可以站在外面，仰望星空，反思人类生存的孤独状况。卡尔文的父亲在附近的城市工作，他的母亲是个家庭主妇。父母虽然饱受烦忧，但都温柔慈爱。有一次，卡尔文发现一只奄奄一息的浣熊，他的母亲急忙赶来营救，虽然这只浣熊最终还是死在了他们的车库里，但他的父亲安慰他说，这只浣熊去了一个温暖、安全的地方。卡尔文的生活并非完全没有磨难——轻微的欺凌，不怎么起眼的成绩，总觉得床下藏着怪物，保姆也十分严厉，偶尔身上会有些擦伤——但所有这些都是可以控制的。换句话说，沃特森所描绘的，是一个郊区田园诗般的世界。

《卡尔文与霍布斯虎》有着双重作用：反映和启发。那么，关于自然在儿童生活中扮演的角色，这部漫画反映和启发了什么呢？首先，也是最重要的，卡尔文有很多时间是在户外度过的（通常是自愿的，尽管有时候他也会被生气的父母打发出去）。为了证实我的猜测，即卡尔文比他的许多同龄人更具户外性，我统计了《权威版卡尔文和霍布斯虎》中描绘这二人组户外活动的画幅数量，一共 1444 幅，约占画幅总数的 46%。卡尔文和霍布斯几乎有一半的时间是在户外度过的，这个数字让普通孩子难以企及。[4]

卡尔文作为一个早熟的环保人士，对于人类对自然鲁莽行为的态度，你可能会想象得到。在一格漫画中，他问一开始就惊得目瞪口呆的母亲："我听说的温室效应是怎么回事？""当然，你会离开，"他继续说道，"但我不会。你要离开我的这个星球可真不错！"他母亲仅仅回了句："这话居然出自一个只要到街区以外的地方就要有司机接送的孩子之口。"

在另一个树林的场景中，卡尔文看到了一个废弃的汽水罐，他愤怒地对霍布斯说："你能相信吗？有个白痴在这美丽的地方扔垃圾？"卡尔文进而联想到全球范围，他挥舞着拳头击打着空气继续说："天啊，如果人们不是在掩埋有毒废料或测试核武器，就是在到处扔垃圾！"霍布斯堂而皇之地回答说："有时候，我最骄傲的，就是自己不是人类。"沉思片刻后，卡尔文脱掉衣服，两人继续闲逛。卡尔文把衣服夹在胳膊下面，像亚当堕落前一样赤身裸体。

人类的身份在卡尔文身上并没有多少体现，他可以是大象、恐龙、猫头鹰、蝙蝠、鲸鱼、翼手龙、猪等任何一种身份。在一格漫画中，卡尔文看到了一只萤火虫，它战战兢兢、满怀希望地看向他的肩膀。霍布斯告诉他："如果你想知道的话，你的屁股还没有亮。"在另一格漫画中，卡尔文用绘图纸制作羽毛，让一开始就不情愿的霍布斯把他从峡谷的岩架上提起来扔下去。"奥维尔，不要自不量力。"霍布斯对受伤的卡尔文说，此时的卡尔文已经坠落到下面挺远的地方。在一格特别令人心酸的漫画中，卡尔文打扮得像一只老虎，并从霍布斯那里得到了成为老虎的秘诀——"你必须像老虎一样思考"。但是他们都不确定接下来该怎么办。卡尔文查阅了资料，了解到"老虎是神秘而孤独的"，而霍布斯证实了这一点，并暗示卡尔文的父母就是从二手市场捡到的卡尔文。"我已经说得太多了。"霍布斯宣称。然后霍布斯偶然在百科全书的文章中发现了令他震惊的内容："这里说我们是濒危物种！报告说，老虎几乎面临灭绝的危险，它们的未来仍然是个未知数。"这两个朋友——一个矮小的人类和一只瘦长的老虎——肩并肩地站在一起，看起来很凄凉。"这太可怕了。"卡尔文说。"我同意。"霍布斯回答。后来，霍布斯总结说："这就解释了为什么我没有遇到很多老虎宝宝。"

有几种类型的场景经常出现在《卡尔文与霍布斯虎》中。例如，坐在树下，站在星空下，等等。这些往往都是真实存在的有趣环境，是朋友之间交流的场合。

在一格漫画中，两人坐在一棵树下，卡尔文说他喜欢暑假："我能感觉到我的大脑已经开始衰退了。""嘘……"霍布斯已经在打盹儿了。但是坐在树下并不能使卡尔文自然而然地倾向于田园式的思考。曾经，卡尔文推测幸福来自"沉溺于各种过度的经济能力"。对于卡尔文的每一种梭罗式倾向，都同时有一种大小相等、方向相反的享乐主义倾向。像所有的孩子一样，卡尔文有时不愿意走出家门，而且经常赞美电视的优点。"我不喜欢真正的经验。"他说道，"这很难搞清楚！你永远不知道发生了什么！"

你无法控制事态的发展。另一方面，他更喜欢看电视，正如他所解释的，"我喜欢把故事加在生活之上"。霍布斯绊了他一下，说："哦，太好了，一场闹剧！"⁵

霍布斯与卡尔文一家一起度过了一个史诗般的野营假期——通常下着大雨，卡尔文的父亲摆出一副勇敢的面孔，并对这种经历如何塑造性格发表了看法："这就是荒野生存的意义。"他向他们保证。卡尔文可不这么看，他对霍布斯生气地说："如果我们能活着回家，我就再也不出门了。"然而，一两幅漫画之后，他又走在秋天的树林里，脚下的树叶沙沙作响："有时候静一静，听听秋天的声音也不错。"

站在星空之下可以促进深刻的思考。卡尔文和霍布斯凝视着天空。"我们只是行星微粒上的沧海一粟，唯有穿过无限的黑暗。"自然，这样的想法是令人害怕的，于是我们的二人组跑进房子，"打开了所有的灯"。

最后，在卡尔文的思想中有一条预示大灾变的线索。我们看到卡尔文在沙坑里玩耍，这样的场景往往以灾难收场，至少对他在那里创造的世界来说是这样。有一格漫画中，卡尔文在建造城堡时，构思了一座"充满幸福、富裕的市民"的城市。他接着说："唉，对于市民来说，月亮已经离地球越来越近了，海啸将摧毁他们的家园。"

从情感上，连环漫画《卡尔文与霍布斯虎》刻意倾向于环境保护。它鼓励户外活动，谴责在环境问题上鲁莽行事，并欢迎自发的游戏。而所有这一切，体现在场景设置上就是刻意的郊区化。卡尔文的父亲在附近的一个城市工作，他的父母表现出的压力和紧张是每一位生活在城市附近的父母都十分熟悉的。当然，卡尔文一家和霍布斯生活在一个非常舒适的小树林中，但也并不属于真正的乡村环境。大自然无处不在：是时候出去玩了。

第二十三章
小象巴巴与城市

　　小象巴巴怀着无比的自信来到城市，他漫不经心地靠在壁炉架上，背对着镜子。此时，他穿得很正式，两只脚悠闲地交叠在一起，脚上的鞋子闪闪发亮。他在给一位老妇人——他的赞助人——和她的朋友讲述森林的故事。那位白发苍苍的女士看上去很有教养；一位留着八字胡的绅士似乎相当疑惑，而另一个留着红胡子的绅士也十分困惑，好像无法相信大象巴巴正在讲的事。对于大象来说，显然，一片大森林本身是一回事，而正如深沉的故事讲述者巴巴似乎知道的那样，在巴黎的客厅里举行的社交聚会上想象大森林则是另一回事。

　　在《小象巴巴的故事》（*The Story of Babar*，1931）中，法国作家兼插画家让·德·布吕诺夫为我们提供了几张巴巴的城市生活快照：巴巴和他的服装制造商在一起；巴巴坐着等他的摄影师；巴巴开着车在城市和周边转来转去；巴巴全神贯注地看着他那精通算术的大象教授。从野兽到毫无疑问的消费者——从很多方面来说，这也是人类的历史——这一历程被压缩成了几页纸。在城市生态学的语言中，小象巴巴是一个城市的接受者，也就是说，他是能够容忍人类在密集的聚落中存在的物种之一。[1]与其相似的还有郊狼、负鼠和红雀等例子。大象在这个名册中并不算非常典型。

尽管巴巴拥抱了城市的浮华，但他也经历了一段忧郁的过去。有时，我们这只衣冠楚楚的厚皮动物也会站在大开的百叶窗前，为自己失去大森林里的快乐生活而哭泣。他为自己的兄弟哭泣，为自己的朋友猴子哭泣，但最主要的是因回忆起死去的可怜的母亲而哭泣。这是一个"白手起家"的故事——说到"白手"，我们指的是食不果腹的饥饿者；说到"起家"，指的是要靠老妇人的钱吃饭。巴巴出生在简陋的环境中，作为森林里的一员，他赤身裸体地四处游荡，就像森林里的野兽们惯常做的那样。小巴巴在湖边挖沙子，在清凉的湖水中洗澡，和朋友们一起玩耍。

但是这个丛林伊甸园并没有持续下去，巴巴的童年世界被暴力地粉碎了。想象一下小象所受的创伤——当它骑在母象背上时，一个猎人躲在灌木丛后面向母象和幼象射击。巴巴的母亲被杀死了，他伏在母亲倒下的身体旁哭泣。在一部文学作品中，正值盛年的母亲走向死亡，这往往是孩子们非常难以承受的。不过，好的一面是，这种死亡在巴巴故事的早期就出现了，就像撕掉创可贴一样，一旦完成，之后主要就是欢乐了。

但是现在没有时间悲伤了，因为猎人们追上了巴巴，他不得不逃离森林中的家。几天后，这头年轻的大象（莫名其妙地）来到了一个城市——大概是巴黎。不同于帕丁顿熊来到伦敦火车站的描述——正如迈克尔·邦德的《小熊帕丁顿》（*A Bear Called Paddington*，1958）所记录的那样，这只熊从"最黑暗的秘鲁"偷渡出来后，奇怪地出现在了伦敦火车站——对于一只拟人化的动物正式抵达城市的描述，没有比巴巴的故事更好的了。德·布吕诺夫简洁地描述了他成功进入上流社会的过程，就像任何一部伟大的维多利亚时代的小说一样。

但巴巴在这座城市的逗留最终还是结束了。归根结底，他是一头大象，而大象通常并不熟悉城市。当他的表亲亚瑟和塞莱斯特，以一个不是特别令人信服的理由也出现在这座城市的时候，就标志着巴巴在这座城市的生活结束了。巴巴立刻行动起来：他给表亲们买了好看的衣服，请他们吃美味的蛋糕。最后，几位表亲的母亲来寻找这些逃学的大象回家。巴巴做了一个艰难的决定，要回到森林里去。恰巧，前大象之王此时已经去世了——那位不幸的王室成员误食了有毒的蘑菇——而巴巴穿戴整齐，经验丰富，被选为新的国王。新当选的国王巴巴选择他的表亲塞莱斯特作为自己的王后，我相信这在王室中并不少见。有趣的是，一只单峰骆驼立刻被派去为国王和王后取婚纱。这只骆驼在婚礼的关键时刻回来了——毫无疑问，一只骆驼在巴黎一家婚纱店购买服饰，引起了一阵小小的骚动。

☾★

  对于每一个依偎着父母倾听《小象巴巴的故事》中的温柔创伤和都市滑稽剧的孩子来说，似乎有一位马克思主义批评家在书的边缘潦草地写过一句尖刻的批评。"我们应该烧掉巴巴吗？"教育家赫伯特·R.科尔在 1995 年出版的儿童文学随笔中问道。[2] 科尔的抱怨与阿里尔·多尔夫曼的《帝国旧衣：独行侠、巴巴和其他无辜英雄对我们心灵的影响》(*The Empire's Old Clothes : What the Lone Ranger，Babar，and Other Innocent Heroes Do to Our Minds*，1983) 一书中提出的抱怨相呼应。智利裔美国作家多尔夫曼在对让·德·布吕诺夫的大象故事（显然只是表面上的）进行批评时说："这个迷人的故事是 1931 年写的，而不是更早之前。如果读者还不知道的话，应该补充一点，50 年前，非洲许多国家——被认为是大象之乡——还没有实现独立。那里仍然是殖民地。"[3]

  多尔夫曼对巴巴的解读有其自身的魅力，尽管这可能不是一个睡前故事，但它还是有某种梦幻般的合理性。你不必太过钻研，就能发现巴巴的故事对殖民计划进行了相当大的修饰。尽管猎人的屠杀可能确实过分，而且是对文明价值观的侵犯，但另一方面，作为部分补偿，巴巴不是已经进入了文明社会的怀抱吗？巴巴母亲的深情被老妇人的慷慨资助所取代，大森林的古老魅力被城市里可供购买的华丽物品所取代。因此，当巴巴回到大森林的时候，为什么不应该由他来继承王位呢？毕竟，他擅长算术，穿着西装，而且身材还非常好。但巴巴不会成为老派的君主。他将扮演当代王室成员的角色。森林里的领导从一个因食用有毒菌类而死的笨蛋变成了巴巴，而巴巴无疑会让他们吃到特别美味的蛋糕。

　　有些人会为布吕诺夫澄清其维护殖民主义的指控，或者至少会改变这种争论的效价。《小象巴巴的故事》不仅没有吹捧殖民计划的有益魅力，反而对殖民主义的过度行为进行了恶作剧式的嘲讽。巴巴显然是一个相当荒谬的角色，不必当真：如此轻易地被玩物诱惑，如此沉迷于纸醉金迷的现代生活，甚至如此轻易地忘记了那个谋杀他母亲的猎人。在城市里，他总是傻乎乎地在电梯里上上下下，直到电梯工礼貌地提醒他该开始购物了。虽然他回到了大森林并被加冕为国王，但这些动物肯定只是把他当作傀儡。动物们明白这一点，新国王不过是一个简单的工具。骆驼被派到城里去取结婚礼服，但这并不是因为骆驼被他的新君主迷住了。相反，他之所以被派来，是因为动物们知道这个傻瓜可以很容易地从治理任务中分心。可以肯定的是，这片大森林现在是一个殖民地，到处都是受过外国教育的附庸国国王，但这无疑只是阻止帝国更大的暴行而付出的一点儿小小的代价。在故事的结尾，一头戴眼镜的老象戴着一顶帽子，正是巴巴从帝国城市返回时戴的那顶帽子。至少在我看来，他戴着那顶帽子是很讽刺的。除此之外，你看不到森林里的任何动物穿着衣服：它们依然美丽、赤身裸体、无拘无束、不屈不挠，几乎看不到殖民的色彩。这些是森林里的动物。随着婚礼庆典的进行，狮子和大象一起跳起了舞。

　　关于《小象巴巴的故事》中殖民主义信息的重要性，争论的双方虽然或认为巴巴在向年轻人灌输对殖民计划的热情，或认为他在通过嘲笑的方式暗暗削弱殖民者的抱负，但双方都认为这座城市充其量只是一个模棱两可的实体。这座城市要么是帝国繁荣和权力的所在地，要么就是布尔乔亚式的庸俗浅薄的发源地。然而，在这本书中还有另外一个关于这个城市的信息，这个信息与其他内容并没有矛盾，而是贯穿其中，即城市是一个生态系统，也许与其他任何系统都不太一样，但肯定是一个对物质和能源的输入和输出保持开放的系统。此外，在这个系统中，某些生物繁衍生息：其中有些是有意为之，而有些则不然。它不仅适合居住，而且十分漂亮。这就是巴巴的"花园城市"，对此我们需要说几句。[4]

　　当巴巴到达城市的门口时，他停下脚步，凝视着。"他几乎不知道自己该怎么做。"德·布吕诺夫写道。有两只狗在他身边等着，那两只狗都看着大象，好像它们不知道大象是怎么回事似的！几只鸟儿站在大象和狗之间的道路上，但它们似乎并不是在看大象或者狗，而是互相看着对方，因为在大都市里，鸟类的担忧与大象的担忧是相去甚远的。

　　他们面前的城市人口稠密，拐角处矗立着一座有塔楼的可爱的黄色建筑，街道另一边是一座有明亮百叶窗的住宅楼。小轿车和公共汽车沿着公路行驶，街道上挤满了行人。在城市街道的交叉口矗立着一座戴着一顶帽子的英俊绅士的雕像，雕像周围有五棵被精心照料的树，在城市边缘创造出一个令人愉悦的小绿洲。

巴巴继续往前走，很快就遇到了这个奇怪系统的主导动物：两个在歌剧院外交谈的人。那里还有几棵树。另有一只鸟，它的喙张开着，在大街上忙着处理鸟类事务。巴巴注意到了绅士们的衣着，而他和米开朗琪罗的大卫一样，漫不经心地赤身裸体，他自然也想要一些自己的衣服。于是，他去了商店。如果我们对巴巴的印象在这一点上有所下降，那肯定是因为他很快就被那滑稽的时尚吸引力俘获了。毕竟，他刚刚从一片天堂般的荒野中走出来！但巴巴在这座城市的消费主义狂热，正是德·布吕诺夫的故事与生态环境关联最为紧密之处。巴巴的衣服、食物——我们看到巴巴和老妇人在晚餐时吃烤肉；她从一个大碗里舀汤，巴巴用他的象鼻举起一杯葡萄酒——巴巴享用的所有商品都依赖于进出城市的物资循环。城市的生态物质交换需要投入和产出：食物和原材料必须进入城市，垃圾必须排出。如果你没有掌握这些信息的话，我可以告诉你，一泡大象的粪便可重达 2.3 千克，而一头非洲大象每天会排出大约 90 千克的粪便。也就是说，如果巴巴和老妇人在一起待上整整一年，那么这个家庭将不得不处理超过 36 吨的大象粪便。我们可以想象，老妇人大概很高兴看到他回到大森林去。

城市是真正的生态系统，这一点一开始可能有些难以理解。它们的人为性似乎将其排除在生态考虑之外。生态系统被定义为一个与非生物环境相互作用的生物群落，当能量流经系统时，生物之间，以及生物与非生物之间存在着物质交换。换个不那么理论化的说法：为了让一个生物生存下去，它需要一种能源（太阳是植物的能源，植物是大象的能源，等等），一旦能量充足，生物就会进入这个世界来满足它们的物质需求。在物质上，生物需要碳、氢、氧、氮、磷、硫等几十种元素。在我们正常的生活过程中，我们通常将个体视为完整的实体，比如鸟类、人类、大象、岩石、桌子等等，但是当你从生态系统的角度去看时，可以将这些实体视为只是在运行的元素。为了保持你的生态思维，你应该更为仔细地关注主要元素的流动。因此，人类生态学，以及拟人化大象巴巴的生态学，可以总结为：一个由氧、碳、氢、氮、钙、磷、钾、硫、钠、氯、镁和微量元素组成的有意识的聚合体，审视着另一个这样的聚合体，并宣称它是"午餐"！

　　把一个城市看作一个生态系统的诀窍在于审视它的边界。这些边界很少与城墙完全融合。从大森林里逃出来之后，巴巴站在那里看着这座城市，但事实是，他一直都在这座城市里，因为从生态系统的角度来看，这座城市不仅仅是裁缝或者美食家的住处，也不仅仅是歌剧院的所在地，因为这座城市也是一座大森林。需要明确的是，从生态学的角度来看，这座城市不仅是它所有消费场所的所在地（想想巴巴的购物狂潮），也是它所有消费品的来源。巴巴最后住在市中心，但毫无疑问，一个非常残酷的现实是，他死去的母亲也在那里——她的脚可以作为脚凳，她的象牙可以作为客厅里的小饰品，也可以作为歌剧院钢琴琴键上的象牙饰面。杀死巴巴母亲的猎人，是生态系统中消费和权力所在地派往其生产边缘的使者。毫无疑问，巴巴的猴子朋友们将在巴黎的动物园里度过余生，大森林的果实将在晚饭后的果盘中被一点儿一点儿地吃掉，大森林里的树木将为老妇人的豪华餐桌提供木材。从《小象巴巴的故事》的图片中，我看到的是大森林的一部分被原子化，以无数种方式分布在风景如画的中产阶级城市景观中。从我在这里讨论的这个角度来看，把巴巴的批判性阅读作为殖民地故事似乎比较合适，但同时，《小象巴巴的故事》中的殖民主题是生态阅读的一个子集：殖民地是帝国城市足迹的一部分。

老妇人给了小象巴巴一辆汽车——竟然，"他喜欢什么她就给什么"——巴巴每天都在燃烧碳氢化合物。在一张双页的插图中，我们看到巴巴穿着他的汽车专用服装，戴着配套的领带，开车进入城市的中心。他沿着河边开车（就是这条河每年会把他产出的 36 吨多大便运到大海），我们可以从这个有利位置观察城市景观。河上有一艘汽船拖着一艘游艇，一个渔夫站在一座名叫玛丽的浮桥平台上，从富饶的水域里捞起一条小鱼。河对岸的田野上，已耕种和尚未耕种的土地交错，形成棕绿斑驳的颜色，牛群在绿地上吃草，路上和田中都有小鸡在游荡，一只山羊和一个年轻的牧羊人站在高高的草地上。高空中还有一个热气球。对于那些闲暇时间较少的人来说，只能看到晴朗的天空中有一架飞机正在离开城市（也许这就是一个前往森林的狩猎队）。城市核心外的土地得到了合理的利用，并得到了最佳的改造。这些土地还养育了丰富多样的野生动物。图片中至少有六种鸟类：一种似乎是燕子（在插图中，德·布吕诺夫将观感上的审美优先于技术上的准确性，所以很难辨别物种）；还有画眉、鸽子和麻雀；此外，还有两只白鸽栖息在树上，以及一只翠鸟在河上跳跃。雏菊、几种野草、芦苇和大量的花装饰着这一场景。树木比比皆是，灌木生长在河流中的一个岛屿及其河岸附近。我们还应该注意到景观中健康的无脊椎动物种群：蝴蝶、瓢虫、地衣甲虫、黄蜂、蜻蜓和一只蜗牛。在美好的田园风光画面中，一列蒸汽火车隆隆地驶过河上的桥，朝着城市的方向驶去。

巴巴走过的优美景色占据了书的中间几页。这是故事的象征核心，也是衡量德·布吕诺夫的生态观的中心点。这片风景既不是大森林的大片绿地，也不是市中心。然而，它毗邻这座城市。一头有教养的大象会选择午后时分在城市周边的公园里开着他的汽车兜风，这似乎十分合理。但与《卡尔文与霍布斯虎》的郊区环境主题相比，这里的不同之处在于，时髦的巴巴绝不会在郊区住。巴巴的旅行仅仅是为了满足他布尔乔亚式的好奇心，他一边烧着汽油，一边无所事事地享受着一切。然而，这一场景为生态学读者提供了一个机会，让他们能够按照德·布吕诺夫的设想，全面了解全球生态系统的扩展。

我们在《小象巴巴的故事》中发现了一个有趣的分区生态系统。森林和城市是一个纠缠系统的一部分。我们可以设想在森林中采取一项环境保护措施——唉，可惜这项措施并没有帮助保护巴巴的母亲——而密集的人口则居住在城市的核心区。最后，在这两个地区之间是城郊地区，虽然并没有特别工业化的市场农场，但生产性很强。德·布吕诺夫非常有先见之明地阐述了20世纪专业生态学家一直在阐述的东西，即所谓的分隔生态系统模型。这种模式最著名的是美国生态系统生态学之父尤金·奥德姆的著作。在一篇经常被引用的论文《生态系统发展战略》（*The Strategy of Ecosystem Development*，1969）中，奥德姆设想了"根据基本的生物功能标准划分的四个等分区域，即根据该区域是否是（i）生产性的，（ii）保护性的，（iii）介于（i）和（ii）之间的，还是（iv）城市工业的"。《小象巴巴的故事》在生态方面的天才之处在于，德·布吕诺夫为这样一个生态分区系统提供了具体的规划。然而，要将《小象巴巴的故事》解释为实现一个现实平衡的生态系统，有一点需要注意——书中几乎没有工业生产的迹象。那些令人惬意的汽车都是在哪里生产的？铸造厂、水泥厂、纺织工业等在哪里？唯一的线索——这还是一个很小的线索——可以在巴巴到达城市门口的插图中找到。在第一个城市场景中我们看到的黄色建筑之外，在一排排整齐的漂亮房子后面，就在大都市以外的青山之前，竖立起了一个烟囱，由于画面中的景物近大远小，在插图中显得很小。但不可否认的是，它确实存在。在烟囱附近矗立着两座灰色的建筑物，这是画面中仅有的灰色建筑物。那就是工厂吗？如果是的话，那么这就是一个小小的提醒，即使在德·布吕诺夫的作品中——正如我们所看到的那样，在那里，殖民主义的恐怖被隐藏在视线之外——从事工业生产的黑暗邪恶的工厂也必然在运转。

Section Six:
Learning to Care

———

第六部分

学会关爱

整个世界跟着哼了起来

作为一名年轻的动物学家，我的第一份工作就是将爱尔兰昆虫学家德克兰·默里博士的技术论文分类。文集中有一篇关于一个相当不寻常事件的论文。一位芬兰昆虫学家当时正在北极圈以北的田野里收集摇蚊（这些摇蚊的触角像小圣诞树一样，你可以看到它们在夏天傍晚的任何光亮周围聚集）。在0℃以下的酷寒中，苍蝇难以活动，而那位生物学家处于体温过低的危险之中，他拿出长颈瓶，喝了一小口强化饮料。据他说，他开始唱一首古老的芬兰民歌。当他这样做的时候，他注意到苍蝇开始成群结队地活跃起来。而当他停止哼唱时，苍蝇则飞落到了地上。他又唱了一遍，苍蝇又一次应声而起。在那种冰冻的环境中，他偶然间发现，为了节省能量，雄性苍蝇只有在雌性苍蝇靠近的时候才会蜂拥而至。他的哼唱声仿佛雌性苍蝇翅膀振颤的嗡嗡声。昆虫学家哼着歌，整个世界也跟着哼了起来。

第二十四章
《小王子》与自然关爱

如果你碰巧和你的孩子在荒岛上坠机——比如，为了缓和这一令人痛苦的景象，这次坠机其实是一次美丽而平稳的热气球降落——我希望你带在身边的圣埃克苏佩里的《小王子》（*The Little Prince*，1943）能够在这次事故中留存下来。圣埃克苏佩里是一名早期的飞行员，对他来说，在沙漠中迫降并不是什么新鲜事。事实上，他心爱的中篇小说《小王子》就有部分灵感来自1935年12月30日，圣埃克苏佩里试图打破从巴黎飞往西贡的飞行速度纪录时，飞机坠入利比亚沙漠的经历。圣埃克苏佩里和他的机械师安德烈·普雷沃特奇迹般地活了下来。这两个法国人经历了几天日益严重的幻觉后，被一名贝都因游牧民救了下来。尽管《小王子》有着华丽童话般的质感，但它却是在真实的土壤上建立起来的，如果有人发现其中有一种几乎无法忍受的宿命论倾向和死亡暗示，那么这些也是基于圣埃克苏佩里的具体生活现实。不出所料，1944年7月31日，他驾驶着侦察机从科西嘉空军基地起飞，而后消失在稀薄的空气中，年仅44岁便英年早逝。

《小王子》不仅是为数不多的几本每次阅读都能引起成人和儿童共鸣的书之一，还吸引了相当多的学术关注。在《小王子》中，从圣埃克苏佩里对居住在第六颗星球上的地理学家的反驳可以判断，那位地理学家是一个"不离开书桌"的清高学究，不会在意自己在教授中的声誉。不可否认，《小王子》是一个激动人心的故事，除此之外，它在哲学上也是耐人寻味的，因此在学术上享有盛誉。当你坐在棕榈树下（回想一下你刚刚从一场没有创伤的热气球坠毁事故中幸存下来，现在正在一个岛上），一遍又一遍地给你的孩子读这个故事，每一次阅读都会给你们带来温柔而难忘的时光。如果在未来的某个时刻，你的孩子离开这个岛后，有必要重新创造我们这个世界上所有重要的东西（也许你的不幸经历预示着世界末日的到来），《小王子》可以提供蓝图。因为这部中篇小说断断续续地包含了一个完整的指南，用来理解我们在关爱世界方面的责任。尽管圣埃克苏佩里不是普通的环保主义者，但这本书为全面的环境素养扫清了道路。

圣埃克苏佩里在《小王子》中被描绘成在"撒哈拉沙漠"坠毁的飞行员，在某种程度上，他也是小王子，尽管小王子的原型在一定程度上借鉴了圣埃克苏佩里的弟弟——15岁时死于风湿热的弗朗索瓦。当小王子从这个世界上经过时，飞行员注意到，"他轻轻地像一棵树一样倒在地上，大概出于沙地的缘故，甚至连一点儿响声都没有"。这是圣埃克苏佩里第一次提到他弟弟去世时写的话。

这位小王子的浪漫纠葛虽然毫无意义，但不可否认地引人入胜，玫瑰花开始让他不知所措。他从家乡 B-612 小行星出发，最后在地球的沙漠中结束了旅程，在那里，他出现在了这位陷入困境的飞行员面前。这位飞行员没有立刻求救，而是继续待在飞机上，与我们的外星王子交谈。

　　《小王子》这个故事的核心魅力是它对成年人自命不凡和唯物主义价值观的摒弃。当然，所有这些都是一个成年人写的，小王子对"大人及其行为方式"很不耐烦，这个信息是通过圣埃克苏佩里这个成年人（尽管是一个颇有天赋的特殊的人）来传达的，这一事实之间的矛盾造就了这部作品独特的魅力。这部小说怀念失去的纯真，包括纯真的道德价值观，以及完美无瑕的风景。它陶醉于沙漠带来的简单明了，即对人类最基本的需求的了解。"对我来说，这是一个生死攸关的问题。"飞行员说，他因脱水而濒临死亡。圣埃克苏佩里不是第一个，也不会是最后一个思考人类是什么这一问题的人。但这个问题，正如故事所说明的，首先是生态问题。

　　接下来我将不再复述《小王子》的故事，而是在这里列举一些书中的例子，这些例子对讨论圣埃克苏佩里与环境问题的关系特别重要。我在这里的主张是，把这些例子综合起来，就能很好地介绍"环境素养"这一概念了——诚然，这是一个非常世故的主张，对小王子会是个打击，因为这无疑会让小王子觉得自己没什么影响。

我们不需要读上太久，就能确定《小王子》的故事是有自然倾向的。这本书的第一行是这样写的："有一次，我 6 岁的时候，在一本名叫《来自大自然的真实故事》（*True Stories from Nature*）的书中看到一幅关于原始森林的壮丽图画。"这个注定要成为飞行员的孩子，根据《来自大自然的真实故事》这本书创作了前两幅插图：一幅是大蟒蛇从外部消化大象的图片（看起来像一顶帽子），另一幅则是它从内部消化大象的图片。在明智的成年人的劝告下，他放弃了自己的艺术追求，最终选择了另一个职业。他学会了驾驶飞机。

几年后，我们与这个现今在沙漠中坠毁的飞行员再次相遇。小王子叫醒了他，并恳求他："请你给我画一只羊，好吗？"与自己童年时周围的那些成年人相比，小王子对飞行员的艺术创作进行了更多的鼓励，尽管如此，他还是一幅一幅地批评这些画，直到我们的飞行员给小王子看了一张盒子里的羊的画。我必须承认，我从中只看到了一个有通风孔的盒子，但小王子一定注意到了里面的羊，因为他惊呼："这正是我想要的！"

对小王子来说，拥有一只羊的愿望并不是一时兴起。你看，他需要用它来阻挡猴面包树。小行星 B-612 存在猴面包树问题［"猴面包树是非洲最古老的生物"，在《人类诞生之树》（*The Tree Where Man Was Born*，1972）[1] 中，一位当地向导曾这样告诉博物学家彼得·马西森］，如果不加以控制，这种巨大树木的

"可怕种子"可以长出无比巨大的树，大到会把地球劈成碎片。"侵入性的"猴面包树问题说明了种群生物学的一个基本原理，这一原理是由托马斯·罗伯特·马尔萨斯大人在其臭名昭著的著作《人口论》（*An Essay on the Principle of Population*，1798）中强力建立的。[2] 卡尔·马克思对马尔萨斯的作品大加驳斥，他把它描述为"对人类的诽谤"。因为在书中，马尔萨斯对人类控制人口从而避免肮脏的能力表示怀疑。尽管马尔萨斯没有提到猴面包树问题，但他认为，所有种群都可以增长到超过现有资源承受能力的程度，这是环境思想的基石。像每一位伟大的博物学家一样，小王子看到了他周围的世界，认识到了其中深刻的联系，而其他人可能只是看到了一棵危险的树在不可阻挡地生长。

正如小王子指出的那样，管理猴面包树的关键在于及早处理问题，因为"如果处理得太晚，猴面包树将是你永远、永远无法摆脱的东西"。这是对当代所有明智的生态治理体系的总结。值得强调的是，在《小王子》中这一管理原则得到了肯定，人们不必仔细思考何为利害攸关——这几乎不是象征性的，至少不是含糊其词的。《小王子》是一本很好的行星维护手册。为了说明这一点，小王子告诉飞行员——并间接地告诉我们这些对生态管理感兴趣的人——如何有效地管理土地，"这是一个纪律问题……当你早上自己梳洗完之后，那么是时候小心翼翼地给你们的星球梳洗了"。

在故事的这一点上，圣埃克苏佩里以两种重要的方式直接介入故事。首先，欣赏他自己在一架毁坏的小飞机上画的猴面包

树。("为什么？"他反问，"这本书里没有其他的图画能像这幅
猴面包树的图画那样宏伟、那样令人印象深刻吗？")其次，他
赞同小王子的实用主义信息。圣埃克苏佩里直接告诉孩子们，恳
求所有的年轻读者"小心猴面包树"。

　　小王子是个固执的发问者。的确，他不会很认真地回答
别人提出的问题，也不会总是对自己的问题有答案，但这就是
自然历史学家的气质。自然历史学家就是热衷于对世界进行坚
持不懈而又充满激情的探索的人。如果说圣埃克苏佩里这样伟
大的儿童作家，就是那种对世界保持着孩童般的热情的人，那
么他们在质疑中保持着孩童般的执着，也正是自然历史学家的
天赋。

　　很快我们就清楚了，小王子对猴面包树的生态直觉并不仅仅
是一种侥幸的猜测，而是一位天才的生态思想家的杰作。因为他
的下一个问题是关于一般肉食动物的影响。这一串思想的出发点
始于他的羊。小王子意识到羊在抑制猴面包树生长方面可能起着
有益的作用，于是，他想知道它是否还会吃其他的植物。是的，
飞行员回答。它会吃带刺的花吗？是的，飞行员粗鲁地确认。毕
竟他是在脱水导致死亡迫近的无情的时间表下工作的。他说，花
朵之所以带刺"只是为了泄愤"，但小王子不相信他的说法，反
驳说花"相信刺是可怕的武器"。

　　关于相关问题的生态学专著早已经出版，但是既然"为什
么植物有刺？"这个问题被提出了，我们就不必拘泥于植物学

教授对这些问题经常含糊其词的回答。让我们像一些更有诗意的科学家那样，谨慎地提出这个问题。他们问："为什么世界是绿色的？"如果你是一只羊，那么整个世界可能看起来就像一个巨大的沙拉碗。解答"为什么世界是绿色的"这个问题的关键，是为什么所有这些食物没有被消耗掉。把一片落叶举到微弱的秋光下，落叶可能很大程度上是完整的，或多或少还没有被吃掉，但是那些光线穿过的小孔是那些食草动物从大自然的自助餐桌上拿走的部分。因为世界的生态真相是植物会反击。叶子用化学物质来阻止敌人——碾碎一片樱桃月桂叶，那美味的烤杏仁味是氰化氢——同时，许多植物用荆棘来自卫。

小王子最关心的问题——玫瑰上的刺，不过是植物防御的一个例子。举一个更可怕的例子，有一种智利的凤梨属植物食羊树，可以长到 3 米以上，它的花朵可以和中世纪的狼牙棒相比，而且还有令人侧目的危险倒钩。众所周知，这种灌木会诱捕绵羊。这种特别的智利植物不仅可以阻止人们吃掉它，当它捕获的猎物在灌木丛多刺的怀抱里饿死之后，它还可以额外享受到动物的养分。动物腐烂后，其组成成分会回归到土壤中，滋养植物的根部。

小王子对羊、猴面包树和玫瑰花的质疑都是极其生态化的。这种讨论也以自己的方式简明地解释了生物控制的问题：被引入控制入侵物种的肉食动物并不总是按照生态管理者的设想行事。[3]但小王子的问题不仅仅是理智方面的，在这件事上，他还有着深刻的情感共鸣。因为当他谈到玫瑰花时——那朵在小行星 B-612

上被遗弃的虚荣的花朵——他指的是他一生的挚爱和他情感痛苦的最大来源。驾驭这种痛苦是《小王子》的故事这样的人类心理戏剧的核心，稍后我将对此进行更多的阐述。

在一群迁徙的鸟的帮助下，小王子在降落到地球的过程中参观了一系列小行星，而这些小行星上所展现的事情，足以组成一座名副其实的人类愚行博物馆。

小王子遇到了这些人：一个国王，他只指挥臣民做他们已经选择做的事；一个自负的小丑，他需要别人的奉承；一个酒鬼，他为自己饮酒感到羞耻，又为了忘记自己的羞耻而喝酒；一个商人，他清楚地知道什么都没有价值；一个勤勉的点灯人，他的星球日夜都变得如此短暂，以至于他一点上夜灯，就必须再次熄灭它们；一个地理学家，他"太重要了，不能到处闲逛"，如果没有探险家对他所在的星球进行描述，他对自己的住所一无所知。相比故事的其他方面，我们很容易认为这些恶作剧般的情节与欣赏圣埃克苏佩里的环境愿景没有太大关系。也许是这样，但是每一个小插曲都告诉我们一些关于行星管理的不同模式。每一颗小行星都被称为"社会生态系统"，这是当代生态学中令人颇为尴尬的术语。[4] 这种生态学的新观点认为，人类的事务是由行星的进程状态支配的，但是，反过来，生态功能的许多方面也是由人类的社会行为决定的。小王子造访过的每颗小行星都只有一个人居住，因为每个人都属于一个孤独的地方，而这些管理者和他们居住的小行星在生态学上是一个整体。每一颗小行星的居民都对人类在管理一个星球的问题时的傲慢和愚蠢下了一个微妙的诊断：控制的错觉、自恋、羞耻、算计、奴性的辛劳，以及远离任何与世界互动的智力投入。所有这些都不是建立在同理心之上的。

我们生活在一个比小王子所造访的任何小行星都要大的星球上，生活在一个巨大的社会生态系统中，这个系统延伸到我们星球的极限。反过来，这个星球也可以约束我们，尽管我们常常想忽略这一点。我们生活在这个社会生态系统的极限附近。[5] 面对极限时，人们对地球上的行星事务的态度，常常从控制的错觉、毫无节制的技术乐观主义，发展到遥远的智力投入。也许是时候重新唤起对我们星球的同理心了，而《小王子》可以帮助我们完成这项任务。

尽管你我可能对我们的行星家园有着这样那样的担心，但在故事中，那位地理学家还是将小王子指向了地球的方向。"它有很好的声誉。"他说。与那些小行星相比，地球具有巨大的优势。尽管这里有着数量庞大的人口：在圣埃克苏佩里写书的时候有 20 亿（现在已经超过 70 亿），但在我们的小王子看来，那里也是一个孤独的地方。与任何环境生物学家一样，圣埃克苏佩里也在孜孜不倦地阐述人口统计学的基本原理。尽管人口众多，但整个人口可能看起来像是"挤在太平洋的一个小岛上"。在一个飞行员看来，地球表面人类聚居地的稀少似乎特别明显。在圣埃克苏佩里获奖的回忆录《风、沙和星星》(*Wind, Sand and Stars*, 1939)——这是一个奇怪的译名，这本书的法文原名是 *Terre des hommes*，意思是"人类之地"——的"飞机与行星"那一章里，他描述了飞行员对世界的看法。那些通过公路旅行的人发现，他必定会绕过那些标志着文明事业的绿洲。乘飞机旅行则给世界提供了一个更客观的视角："我们（飞行员）发现了一切的必要基础，岩石、沙子和盐的基础，无处不在，生生不息，生命就像废墟缝隙中的小苔藓一样，岌岌可危，却又存在着。"[6]

小王子发现地球是一个孤独的地方。我想，沙漠肯定会增强这种孤独感。一条毒蛇与我们的小英雄交谈，像蛇经常会做的那样，为小王子的问题提供了一个黑暗的解决方案。蛇会用不祥的手段帮助小王子回到自己的家乡，而小王子对这个解决方案有所保留。

小王子与狐狸的邂逅是这个美丽故事的思想和环境中心。他们相遇的时候，我们的小王子正处于一个特别低谷的时期。他参观了一个"盛开着玫瑰的花园"，意识到他花了那么多柔情的玫瑰，根本不是她声称的独一无二的生物，事实上，那只是众多玫瑰中的一朵。小王子躺下并哭了起来。就在这时，一只躲在苹果树下的狐狸走出来，向小王子介绍自己。为了减轻自己的悲伤，小王子催促狐狸和他一起玩，但是狐狸不能这样做。正如它告诉小王子的那样，它还没有被驯服。狐狸解释说，驯服意味着建立联系。当一个生物驯服另一个生物时，那个似乎与成千上万的其他生物没有区别的东西就被赋予了个性。那个存在于无数的其他生物之中的生物，就成了我的生物。例如，当我听到我心爱的人在楼梯上的脚步声，我知道那是她的，而不是别人的，虽然我们可能不会用"驯服"这个词来形容所爱的人，但是我们当然希望自己已经和他们建立了不可改变的联系。当小王子驯服狐狸的时候，我们的狐狸说："就好像太阳照耀着我的生命。"

由于小王子不熟悉驯服别人的过程——我怀疑，小王子和我们大多数人一样，在与他人建立联系的问题上也会采取搪塞应付的做法——狐狸准备一步一步地陪他走完这个过程。首先，要知道驯服需要耐心。你必须每天坐得离你深爱的对象近一点儿，这样他们才会专注地看着你，你也会专注地看着他们。其次，建立一套程序很重要。如果你不这样做，那么期望带来的满足感就会受挫。如果狐狸知道小王子下午四点到，它就可以提前一小时开始期待小王子的到来。当我的孩子们还很小的时候，我每天都会在一个可以预见的时间下班回家。他们会聚集在门口，满怀期待地迎接我，大声喊道："爸爸回来了！爸爸回来了！"时间就是这样，这样的时刻会消失，再也不会回来了。家长们要注意哟！

小王子成功地驯服了狐狸，与它建立了联系。但是，再说一次，时间就是这样，朋友必须分开的那一天到来了。狐狸哭了。

这是狐狸自己的错，小王子说，因为他，小王子，无意伤害狐狸。对此，狐狸说，现在每当它看到一块麦田，一块以前对它毫无意义的麦田时，都会让它想起自己的朋友。被驯服对狐狸来说是有好处的。当小王子听从狐狸的吩咐，重访盛开着玫瑰的花园时，他意识到自己心爱的、迷人的、令人沮丧的玫瑰就是他的玫瑰，其他玫瑰都无法与之相比。

　　在他们告别的时候，狐狸把一个秘密告诉了小王子："只有用心才能看清楚。真正重要的东西是肉眼看不见的。"如果说圣埃克苏佩里的哲学声誉是建立在这种通俗的智慧之上，那就太夸张了。然而不可否认的是，这些只言片语颇有一些吸引人的地方。第一句话在心理上很有吸引力：它提倡我们关注情绪的波动。这也许就是"内心深处的孩子"的含义——不要把事情过分复杂化。但是，奇怪的是，我们心中的小王子对自己说的不是这句话。相反，为了确保记住狐狸的忠告，小王子对自己说："真正重要的东西是肉眼看不见的。"这里我们可以得到驯服的第三个教训：要知道，一些看不见的东西会让我们熟悉的事物丰富起来。狐狸最后的警句是："你要永远为你驯服的东西负责。"

　　飞行员了解到狐狸的哲学后，将其转化成一个关于自己细小而深刻的案例研究。他想起了自己童年时的家，传说那里埋着宝藏。"在内心深处隐藏着一个秘密。"他接着说，"房子、星星、沙漠——赋予它们美丽的正是看不见的东西。"

如果狐狸的智慧可以延伸到飞行员童年的家园，那么它也可以应用到我们的星球上，这一点不难理解。我们改变了地球，这是不可否认的。正如圣埃克苏佩里指出的那样，地球，尤其是在干旱的沙漠和极地冰冠地区，只居住着很稀少的人口。即使今天已有超过70亿的庞大人口，这个星球仍然保留着它最孤独的部分。但是，人类的影响已经几乎无处不在，因为地球上的每个人都在无人居住的空间上投下了巨大的资源阴影——尽管可以说，富人比物质上贫穷的人投下的阴影更深。地球上很少有地方没有受到人类直接或间接的影响，地球上真正原始的地方已经很少了。

在科学界，人们越来越意识到我们已经驯服了全球。美国自然保护协会的彼得·卡雷瓦和他的同事们发表了一篇很有影响力的论文，题为《驯化自然：为了人类福祉而塑造景观和生态系统》（"Domesticated Nature: Shaping Landscapes and Ecosystems for Human Welfare"），证明我们生活在一个完全被驯化的星球上。[7]这些科学家认为，驯化自然对人类的影响在很大程度上是积极的。但是，即使你持宽容的观点，也不可否认错误已经发生了，地球正在经历生物多样性丧失、气候变化、生物地球化学循环的变化，以及当代所有狂欢化的生态灾难。[8]

为了在协调我们与行星家园的关系时应用到狐狸的智慧，首先回顾一下我们在讨论行星转变时常用的词语是很有用的。"驯养"（domesticate）一词最常用于对动植物进行基因改造，使它们更好地满足人类的需要，它的词根来自中世纪拉丁语词语"家庭"（domestica ¯ re），意思是"住在房子里"。我们要使地球这个房子看起来足够温馨，即使人类和地球之间并没有特殊的相互关系。"驯服"（tame）一词的用法略有不同，这个词与拉丁语"驯服"（domare）和希腊语"征服"（δαμᾶν）有关。驯服地球就是征服地球。

　　很难想象驯养的过程——从驯服的意义上说，是一种单向的家养或征服的过程——可能是我们的狐狸会赞同的过程。就像狐狸所想象的那种对相互关系的锻造，无论是"驯服者"还是"被驯服者"，都会倾向于对方：朋友是互相驯服的。

　　改变地球的过程，特别是在近代，似乎没有我们看到的狐狸和小王子之间的相互作用。本章并非批评我们为了自己的利益而利用地球的整个过程，毕竟，我坐下来写这篇评论，已经让这些批评复杂化了，因为像我这样的专业人士，可能还有你这样的专业人士，都是这个星球为了满足我们的需求而改造出的产物，而写作本身就是文明地球的另一个产物。但是，即使我们承认文明对地球的暴力驯服有好处（即使事实并不总是这样），我们的思想中肯定还是有空间能够以更真实的感受接受狐狸的建议的。

　　圣埃克苏佩里在《小王子》这个故事的法语原版中，用来描述狐狸和王子之间的关系的词是"apprivoiser"，将这个词翻译为"驯服"（"to tame"）并无不当。但是，从词源上看，"to tame"

的意思更倾向于"征服"，而"apprivoiser"则是一个更丰富、更复杂的词。"apprivoiser"的词根是拉丁语 *prī‾va‾tus*，意思是"剥夺、被剥夺"，尽管有时也意味着"解脱、自由"。例如，一个人在担任政治职务之后可以再次成为"普通"公民，从而摆脱从政的状态。在这个意义上，人被从庞大而混乱的社会力量中解放出来，进入一种个性化的状态。驯服的这层含义，使我们更加清楚地理解狐狸和小王子之间的关系。他们的友谊将他们带入一种私人联系，并建立起一种更广泛的关系，这种关系通常是在一个人与另一个人之间建立的。

驯服需要一些痛苦，因为它意味着一定的剥夺。爱伴随着义务，小王子和狐狸的分离给狐狸带来了悲伤，使他失去了某种平静。然而，狐狸也因此变得更加富有，因为它也获得了自由，成了自己一直想成为的那种狐狸——可以和小王子玩耍的狐狸。作为一个被驯服者，驯服可以让狐狸看到一些在其他情况下可能看不到的联系。麦田现在对它来说有一种特殊的美，就是因为它现在看到了自己与小王子之间的亲密联系。从这个意义上来说，被驯服意味着我们可以用心去看、去感受。爱，就是看到这些联系："真正重要的东西是肉眼看不见的。"这就是狐狸哲学的含义。

由于某种相互关系而获得的自由空间，会给对方带来一种义务。虽然一段关系中的双方都被剥夺了匿名的权利，但得到的补偿是他们解放出来，成了他们注定要成为的那个人。狐狸对小王子的临别赠言完美而有力地总结了这一点："你要永远为你驯服的东西负责。"

　　我们能否"驯服"地球呢？需要做些什么？我们剥夺了地球的什么似乎是显而易见的，但我们又能让它解放些什么呢？我们是否可以把它那些未被探索的洞穴搁置一边，让它的神秘像"深藏在心灵深处的秘密"一样挥之不去？如果可以，我们可能反而会发现，是地球解放了我们。

《地球的求爱》

　　勒内·杜博斯深受欢迎的杰作《地球的求爱》（*The Wooing of Earth*，1980）表明，按照圣埃克苏佩里的《小王子》中描述的狐狸对相互驯服的哲学建议来构建与地球的关系可以，或者至少是可能实现的。[9]杜博斯的书名取自诺贝尔文学奖获得者印度西孟加拉人拉宾德拉纳特·泰戈尔的作品《走向普世之人》（*Towards Universal Man*，1961）。泰戈尔在作品中回顾了一次穿越欧洲的铁路旅行，他认为欧洲大陆"在其侠义的爱人——西方人类的长期关注下，流淌着丰富的财富"。泰戈尔雄辩地写道，这种关注代表了"西方的英雄式爱情冒险，地球的主动求爱"。

　　杜博斯的主题是向地球求爱，他并没有天真地否认人类对地球造成的破坏，而是通过他对医学微生物学知识的认识，思考人类可以利用自然条件改善自身，难道就不能同样改善自然吗？他总结说，这是可能的，"创造条件，使人类和地球都能保留其野性的本质"。当然，这种情况并不会一直出现，也不可能轻易地发生：它需要的不仅仅是把荒野变成人性化的环境。杜博斯写道，关键是要保护那些自然环境，"在那里体验超越日常生活的神秘，并以普鲁斯特式的记忆重温人们对塑造人类宇宙力量的认识"。在体验"神秘"的过程中，狐狸的智慧又一次得到共鸣——真正重要的东西是肉眼看不见的；这种神秘只有心灵才能够真正看到。

杜博斯列举了世界各地人类改善自然的例子：英国、欧洲大陆和日本的灌木篱笆；中国南方的水稻生态系统；内盖夫沙漠巧妙的节水系统；大马士革的古塔果园；突尼斯的棕榈树林；马格里布的绿洲；乌兹别克斯坦"饥饿沙漠"的去沙漠化；德国和荷兰的一些荒地被改造成繁荣的农场；西欧一些森林的精细管理，如德国的黑森林；中国维护北京圆明园的水系、岛林和山丘，等等。杜博斯所列举的这些近于狂热的热爱地球的例子，在一部如此简洁的作品中熠熠生辉。

杜博斯列出的另外一些例子可能会给我们留下深刻的印象，因为这些例子涉及更多的生态牺牲，而不是一个温和的"求爱"过程。其中，杜博斯列举了一个将蜜蜂引入北美的例子，这样做有一些不可否认的好处，但本地自然传粉者也会因此遭受损失，这就使得这种交易的得失变得难以评估。更为复杂的是，无论故意还是意外，引进新物种都增加了夏威夷群岛的多样性，其中的利弊得失也该平衡。毕竟，夏威夷群岛原来只有一个"简单的"生物群。如果说如今杜博斯表现出的自然和人性相互改造的雄心壮志似乎有些过时，那么值得注意的是，文化景观生态学这一新兴的领域正是他这种方法的智慧产物。文化生态学认识到，许多景观可以通过自然和文化的和谐互动来塑造。

杜博斯的作品唤醒了我们的一种意识，那就是人类与地球的接触并不总是对大自然的盗窃。这就是狐狸智慧的精髓。

那位飞行员险些在沙漠中脱水而死。小王子对他说："沙漠之所以美丽，是因为它在某个地方藏着一口井。"事实上，飞行员找到了这口井，并且活了下来。还有一次，小王子说："星星之所以美丽，是因为有一朵看不见的花。"那朵花，他的玫瑰，对小王子来说是宇宙中最重要的东西。他曾经因为玫瑰为他带来的麻烦而抛弃过她一次，不过，他对地球的访问教会了他如何爱玫瑰，如何照顾她。人们想象小王子在蛇的帮助下，回到了玫瑰身边。飞行员说，蛇是"恶毒的生物"，小王子被蛇咬伤后倒下（"他像树一样轻轻地倒下了"）。飞行员在第二天白天没有找到他的尸体。

有一些珍贵的梦想，让你有了新的目标，对世界有了新的认识，从而站了起来。虽然梦境的细节像秋日清晨田野上的薄雾一样消失殆尽，但你仍然是一个重获新生的人，拥有了新的决心。《小王子》读起来就像一场梦，从此以后，读者下定温柔的决心，对于万物的奥秘给予更多的关注，并保持警惕。一个成年读者也可能会对爱人的缺点有了清醒的认识，并下定决心去爱他们身上那些独特与非凡之处。《小王子》中的"梦想事件"多少有些令人惊讶，主要是生态方面的，但是很少有读者会记得这个寓言与环保的关系有多么紧密。然而，我们也不应该感到惊讶，这个故事的教训不仅适用于小行星 B-612 上一朵虚荣的玫瑰，也适用于我们自己独特的爱情，以及我们需要关爱的一切。

第二十五章
《绒毛树》与环境保护

————

如果苏斯博士打算让《绒毛树》(*The Lorax*，1971)中的同名主人公成为自以为是、狂妄自大、最终失败的环保人士的缩影，那么他取得了令人印象深刻的成功。老雷斯为阻止"绒毛树"生态系统遭到破坏而采取的策略——恐吓、诬蔑和羞辱曾经成功的家族企业的掌门人——都彻底失败了。在故事的结尾，原本生物多样性丰富的"绒毛树"栖息地变成了仿佛经历了世界末日的荒野。一只没有羽毛、孤零零的"老乌鸦"在寒风中展翅飞翔，掠过荒凉的风景。他低头看着一个男孩，至少在我看来，这个男孩有着哮喘病人那样的眼圈。这个男孩将是我们未来的希望。

我们不应对老雷斯的失败感到意外。他的策略正是那些在保护你我所居住的非虚构生物圈中的生态系统方面屡屡失败的策略。然而，很明显，这些无效的工具却正是当代进步人士希望在未来几年里有用的工具。对环保提案气急败坏、愤怒谴责对拯救巴巴熊毫无用处。人们对环保的忽视，固然促使我们更加努力，但是我们不应该走向刻薄、尖锐，或者专横！在我们这个时代，是时候让老雷斯这样的环保宣传典范退出历史舞台了。

《绒毛树》通常被解读为对计划不周企业的兴衰、技术进步对成功的家庭手工业的腐蚀性影响、贪婪地滥用资源的原因和造成的环境后果的生动分析，以及最后，是对资本主义过度和极为无聊的消费文化的冷静分析。毕竟，没有人真正需要那所谓的"众需物"。然而我想，在过节时，我们总会收到一些这样无用的东西。

在儿童文学作品中，本书对在万斯勒的无能管理下"绒毛树"生态系统解体的描述是前所未有的。重要的是，"绒毛树"生态系统在某种程度上是有弹性的。万斯勒砍下第一棵树，努力地将其制成众需物，然后卖掉它。所有这些都没有明显的生态影响——就好像森林里的一棵树刚刚倒下，只有未来的工业领袖（和老雷斯）在那里听到了。即使万斯勒的大家族加入这个行当，生产众需物的脚步逐渐加快，他们的生意也还是可以持续发展下去的。"绒毛树"生态系统发生质变的关键，在于万斯勒发明了"超级斧头"这个利器。当然，万斯勒的聪明才智是毋庸置疑的，然而，工业化伐木的引入将生态系统推向了一个生态临界值。依赖"绒毛树"果实生存的巴巴熊是第一个受到直接影响的动物。诚然，它是一种奇怪的哺乳动物，强烈地依赖"绒毛树"的果子。这是一种罕见的现象，但这种损失说明了食物链的重要生态学原理。随后的生态损失是由工业废水的间接影响造成的。斯沃米天鹅受到烟雾的影响：它们不会唱歌了。不过故事在这一点上礼貌地保持沉默，烟雾干扰了斯沃米天鹅的亲密生活，扰乱了它们的交配行为。来自众需物工厂的废料污染了池塘，所以嗡嗡鱼也一去不复返了。当老雷斯和万斯勒就这个问题激烈争论时，他们听到了"斧头在树上发出的令人作呕的声音"，最后一棵树倒下了。在这之后，人类的系统迅速解体，工人们迁移，众需物也从这个世界消失了。

在周遭种种指明其失败的证据中，老雷斯落荒而逃了。原本局面大好的老雷斯，因为自己过分的自以为是而一败涂地。也许老雷斯一直在讲空话，但他究竟为什么失败到这种地步？我来述说一下原因。

首先，非常值得注意的是，老雷斯似乎对"绒毛树"生态系统的运作原理不够了解。像所有的生态系统一样，在面对微小的扰动时，这个系统看起来相当稳固。树木倒下，果实随着季节生产，种群会增加和减少，这些都是自然发生的。在万斯勒砍掉他的第一棵树之后，老雷斯突然出现了。我们已经看到，这对生态系统没有影响——苏斯博士在这一点上很清楚。当然，出于战略原因，老雷斯可能假装对生态系统生态学一无所知。也许，作为一个自然禁欲主义者，他绝对不能容忍任何资源的使用。

其次，老雷斯未能寻找到与万斯勒的任何共同点。在他们的第一次对峙中，老雷斯侮辱了万斯勒。"先生！"老雷斯斩钉截铁地说，"你贪得无厌。"也许是这样的，然而，对于那里的悦人风景最生动的描述不是来自老雷斯，而是来自万斯勒。就像大卫·爱登堡气喘吁吁却充满热情地向观众展示大自然的美一样，万斯勒夸赞道："在树下，我看到棕色的巴巴熊穿着盛装在树荫下玩耍，吃着'绒毛树'的果实。"他继续说道："从池塘里传来舒服的嗡嗡声，那是鱼儿在水里游来游去。"但是，老雷斯并不像万斯勒那样明显偏爱自然美学，他立即表现出了对立情绪。老雷斯不想与万斯勒讨论他们在森林美景甚至是可持续采伐原则方面的共同利益，而是直接侮辱万斯勒生产的产品。当然，这也许是因为苏斯博士对于"环境影响评估"或"保护规划"没有找到恰当的表达方式？

最后，老雷斯代表森林中的生物发出诉求。但是我必须要问，是谁授权他做代表的？此外，他在这个体系中的角色似乎不光是单纯的宣传，还是对其他动物发号施令。关于巴巴熊，他声称"它们喜欢住在这里"，然而他却宣布"我不能让它们留下来"。与挪亚相反，颇具家长作风的老雷斯因此将动物驱逐出了"绒毛树"森林。

我们很难不得出这样的结论：如果说故事中有一个温和的英雄人物，那其实是万斯勒。当然，在富豪式的青年时代，他忘记了自己最喜欢"绒毛树"的原因。他曾经发现"它们毛茸的触感比丝绸柔软得多"，他曾经诗意地形容它们的香味就像"新鲜的蝴蝶奶"，万斯勒是一个具有温柔习惯、无限创造力和浪漫倾向的人物，但他摧毁了他所爱的东西。他伤心地护理着自己造成的伤口，当患有哮喘病的孩子到来时，他的伤口无疑还未痊愈。这片土地仍然需要医治，这是他获得救赎的机会。他把一颗"绒毛树"的种子扔给男孩：那是最后一颗种子！ 在这之后，我们就不再关注这个故事了，但是你难道不能在脑海中看到这项恢复性工作的成果吗？ "绒毛树"在甜蜜的微风中摇曳，斯沃米天鹅的歌声在满是嗡嗡鱼的湖上回荡，胖胖的巴巴熊在树冠的阴影下沉睡。

作为一个警示故事，《绒毛树》的特别之处在于，它巧妙地说明了一种环境损失的模式。它的微妙之处——也许过于巧妙了，因为这一点经常被读者忽略——在于清楚地表明，老雷斯并不是寓言中的英雄：他那道貌岸然的残暴注定不会成功。尽管我们可以理直气壮地谴责他的经济短视，而忽视万斯勒其实一直是一个潜在的环保盟友。

当我们走向未来时，比以往任何时候都更需要选择一条明智的前进道路。《绒毛树》出色地揭示了宣传中的失误可能导致的后果。通过吸取老雷斯惨败的教训，我们现在是否可以推测出一条，我敢说是更真实的成功之路？根据苏斯博士的故事，我们需要的是关于生态系统弹性极限的知识，是在法律上允许的多种用途，是了解我们可以利用管理资源开采监管框架，与老雷斯树立的榜样相反，我们愿意留在退化的系统中，而不是荒芜的沙漠里，更重要的是，寻求共性、求同存异的民间尝试。毕竟，我们很难想象出这样的画面——一位当代政治家坐在佛罗里达海滩的躺椅上，目睹一小群美国白鹈鹕在夕阳下的海浪中捕鱼，并自言自语地说："美！哦，太美了。"

即使万斯勒那个贪婪的自大狂成为《绒毛树》中真正的英雄，他在环保宣传方面也不是一个特别乐观的榜样。幸运的是，在儿童文学中还有其他几种可供参考。在米尔德里德·D.泰勒动人的中篇小说《森林之歌》（*Song of the Trees*，1975）中，洛根一家出面阻止他们的邻居安德森先生在他们的土地上砍树。[1]洛根一家不得不用炸药威胁安德森和他的工作人员离开森林。可以说，这种策略可能是最后不得已的选择。卡尔·希尔森在其著作《拯救猫头鹰》（*Hoot*，2002）中，勾勒出一个不那么激进的策略。在这个故事中，搬到佛罗里达州的罗伊·埃伯哈特和两个古怪的朋友一起阻止了一家煎饼店的施工，因为这个煎饼店威胁到了一群穴居猫头鹰的生存。虽然这次行动很轻松有趣，他和朋友之间的友谊也十分令人向往，但最终让那群穴居猫头鹰获救的，是对煎饼公司合法合规性的调查。一份缺失的环境影响报告书拯救了一群猫头鹰。我们所有人都可以效仿这种方式。

Section Seven:
Good Night, Sleep Tight

———

第七部分

晚安，睡个好觉

在儿童游乐场

在我写作的地方，能听到小孩子们在我家旁边的操场上嬉戏玩耍。我扫了一眼，看到一个小男孩把木屑堆在一辆玩具卡车的车厢里，然后把它推过游乐场。一群孩子围着一个小水桶，用铲子给水桶装沙子。他们的一个伙伴从桶里拿出一些沙子，然后把它重新放回坑里。似乎没有人在意他在破坏他们的工作。在游乐场的西边，一对4岁左右的男孩和女孩正在交谈。男孩双臂交叉，女孩坐在一辆三轮车上，教他一些事情，男孩表现出一副难以置信的样子，好像他根本不相信自己听到的东西。另一个女孩跑到周围的看护人那里，靠在她的腿上。看护人拍拍她的背以示鼓励，然后小女孩就溜走了。

这一小群孩子正在慢慢地改变儿童游乐场的环境。那肯定是一些很小的变化，小到在一天结束，离开游乐场之前就会被纠正回来——沙子会被送回游乐场南边的小土堆，木屑也会被清扫回原处。这些玩具将被送回它们的小屋。游乐场恢复原样，孩子们的一天也结束了。

最终，这些童年时代的游戏——搬运沙子、挖掘和填补洞穴，以及所有这些对土地细微的重新布置——将不再是游戏，而是以更大的规模进行。孩子们会把幼稚的东西收起来，拿起成年人的工具，他们的影响力会大大增强。

第二十六章
儿童阅读与未来的环境挑战

───

开始写这本书的那一年，我的小儿子奥西恩刚满 18 岁。在他生日的那天晚上，我和妻子参加了他高中的一个综艺节目，他是这个节目的资深作者。他事先没有透露他写了哪些作品，但我猜对了大部分。还有更多的荒诞小品出自他手，例如，在一个作品中，一位数学老师告诉一个不情愿的学生，他在未来的生活中可能会发现代数多么有用。然后我们看到一系列的小插曲，学生们在各种不可能的情况下大声喊出越来越复杂的代数公式——比如让一个窒息的人复活，后来成为自由世界的领袖。在旁白中，老师微弱地喊道："相信这些方程式，查理……"

演出结束后，编剧、导演、演员和家长们在舞台上四处闲逛。妻子给我拍了一张小寿星和我在一起的照片。在这张照片中，我看到奥西恩正在悄悄地离我而去，他看起来像是随时准备着做下一件事的年轻人，而我看起来很忧郁——可以肯定的是，我很骄傲，但显然还没准备好对我们的孩子放手。

我不打算继续喋喋不休地讲述一个父亲对孩子的成就有多自豪——只有那些更不幸的父母才会有这种情绪。然而，为了表达一个更普遍的观点，我要说的是，我们的孩子都跨过了成年的门槛，在成长的过程中获得了良好的幽默感、同情心和道德观，这都令我十分安心。我希望他们能进一步升华友谊，丰富浪漫生活，在必要的时候可以安慰身边的人。此外，他们都对动物有一种温和的态度，尽管他们都不是僧侣般的禁欲主义者，但他们都对物质财富有着近乎保守的敏感。他们都有一定的环保意识，我怀疑，他们意识到了他们这一代人所面临的挑战，也意识到了他们可以用来明智地管理环境的一些工具。

我抚养了两个孩子。这个挑战并不小，但我只有两个孩子，我不能说我的育儿尝试是一个科学的、可复制的育儿实验。考虑到人类的巨大特殊性——用统计学家的语言来说是有那么多的变异性（现在我们有 70 多亿人），我可能需要培养数以百计的小家伙，才能自信地分析我的育儿方法哪些有效、哪些无效。也就是说，培养孩子是一种适应性管理活动。每天早晨，父母都应该（而且大多数父母都是这样做的）怀着不可能的想法醒来。我怎样才能成为一个更好的妈妈或爸爸，或者伙伴、朋友、儿子、女儿？尽管不可否认的是，我们会被过去的失败所困扰——事实上，我们昨天可能已经失败了——但今天仍然可以尝试一些新的东西。这本书写得很自信，起码我有一件事做得对：我给我的孩子们读书，和他们谈论我们面临的环境挑战。他们对自己所面临的问题毫不怀疑。

在前文中，我很少明确地提到这些环境挑战的严重性。尽管这样的话令人沮丧，但我们需要清楚地了解它们。那么，严重的挑战究竟是什么呢？

大约 25 年前，著名的环保主义者大卫·W. 奥尔描述了地球上一个典型的日子。在那一天，他写道："人类将向大气中排放1500 万吨碳，破坏 298 平方千米的热带雨林，制造 187 平方千米的沙漠，消灭 40～100 个物种，侵蚀 7100 万吨表层土壤，向平流层排放 2700 吨氟利昂，并增加 26.3 万人口。"为了反映全球环境危机的严重性，奥尔总结道："我们还有一二十年的时间，必须在我们与彼此和与自然相处的方式上做出前所未有的改变。"[1] 在发出这一严厉警告后的几十年里，奥尔调查过的几乎所有指标都变得更糟了。如果说自 20 世纪 90 年代初以来发生了前所未有的变化，那么在大多数情况下，这些变化并没有对环境产生有益的影响。

最近，我重新计算了奥尔的每一个观测结果。2016 年地球上典型的一天是什么样的？首先是好消息。氟利昂的生产正在被积极地逐步淘汰。氟利昂是一种含有碳、氯和氟的挥发性有机化合物，用作制冷剂和喷雾罐的推进剂。化学家弗兰克·舍伍德·罗兰和马里奥·莫利纳共同发现，氟利昂会破坏地球的臭氧层（高层大气中臭氧含量相对较高的区域），他们因此而获得了 1995 年的诺贝尔化学奖。臭氧损失将导致严重的后果，因为它可以增加到达地球表面的有害紫外线的数量。自从奥尔写了这篇文章，规范氟利昂生产的《蒙特利尔议定书》（Montreal Protocol on Substances that Deplete the Ozone Layer，1987）已经生效，氟利昂的生产和分销或多或少已经终止。

更多的好消息是：自 20 世纪 90 年代以来，人口增长率已经放缓，而且还在继续放缓。在 20 世纪 90 年代初，人口增长率约为 1.57%，每年增长约 22.7 万人口（我所获得的历史数据表明，增长率略低于奥尔所统计的数字）。实际上，人口增长率已经大大下降了，目前的年增长率为 1.060%，创历史新低。现在，由于总人口规模相当高（如今是 7,408,581,320 人，而 1990 年"只有" 5,288,000,000 人），每天新增的婴儿人数与四分之一个世纪前相差无几——215153.2 人。[2]

但是环境方面的消息更多的是坏消息而不是好消息。栖息地破坏更为严重，土壤滥用更为严重，物种消失更为严重，气候变化也是一个无处不在的威胁。因此，如果今天是地球上典型的一天，我们将向大气中排放 2400 万吨碳，摧毁 362 平方千米的热带森林，消灭几十个物种，并使人口增加 22.6 万。目前对土壤流失的估计表明，我们将在 60 年内耗尽全世界的表层土壤。

尽管所有这些让人难以接受，但笔者认为，故事对于解决这个问题十分重要。不仅仅是因为有些故事告诉了我们环境恶化的本质——那些确实也很重要，但同样重要的是，儿童文学可以为环境敏感性提供一个安全的基础。

对父母来说显而易见，给孩子大声朗读故事是对他们精神世界的极大丰富。那是一种直觉，有大量心理学和社会科学的研究成果作为支撑。吉姆·崔利斯 1982 年出版的畅销书《朗读手册》（*The Read-Aloud Handbook*）认为，尽管常常被忽视，但大声朗读确实是儿童早期教育成功的一个重要方面。

给孩子大声朗读可以增加孩子的词汇量，培养孩子的终身学习习惯。正如我们在前面的章节中看到的，许多受喜爱的儿童故事都是以大自然为主题的。因此，父母给孩子们读的书包含了很多关于自然和环境问题的重要课程，这些课程通常是无意识的。这为父母们提供了一个无与伦比的机会（尽管到目前为止还没有被充分利用），让他们在孩子还很小的时候就增加对自然世界的认识。

阅读以自然为基础的故事可以激发孩子们对自然世界的兴趣，鼓励他们对环境产生持久关注，并促进合理的可持续实践活动。此外，这样的阅读还可以增强孩子的同情心。也就是说，孩子们可以把他们对喜爱的故事中的人物的关爱，延伸到宠物、周围的人身上，以及生活的世界中。

随着孩子们的成长，父母给他们读的（以及他们后来自己阅读的）书中的"非正式自然课程"会变得越来越引人注目、越来越复杂，也越来越具有挑战性。在整个童年时期，阅读这些书籍——包括经典名著和那些最常被推荐的新书——孩子们可以对未来几年地球将面临的一些重要挑战形成一种成熟而全面的理解。气候不稳定、物种灭绝危机、淡水资源枯竭、森林砍伐等等，在未来的一代人中可能会变得更加严重（而非逐渐减缓）。

这些潜在的灾难，今天的儿童将最先承受。不过，如果他们有足够的准备，那么他们可以为环境改善做出更大的贡献。

在一个极度不确定的未来，为了教育孩子激发潜力，父母并不需要寻找专门写自然教育思想的故事书，因为自然课程早已经融入我们最喜欢的故事。

然而，要实现青少年环境教育真正革命性变革的潜力，有一个严重的障碍——成人环境素养相对较差的状况。尽管许多父母表面上热衷于提高孩子对科学的兴趣和对大自然的热爱，但他们对相关的信息却并没有那种自信的把握。不幸的是，许多成年人在环境和生命科学方面的知识水平都很低。

本书通过为父母提供一套工具和各种观点来解决这个问题，以激发他们的孩子对自然界天生的好奇心，并使他们为应对未来的环境挑战做好准备。这本书解释了如何在孩子喜欢的一些书中，找到关于自然界运作的有趣且重要的信息。随着父母知识的增长，他们可以提高孩子理解和关爱周围世界的能力。

这本书的一个中心论点是，孩子们在室内度过时间的方式，对他们自己和地球来说，都是至关重要的，就像他们在家门口的草坪上和郊外的林地里度过的时间一样重要。其重要性不一定更大，但肯定不会更小。虽然这段时间的使用方式将由各种因素决定（每个父母有不同的优先次序），但我非常确信，花在给孩子读书上的时间十分值得，将对孩子的生活造成持久的影响。儿童书籍在决定孩子对自然的敏感性方面有着非常特殊的作用。几乎所有的书，至少对年幼的孩子来说，都包含自然主题。也就是说，父母往往对环境知识了解不足，所以他们无法满足孩子对知识的渴望——除了他们一起读的书。如果家长、监护人和教师对他们的孩子在门外所面对的世界有一个全面的了解，那么他们与孩子相处的时间就会大大增加。

　　孩子们对自然的适应能力，与父母没有做好让他们适度参与的准备之间的错位，也许是环境教育中最大的问题，这也是我在书中要解决的问题。我尽量避免在阅读选定的故事时充当说教的角色，而更倾向于展示在许多读者基本熟悉的故事中挖掘田园风光、荒野和都市自然主题的可能性。我希望读者（包括父母和孩子）在环境素养方面有所成长，在他们读的故事中寻找以下几个方面：人物是如何适应和关注自然的？关于大自然的运作方式，他们之间有什么交流？关于环境问题和解决方案，这个故事讲的是什么？一个角色在故事中学会了如何对环境负责吗？一个角色能提高他们解决问题的能力吗？角色对自己的命运和自然的命运有多大的控制力？综合起来，这些就构成了环境素养的综合教程。[3]

　　具体来说，我在这本书中建议，反思时间（通常手中拿着书阅读）对孩子来说和活跃的游戏时间一样重要。在儿童书籍中，平静、和平的时代和田园之间有着强烈的联系。然而，即使是在最温和的乡村地区，麻烦也可能在边缘悄然出现，即使是最甜蜜的"从此幸福地生活在一起"也不能永远存在。相比之下，荒野是令人兴奋的，许多美好的冒险都发生在崎岖惊险的地方。人物在艰苦的环境中让自己和世界达成妥协。有时候我们的英雄会获胜，并且在这些考验中表现得更好。但是荒野有时也会带来疯狂，就像铁皮樵夫一样。虽然经典的荒野其实是一个与人类事务无关的地方，但荒野也指一种精神状态，正如迈克斯在《野兽国》中所发现的那样。岛屿往往会带来很多乐趣，对于故事讲述者和生物学家来说，岛屿都是很重要的地方。那是魔法控制的地方，可以强化阴谋的氛围，同时，还可能会令人感到孤独。与生态学家和儿童故事作家钟爱的岛屿不同，城市在这两种传统中都是被忽视的栖息地。但是，环境故事却在边缘悄然出现：更多的故事往往以郊区的田园为背景，城市儿童小说可能会成为一个增长的产业。最后，儿童故事可以帮助我们所有人重拾对大自然的热爱。从《小王子》中，我们可能会意识到自己有热爱这个世界的美好责任，因为我们在很大程度上已经驯服了这个世界。驯服可以意味着征服，但也可以意味着更加温和的意义，圣埃克苏佩里有意使用动词"apprivoiser"。我们为地球而倾倒，认识到它的独特性，爱护它，关心它。

认真讲述的故事不会虎头蛇尾，结尾萦绕在我们的心头，不止于一个终止符。对孩子来说更是如此，故事中最喜欢的角色可以成为家庭的一部分。一次又一次地倾听同一个故事的孩子，是把这个心爱的角色想象成了一个永恒的伴侣。一本好书创造的世界可以为成人和儿童之间的对话创造机会。"书友会"是指那些鼓励孩子阅读的讨论会，这个词通常用于正式的教育场合，但也可以用来描述书一合上就引发的对话。我用一个更笼统的术语"书尾对话"来描述父母和他们的孩子之间就此进行的讨论，这些讨论既增加了孩子对故事的热爱，又能让亲子继续就故事中出现的人物、事件和主题进行对话。关于"书友会"的价值及其何时何地最有效的学术讨论日益增多。

研究人员对儿童朗读进行了研究，结果表明，对于睡前故事的有效性而言，关于阅读材料的开放式讨论是至关重要的。宾夕法尼亚州立大学的早期教育研究者齐妮娅·哈吉奥安努和塞浦路斯大学的埃莱尼·洛伊索在 2011 年发表的论文中指出，"真正的'书友会'涉及的互动，在许多方面让人想起成年读者在谈论一本书时的各种对话：所有的参与者一起思考，试图通过探索、思考、关联和情感反应来理解这本书"。[4]

家长们，请继续了解环境相关问题，让你的孩子感受大自然的乐趣，鼓励他们与动植物和谐相处吧！家长们，请和孩子们聊聊书吧！

在奥西恩 18 岁生日时，我和他拍了张合影。那张照片显示出一个年轻人准备接受世界的挑战，也显示出我对于他要离开的不安。不过，我引以为傲的是，他似乎已经准备好了。我希望，

尽管面临挑战，他和他的这一代人对他们所继承的世界的兴奋程度不会低于其他任何一代人。我们面临的挑战不一定会削弱对世界之美的感受，而应该会增强对世界和所有生活在其中的人的责任感。

致 谢

几年前，我在芝加哥写一篇关于林地的文章时，注意到其中有一片大约 40 万平方米的林地有些熟悉。那篇文章脱离了我原本的计划，最终写成了《小熊维尼与自然》（*The Ecology of Pooh*）一文，随后由《万古》杂志刊登。我非常感谢该杂志的编辑部主任布里吉德·海恩斯，感谢她对我写作的支持，以及对那篇文章提出的建议，随后该杂志又发表了我写的《野兽伴我入睡：重游经典故事发生地》一文。我非常感谢《万古》杂志允许我在本书中再次使用这些文章。

芝加哥大学出版社的编辑克里斯蒂·亨利是个令人赞叹的人：她对我的支持始终如一，给我的建议极有见地，特别是当我在创作中感到沮丧，甚至想要把手稿烧掉并把自己也扔进火堆时，她一直保持冷静。显然，我并不是第一个对创作感到沮丧的作者。在此我给你们一个建议：最好永远不要去写书，但如果写了，我希望你拥有一个像克里斯蒂·亨利那样天才且幽默的编辑。我还要感谢出版社资深手稿编辑埃琳·德威特，她为本书做了大量细致的工作。出版社挑选的两位匿名评论家的评论也非常宝贵。

非常感谢《爱尔兰时报》，他们允许我在本书中使用关于L.T.米德和伊妮德·布莱顿关系的文章。还要感谢《夸克日报》的编辑阿巴斯·拉扎，他多年来一直采用我的文章，那些文章的内容几乎都是我想写的。

我在德保罗大学的同事一直不遗余力地支持我对这本书的创作。德保罗大学对教学工作和精神生活同等重视，我为自己能在这里工作感到幸运。我在德保罗大学的第一位"老板"——托马斯·墨菲博士，总是从容地帮助我处理研究中的波折。虽然他在我开始创作这本书之前就已经退休了，但是这些年来他的支持对我来说都是无比宝贵的，他让我确信我处在一个完美的知识环境中。我还要感谢我的前任主任——朱迪·布兰布尔博士，她鼓励我召开关于本书主题的专题研讨会，这对于激发灵感很有帮助。我还要特别感谢另一位前任主任、我们系的奠基人詹姆斯·蒙哥马利博士。在担任教职的同时撰写一本书是一项很有挑战性的工作，如果没有娜奥米·莱顿出色的行政支持和玛格丽特·沃克曼给予我们部门的技术支持，本书是不可能完成的。感谢格里·库克尔院长和学院的科学与健康办公室，以及之前的历任院长，感谢他们对我工作的大力支持。我还要感谢德保罗大学图书馆和埃文斯顿市公共图书馆的工作人员。

我很幸运地遇到了很多才华出众的作家朋友，他们忍受了我近三年就本书创作的喋喋不休。首先，我要感谢两位诗人——克里斯·格林和已故的帕特里夏·莫纳汉。几年前，当我决心为我专业学科以外的读者创作这本书时，他们给我提供了宝贵的建议，帮助我开展早期创作。他们的鼓励对我的影响比他们所认为的更大。其次，我要对以下朋友和同事表示感谢：休·巴特林、克里斯托弗·邓恩、理查德·恩格林、詹姆斯·费尔霍尔、兰德尔·霍诺尔德、威廉·乔丹三世、明·弗朗西斯·E.郭、斯蒂芬·墨菲、罗恩·纳瑟、凯·里德、克里斯蒂娜·斯科尔尼克、安东尼·保罗·史密斯、丹·斯托拉尔、杰夫·坦格、劳伦·乌梅克、林恩·韦斯特法尔、多洛雷斯·威尔伯、芭芭拉·威拉德、大卫·怀斯和帕迪·伍德沃思，感谢他们多年来对我的陪伴和对我创作的建议。再次，我要感谢我的"喝酒教授"团队：威尔·麦克尼尔、里克·李和肖恩·柯克兰。威尔·麦克尼尔对逗号放错了地方之类的细节错误的眼光非常敏锐，他在几篇草稿中给了我很有用的反馈。最后，特别感谢加文·范·霍恩，他在自己的"城市生物"博客上编辑了几篇与本书有关的文章，而且他一直是我在城市小径上的徒步伙伴。

早期一些媒体对本书的兴趣令我颇受鼓舞：感谢芝加哥公共广播电台《早班车》节目主持人托尼·萨拉维亚以及洛丽·罗滕贝克为《谷物》杂志撰写的关于本书的文章。我把本书的一些章节草稿作为笔记贴在了我的脸书页面上，许多好友在社交媒体上的反馈令我受益匪浅——斯坦利·科恩、多梅尼科·德·亚历山德罗、凯瑟琳·加内斯、里克·哈金斯、郭明和米莎·莱皮蒂奇都是这场争论中的佼佼者。

能够在德保罗大学教授几届鼓舞人心的学生，我感到非常幸运。我对你们所有人都满怀感激，有太多的话难以用文字表达。不过，在此我想特别提一下亚历克斯·纳茨-佩雷斯和凯蒂·坎巴，他们对本书的创作非常感兴趣，且他们对该主题的见解为本书的创作做出了重要贡献。

我还要感谢凯瑟琳·凯撒和迈克尔·沃尔什，他们邀请我参加由奥伯霍尔茨基金会在明尼苏达州马拉德岛召开的研讨会，在那里我撰写了这本书的"荒野故事"部分。感谢托马斯·艾伦·汉森在那次逗留期间与我进行了富有启发性和实用性的交谈。

在美国伊利诺伊州的埃文斯顿，我坐在K兄弟咖啡馆的靠窗座位上，撰写并编辑了这本书的许多内容。多年来，金氏兄弟——布莱恩和约翰——创建了一个由钟爱咖啡的邻居们组成的亲切社区，我们都很感激他们的盛情款待。有时，结束了一天的工作后，疲惫不堪的我会去韦伯斯特的当地精选酒吧或者林肯的红狮酒吧放松，酒吧招待托尼·鲁索曼诺和科林·科德威尔营造的舒适环境让我备感舒适。

写书对于作家本人来说是一个漫长而艰苦的过程，而对其家庭成员来说则更是一件非常乏味的事情。我的孩子们，费亚查和奥西恩，为我的创作忍受了很多。在过去的一年里，我在给他们的短信中有一半都在说本书的片段，并要求他们提供反馈，他们以热情而幽默的态度予以回复。非常感谢我的儿媳莎拉·赫尼根·霍维茨，她为书中的几个章节做了大量的笔记和编辑，让这些章节的质量得到大幅提升。

我对书的热爱也来自我的父母——玛丽和帕迪·赫尼根，我不得不说，在本书的创作过程中，我对他们有所忽视。虽然最近几个月我与他们的视频交流并不频繁，但是在写这本书的时候，我每天都会想起他们，并且感激他们。我还要感谢我的兄弟姐妹：克莱尔、安妮、帕德瑞克、梅芙和保罗。

我的妻子和挚爱维萨·帕夫洛尼亚斯，是那种被人们称为有"自然的力量"的人。如果这里的"力量"的意思是"爱"，而"自然"的意思是"智慧"，那么我完全同意这种说法。我感谢维萨的幽默、热情、见解和忠告。她自始至终都支持我写作本书，我为此非常感谢她，深爱她。

注　释

引　言

1. In E. O. Wilson's *Half-Earth:Our Planet's Fight for Life* (Liveright Publishing, 2016), the naturalist gives an account of sticking his hand into a fire ant nest. In a matter of moments, he received dozens of stings. He cautions against repeating the experiment.

2. I have been helped in innumerable ways by friends on Facebook and other social media who not only shared stories and comments useful for this brief reflection on the beastly inclinations of children, but have been unfailingly helpful in providing feedback as I wrote this book.

3. Ravi Chellam, "Ecology of the Asiatic Lion (*Panthera leo persica*)" (PhD diss., Saurashtra University, Rajkot, India, 1993).

4. Vasant K. Saberwal, James P. Gibbs, Ravi Chellam, and A. J. T. Johnsingh, "Lion‐-Human Conflict in the Gir Forest, India," *Conservation Biology* 8, no. 2 (1994): 501–7.

5. The poem was first published in William Blake's *Songs of Innocence and of Experience* (1794).

6. Examining the relationship between reading and later environmental attitudes is an emerging field. Clearly reading to children in tandem with encouraging them to get out-of-doors has implications for the emergence of an environmental ethic. See, for example, Paul F. J. Eagles and Robert Demare, "Factors Influencing Children's Envi-

ronmental Attitudes," *Journal of Environmental Education* 30, no. 4 (1999): 33– 37; or more recently Robert Gifford and Andreas Nilsson, "Personal and Social Factors That Influence Pro - Environmental Concern and Behaviour: A Review," *International Journal of Psychology* 49, no. 3 (2014): 141– 57.

7. Liam Heneghan, "Studies of Soil Microarthropod Communities Experimentally Manipulated by Chronic Low-Level Nutrient Input, and Their Impact on Some Ecological Processes" (PhD diss., University College Dublin, 1994).

8. For a full treatment of the concept of "locus of control," see Herbert M. Lefcourt, *Locus of Control: Current Trends in Theory and Research*, 2nd ed. (Psychology Press, 2014).

9. Though I am not reviewing this literature in depth, I have been influenced by many scholarly writers in this discipline, especially the following: Maria Tatar, *Enchanted Hunters: The Power of Stories in Childhood* (Norton, 2009); Seth Lerer, *Children's Literature: A Reader's History from Aesop to Harry Potter* (University of Chicago Press, 2008); Perry Nodelman, *The Pleasures of Children's Literature*, 3rd ed. (Pearson, 2002); Marah Gubar, *Artful Dodgers* (Oxford University Press, 2009); and various volumes by Maria Nikolajeva.

10. Frank B. Golley develops this point well in his book *A Primer for Environmental Literacy* (Yale University Press, 1998).

11. See http://www.nea.org/grants/teachers-top- 100-books-for-children.html.

第一章

1. If you care to refresh your memory of these, here is a good account: https://plato.stanford.edu/entries/paradox-zeno/. I had once attempted to convince Mrs. Heneghan that I was immortal, using Zeno as support. We both realize now that I am very mortal.

2. My favorite versions of these stories are in James Stephens, *Irish Fairy Tales*, illus. Arthur Rackham (Macmillan, 1920). There are several children's versions of these avail-

able, though I'd recommend that you read Stephens's versions and then tell a version of your own to your children.

3. John Calder's introduction to *The Unnamable* is frequently included in copies of this book, a copy of the text can be found here: https://www.naxos.com/mainsite/blurbs_ reviews.asp?item_code=NA 533712&catNum=NA 533712&filetype=About+this+Re-cording&language=English.

4. Modern Library, "100 Best Novels," http://www.modernlibrary.com/top- 100/ 100-best-novels/.

5. Max Beerbohm, *Zuleika Dobson; or, An Oxford Love Story* (Heinemann, 1911), 132–37.

6. Gene Myers, *The Significance of Children and Animals: Social Development and Our Connections to Other Species*, 2nd ed. (Purdue University Press, 2007).

7. Vanessa LoBue, Megan Bloom Pickard, Kathleen Sherman, Chrystal Axford, and Judy S. DeLoache, "Young Children's Interest in Live Animals," *British Journal of Developmental Psychology* 31, no. 1 (2013): 57– 69.

8. Beatrix Potter, *Beatrix Potter: The Complete Tales* (Frederick Warne, 2006); Kenneth Grahame, *The Wind in the Willows*, illus. Ernest H. Shepard (1908; Methuen Children's Books, 1998).

9. Aubrey H. Fine, ed., *Handbook on Animal-Assisted Therapy: Theoretical Foundations and Guidelines for Practice* (Academic Press, 2010).

第二章

1. Quotes such as this one— "Everybody needs beauty as well as bread, places to play in and pray in, where nature may heal and give strength to body and soul alike," from *The Yosemite* (1912)—abound in the work of the nineteenth-century naturalists.

2. Henry D. Thoreau, "Walking," in *Collected Essays and Poems* (1861; Library of America, 2001).

3. Journalist Richard Louv writes about these movements in "Leave No Child Inside," *Orion Magazine* 57, no. 11 (2007), https://orionmagazine.org/article/leave-no-child-inside/.

4. Richard Louv, *Last Child in the Woods: Saving Our Children from Nature-Deficit Disorder* (Workman, 2005).

5. See, for example, Roger L. Mackett and James Paskins, "Children's Physical Activity: The Contribution of Playing and Walking," *Children & Society* 22, no. 5 (2008): 345– 57; although the links with physical health may be complex: see Richard Larouche, Didier Garriguet, Katie E. Gunnell, Gary S. Goldfield, and Mark S. Tremblay, "Outdoor Time, Physical Activity, Sedentary Time, and Health Indicators at ages 7 to 14: 2012/ 2013 Canadian Health Measures Survey," *Health Reports* 27, no. 9 (2016): 3.

6. This is confirmed in a number of cases. For example, in her paper "An Investigation of the Status of Outdoor Play," *Contemporary Issues in Early Childhood* 5, no. 1 (2004): 68– 80, Rhonda Clements writes: "The mother's play experiences, compared with the child's, clearly indicate that children today spend considerably less time playing outdoors than their mothers did as children. The study reveals several fundamental reasons for this decline, including dependence on television and digital media, and concerns about crime and safety."

7. For an assessment of this evidence, see Andrea Faber Taylor, Frances E. Kuo, Christopher Spencer, and Mark Blades, "Is Contact with Nature Important for Healthy Child Development? State of the Evidence," *Children and Their Environments: Learning, Using and Designing Spaces* 124 (2006); and Louise Chawla, "Benefits of Nature Contact for Children," *CPL Bibliography* 30, no. 4 (2015): 433– 52.

8. The relationship between environmental knowledge and conservation action is notoriously complex. Jacqueline Frick, Florian G. Kaiser, and Mark Wilson illustrate that only certain types of knowledge inform conservation behavior in their paper, "Environmental Knowledge and Conservation Behavior: Exploring Prevalence and Structure in a Representative Sample," *Personality and Individual Differences* 37, no. 8 (2004): 1597– 613.

9. Charles Darwin's *The Voyage of the Beagle: Journal of Researches into the Natural History and Geology of the Countries Visited during the Voyage of HMS Beagle Round the World* reports on his explorations. During those years on the voyage, the naturalist spent more time on land than at sea; by my count, the word "walk" (and words with near meanings) occurs over ninety times throughout the book, the word "sail" (and words with near meanings) occur around fifty times, and finally, as befits an account by a man in the active exploration phase of his career, the word "read" occurs about twenty times. That it occurs at all reminds us that even when he was hoofing around wild parts, Darwin retained some quiet hours for an engagement with books and reports.

10. The notion of "reading the book of nature" is a concept emerging from medieval philosophy which contends that an inspection of nature permits one to have some knowledge of God.

11. A reasonable amount of scholarship has been devoted to racism in children's literature. For example, see Gillian Klein, *Reading into Racism: Bias in Children's Literature and Learning Materials* (Routledge, 2002); Bernice A. Pescosolido, Elizabeth Grauerholz, and Melissa A. Milkie, "Culture and Conflict: The Portrayal of Blacks in US Children's Picture Books through the Mid-and Late-Twentieth Century," *American Sociological Review* (1997): 443–64; Rebecca Harlin and Hani Morgan, "Review of Research: Gender, Racial and Ethnic Misrepresentation in Children's Books: A Comparative Look," *Childhood Education* 85, no. 3 (2009): 187–90.

12. An excellent overview of the immense thicket of terms associated with "environmental literacy" is given by B. McBride, B. Brewer, C. A. Brewer, A. R. Berkowitz, and W. T. Borrie, "Environmental Literacy, Ecological Literacy, Ecoliteracy: What Do We Mean and How Did We Get Here?" *Ecosphere* 4, no. 5 (2013): 1–20.

13. Martin H. Manser, Jonathon Green, Elizabeth McLaren Kirkpatrick, Rosalind Fergusson, and Jenny Roberts, eds., *Bloomsbury Good Word Guide* (Bloomsbury, 1990).

14. I have used the *OED Online* throughout the text of this book. Oxford University

Press, http://www.oed.com.ezproxy.depaul.edu. I never write without having a tab for the *OED* open, I recommend this practice to you.

15. http://www.lib.cam.ac.uk/exhibitions/Darwin/bigpics/Albert_Way_caricature.jpg.

16. Some, though not all, of the literature on environmental literacy is geared toward professional training, and much of it toward adult populations. There is less explicitly an environmental literacy for children. This is a growing field. See, for example, Ruth Wilson, *Nature and Young Children: Encouraging Creative Play and Learning in Natural Environments* (Routledge, 2012).

17. Frank B. A. Golley, *A Primer for Environmental Literacy* (Yale University Press, 1998).

18. In *The Spell of the Sensuous: Perception and Language in a More-than-Human World* (Vintage, 1997), David Abram writes, for example, "The alphabetized intellect stakes its claim to the earth by staking it down, extends its dominion by drawing a grid of straight lines and right angles across the body of a continent—across North America, across Africa, across Australia—defining states and provinces, counties and countries with scant regard for the oral peoples that already live there, according to a calculative logic utterly impervious to the life of the land." Elsewhere in that volume, he writes, "In the absence of writing, we find ourselves situated in the field of discourse as we are embedded in the natural landscape; indeed, the two matrices are not separable. We can no more stabilize the language and render its meanings determinate than we can freeze all motion and metamorphosis within the land."

19. Harvey Yunis, ed., *Plato: Phaedrus* (Cambridge University Press, 2011).

20. This is why folklore compilations such as the one by Lady Augusta Gregory, *Visions and Beliefs in the West of Ireland* (1920), are valuable. Such volumes often reveal an immense practical wisdom about the natural world. Of course, much of what gets written down is nonsense: this, for example, is the cure for "yellow jaundice" : "If you are attending a funeral, pick out a few little worms from the earth that's thrown up out of the grave, few or many, twenty or thirty if you like. And when you go home, boil them down in a

21. For a biography of Wallace, see Peter Raby, *Alfred Russel Wallace: A Life* (Princeton University Press, 2001).

第二部分

1. From the poem "Christmas" in John Betjeman, *A Few Late Chrysanthemums* (Murray, 1955).
2. See a very brief account here: http://source.southdublinlibraries.ie/handle/ 10599/ 8067.

第三章

1. See *Theocritus*, edited with a translation and commentary by A. F. S. Gow (Cambridge University Press, 1950).
2. *Virgil's Eclogues*, trans. Len Krisak (University of Pennsylvania Press, 2010).
3. Virgil's *Eclogues* inspired poetic imitators up until Elizabethan times, though contemporary poets only sporadically attempt pastoral poems. As I wrote about this, I found myself sitting in a coffee shop in Evanston, Illinois, beside Josh Corey, the editor of a recent compendium of poems entitled *The Arcadia Project: North American Postmodern Pastoral* (2012). Perhaps the very insistence in this volume on the continued vitality of the tradition simultaneously underscores the fact that the pastoral appeal is exceptional rather than typical for contemporary poets.
4. It is hard to imagine a child's book that does not employ pastoral themes to some degree. There are, however, some books that ooze with pastoral themes and others where the pastoral is expressed with considerably less vigor. For example, Roald Dahl's *Charlie and the Chocolate Factory* (Knopf, 1964) is urban, industrial, and entirely shepherdless. Despite its great popularity among its readers, the novel has

perplexed critics. One celebrated complaint is that the story is a "fantasy of an almost literally nauseating kind." But for all of that, the book has its green sensibilities and can be read as an assault on gluttony, on greed, even on the excessive viewing of TV. This critique of the perils of an urban life are quite pastoral in their sensibility; certainly they resonate with appeals for environmental sustainability.

5. Chinua Achebe, with John Iroaganachi, *How the Leopard Got His Claws*, illus. Mary GrandPre (Candlewick Press, 2011).

6. This suggestion of the perpetuity of happiness is doubtlessly a consoling one. According to *The American Heritage Dictionary of Idioms*, by Christine Ammer (Houghton Mifflin, 1997), this "hyperbolic term," "happily ever after," used in fairy tales dates from the mid-1800s.

第四章

1. A. A. Milne, *The Complete Tales and Poems of Winnie-the-Pooh* (Dutton, 2001).

2. A good place to start reading contemporary writing on the relation between people and place is the work of Barry Lopez. He has been very productive; a good place to start is this volume: Barry Holstun Lopez, *Vintage Lopez* (Vintage Books, 2004). I had the pleasure of hosting Barry at a couple of readings over the years. The impact of these hours has stayed with me over the years. I thank him here.

3. Stephen R. Kellert and Edward O. Wilson, *The Biophilia Hypothesis* (Island Press, 1995); Yi-Fu Tuan, *Topophilia: A Study of Environmental Perceptions, Attitudes, and Values* (Columbia University Press, 2013); Jay Appleton, *The Symbolism of Habitat: An Interpretation of Landscape in the Arts* (University of Washington Press, 1990); Richard Louv, *Last Child in the Woods: Saving Our Children from Nature-Deficit Disorder* (Workman, 2005).

4. Theodore Roszak, Mary E. Gomes, and Allen D. Kanner, eds., *Ecopsychology: Restoring the Earth, Healing the Mind* (Sierra Club Books, 1995).

5. Glenn Albrecht, "'Solastalgia': A New Concept in Health and Identity," *PAN: Philosophy Activism Nature* 3 (2005): 41.

6. Tim Robinson, *Setting Foot on the Shores of Connemara and Other Writings* (Lilliput Press, 1996).

第五章

1. I relied on Linda Lear's biography: *Beatrix Potter: A Life in Nature* (Macmillan, 2008); and I also found Margaret Lane's *The Tale of Beatrix Potter: A Biography* (Penguin, 2011) to be useful.

2. Beatrix Potter, *Beatrix Potter's Journal* (Penguin, 2011).

3. Ibid.

4. Graham Greene, *The Lost Childhood and Other Essays* (Eyre & Spottiswoode, 1951).

5. Marc Brown, *Arthur's Nose* (Little, Brown, 1976).

6. Virginia Hamilton, *The People Could Fly: American Black Folktales* (Knopf, 1985).

7. The quotes are from *Beatrix Potter's Journals* (Penguin, 2011).

8. Linda Lear, *Beatrix Potter: A Life in Nature* (Macmillan, 2008).

第六章

1. I have found Reindert Leonard Falkenburg's *The Land of Unlikeness: Hieronymus Bosch, The Garden of Earthly Delights* (W Books, 2011) very helpful in thinking about this work.

2. I open this discussion of gardens with Eden since the origin of the word "paradise" stems from the Greek *paradeisos*, which gets translated in the Old Testament as "garden." In Latin the same word is *paradisus*. The first paradisiacal garden, in Western

culture, was Eden, the story of the creation from Genesis 2:8— " And the Lord God planted a garden in Eden, in the east; and there he put the man whom he had formed." Notice that God "planted" Eden. Even in the very act of creation, this garden was not passively formed—an act of God's imagination—but rather it was produced by toil, by God's labor.

3. When Adam and Eve left paradise, their return was barred by the angels.

4. The *Oxford English Dictionary* says a garden is "an enclosed piece of ground devoted to the cultivation of flowers, fruit, or vegetables; often preceded by some defining word, as flower-, fruit-, kitchen-, market-, strawberry-garden." A secondary meaning given by the *OED* is that of "ornamental grounds, used as a place of public resort," such as a zoological or botanic garden, for example.

5. I found this encyclopedia entry, which I stumbled upon several years ago, to be inspiring and a great introduction to the topic: Stephanie Ross, "Gardens, Aesthetics of," in *Routledge Encyclopedia of Philosophy* (Taylor and Francis, 2002).

6. Hegel quoted in David E. Cooper, *A Philosophy of Gardens* (Clarendon Press, 2006).

7. David E. Cooper, in ibid., writes that to ask what a garden is, is to inquire, "What kind of being does a garden have? What sort of entity or object is a garden, compared with, say, other art objects? Is a garden a complex physical entity, say?" Or, if it is a metaphorical entity, when metaphorically we talk of a garden, what does the metaphor imply?

8. Framed in this way, the very relinquishing of control is in itself another form of control. As an example of a practice of exercising control to allow for more spontaneity in the garden, I am particularly enamored of a form of landscape gardening in Britain and Ireland called Robinsonian gardening. In a form of gardening that William Robinson championed in his book *The Wild Garden* (1870), Robinson advocated for untidy edges, a blurring between the garden boundary and the landscape beyond. A Robinsonian garden can host a profusion of native plants, but the effect is artistic rather than wild.

9. Although I don't agree with his conclusion, I nonetheless find Eric Katz's "Further

Adventures in the Case Against Restoration," *Environmental Ethics* 34, no. 1 (2012): 67– 97, provocative and useful. There Katz writes: "Indeed, I claim even more radical- ly that working in a garden, rather than teaching us about the authentic experience of natural processes, actually furthers the human worldview of domination."

10. Hans Christian Andersen, *The Complete Hans Christian Andersen Fairy Tales* (Gramercy, 1984).

11. For details about Andersen's life, I have relied on the Jackie Wullschlager's superb biography, *Hans Christian Andersen: The Life of a Storyteller* (University of Chicago Press, 2002).

12. Jack David Zipes, "Critical Reflections about Hans Christian Andersen, the Failed Revolutionary," *Marvels & Tales* 20, no. 2 (2006): 224– 37.

13. The range of services provided to the human economy by nature is discussed in re- cent literature under the notion of "ecosystems services." See Gretchen Daily, ed., *Nature's Services: Societal Dependence on Natural Ecosystems* (Island Press, 1997). One interesting children's story that can be read as a parable concerning the patho- logical exhaustion of nature's services is Shel Silverstein, *The Giving Tree* (Harper- Collins, 1964). In it a boy exhausts the gifts offered by a long-suffering tree.

14. Roger Ulrich, "View through a Window May Influence Recovery," *Science* 224, no. 4647 (1984): 224– 25; Frances E. Kuo and Andrea Faber Taylor, "A Potential Natural Treatment for Attention-Deficit/Hyperactivity Disorder: Evidence from a National Study," *American Journal of Public Health* 94, no. 9 (2004): 1580– 86.

第七章

1. James Stephens, *Irish Fairy Tales* (Macmillan, 1920), 11– 12.

2. My favorite translation is by poet Thomas Kinsella, *The Tain* (Dolmen, 1969).

3. William Allingham, "The Fairies," in *The Oxford Book of English Verse: 1250– 1900*, ed. Arthur Quiller-Couch (Oxford, 1919).

4. John Zneimer, *The Literary Vision of Liam O'Flaherty* (Syracuse University Press, 1970).

5. Rene Dubos, *The Wooing of Earth* (Macmillan, 1980).

6. I once almost got my head stove in by an otherwise fairly equanimous bullock (steer) in a field in the Irish Midlands who took a sudden fit.

第八章

1. Joe Paddock, *Keeper of the Wild: The Life of Ernest Oberholtzer* (Minnesota Historical Society Press, 2001).

2. Roderick Nash, *Wilderness and the American Mind* (Yale University Press, 2014).

第九章

1. This is one of those occasions where Wikipedia is as good a resource as any: the entry for Shannon diversity is rock-solid: https://en.wikipedia.org/wiki/Diversity_index-#Shannon_index.

2. J. K. Rowling, *Harry Potter and the Philosopher's Stone* (Bloomsbury, 1997).

3. 弥诺陶洛斯，希腊神话中的半人半牛怪。

4. Julien d'Huy, "A Cosmic Hunt in the Berber Sky: A Phylogenetic Reconstruction of Palaeolithic Mythology," *Les Cahiers de l'AARS* 15 (2013): 93– 106. There is an nice summary of d'Huy's work here: Julien d'Huy, "Scientists Trace Society's Myths to Primordial Origins," *Scientific American*, December 2016. Thanks to Julien d'Huy for helpful comments on an early draft of this chapter.

第十章

1. This is a nice English version of the story; it differs a little from the one I learned at school. "Bodach an Chota-Lachtna / The Clown with the Grey Coat: A Fenian Tale," *Irish Penny Journal* 1, no. 17 (October 24, 1840): 130–32, https://www.jstor.org/stable/30001137?seq=1#page_scan_tab_contents.

2. Caroline Wazer, "The Exotic Animal Traffickers of Ancient Rome," *Atlantic*, March 30, 2016.

3. I have used the following translation exclusively throughout this book: Jacob Grimm and Wilhelm Grimm, *The Original Folk and Fairy Tales of the Brothers Grimm: The Complete First Edition* (Princeton University Press, 2014).

4. Donna Jo Napoli has an excellent retelling of the story where the witch is portrayed more sympathetically in *The Magic Circle* (Penguin, 1995).

5. The numbers vary slightly depending upon the translation one uses and depends, quite naturally, upon the comprehensiveness of the collection.

6. The Wilderness Act of 1964 gives the following definition of wilderness: "an area where the earth and its community of life are untrammeled by man, where man himself is a visitor who does not remain."

7. Since I've mentioned bagpipes on a couple of occasions in a slightly disparaging way, in compensation let me encourage you to listen to some Irish bagpipe music. The uilleann pipes were on the verge extinction several decades ago, but they have come roaring back, so to speak. My current favorite youthful pipers are Blackie O'Connell (see https://www.dubhlinnband.com/band) and Fiachra O'Regan (see http://www.fiachrapipes.com/).

第十一章

1. Many thanks to the staff of the Burren National Park who entertained several e-mails

from me about the exhibit. I recommend you drop by the park as well as the visitor center in nearby Corofin.

2. See Gordon D'Arcy, *The Natural History of the Burren* (Immel, 1992).

3. J. R. R. Tolkien, *The Letters of J. R. R. Tolkien*, ed. Humphrey Carter with Christopher Tolkien (Houghton Mifflin Harcourt, 2014).

4. J. R. R. Tolkien, *The Silmarillion*, ed. Christopher Tolkien (Houghton Mifflin, 1977).

5. The original reference is *Minas Tirith Evening-Star* 9, no. 2 (January 1980): 15–16; see http://sacnoths.blogspot.com/ 2010/ 01/tolkien-on-ireland-part-two.html.

6. Thanks to Ric Hudgens for bringing this letter to my attention. It is reproduced here: https://mlanders.com/ 2014/ 02/ 17/c-s-lewis-on-j-r-r-tolkien-the-strength-of-the-hills-is-not-ours/.

第十二章

1. Humphrey Carpenter, *J. R. R. Tolkien: A Biography* (Houghton Mifflin Harcourt, 2014).

2. Ibid.

3. Letter to Deborah Webster (who wrote her doctoral dissertation on Tolkien and C. S. Lewis), October 25, 1958, in J. R. R. Tolkien, *The Letters of J. R. R. Tolkien*, ed. Humphrey Carter with Christopher Tolkien (Houghton Mifflin Harcourt, 2014).

4. "dwell, v.," *OED Online* (Oxford University Press), http://www.oed.com.

5. The quote is reprinted in J. March, "Hermes," in *Dictionary of Classical Mythology* (Oxbow Books, 2014).

6. J. March, "Hestia ('Hearth')," in ibid.

7. C. S. Lewis, *The Lion, the Witch and the Wardrobe* (HarperCollins, 1950).

8. Walter de la Mare, *The Three Mulla-Mulgars*, illus. Dorothy P. Lathorp (Knopf, 1910).

第十四章

1. J. M. Barrie, *Peter and Wendy* (Hodder & Stoughton, 1911).

2. To give examples of this phenomenon: In some older traditions, humans were thought very different from other animals. The radical implication of Darwinian thought was to reveal the shared nature of all animals, ourselves included. On the other hand, Aristotle, for philosophical reasons rather than biological ones, classified whales and other cetaceans as being closely related to fish. They are not.

3. Tim Robinson, *Setting Foot on the Shores of Connemara & Other Writings* (Lilliput Press, 1996).

4. Enid Blyton, *Five on a Treasure Island* (1942; Hodder Children's Books, 1991); Mairi Hedderwick, *Katie Morag and the Two Grandmothers* (Random House, 1997).

5. Robert Michael Ballantyne, *The Coral Island: A Tale of the Pacific Ocean* (1858; Thomas Nelson and Sons, 1884).

6. This classic and accessible account of ecology is still worth reading: Paul A. Colinvaux, *Why Big Fierce Animals Are Rare: An Ecologist's Perspective* (Princeton University Press, 1979).

7. Thanks to Oisin Heneghan, who tracked down all the data for this paragraph.

8. Randy Frahm, *Islands: Living Gems of the Sea* (Creative Education. 2002); Rose Pipes, *Islands* (Raintree Steck-Vaughn, 1998); Linda Tagliaferro, *Galápagos Islands: Nature's Delicate Balance at Risk* (Lerner Publications, 2000).

9. The keystone species concept was introduced by Robert Paine in "A Note on Trophic Complexity and Community Stability," *American Naturalist* 103, no. 929 (1969): 91–93.

10. Dov F. Sax and Steven D. Gaines, "Species Invasions and Extinction: The Future of Native Biodiversity on Islands," *Proceedings of the National Academy of Sciences* 105, supplement 1 (2008): 11490–97.

11. Apparently the phrase was written down first by Archbishop John Healy in *Ireland's Ancient Schools and Scholars* (1893), though it may date to some greater antiquity.

See "Island of saints and scholars," in *Brewer's Dictionary of Irish Phrase and Fable*, ed. S. McMahon and J. O'Donoghue (Chambers Harrap, 2009).

第十五章

1. Of Gandalf, Tolstoy wrote in *The Quest for Merlin*: "Like Merlin, Gandalf is a magician of infinite wisdom, and power; like Merlin, he has a sense of humor, by turns impish and sarcastic; and, like Merlin, he reappears at intervals, seemingly from nowhere, intervening to rescue an imperiled universe."

2. Ursula K. Le Guin, "Art, Information, Theft, and Confusion," http://www.ursulakleguin.com/Note-ArtInfoTheftConfusion-Part2.html.

3. This is what is known as Garrett Hardin's law of ecology: "We can never do merely one thing."

4. P. J. Crutzen popularized the notion of the Anthropocene in a paper entitled "The 'Anthropocene,'" in *Earth System Science in the Anthropocene: Emerging Issues and Problems*, ed. Eckart Ehlers and Thomas Krafft (Springer, 2006), 13–18. For an interesting philosophical account of the implications, see the work of Timothy Morton—start with *The Ecological Thought* (Harvard University Press, 2012).

5. John Wray interview, "Ursula K. Le Guin: The Art of Fiction No. 221," *Paris Review* 206 (Fall 2013).

第十六章

1. L. T. Meade, *Four on An Island: A Story of Adventure*, illus. W. Rainey (W. & R. Chambers, 1892).

2. For good accounts of the Blyton phenomenon, see S. G. B. Ray's *The Blyton Phenomenon: The Controversy Surrounding the World's Most Successful Children's Writer*

(Deutsch, 1982); David Rudd, *Enid Blyton and the Mystery of Children's Literature* (St. Martin's Press, 2000); Barbara Stoney, *Enid Blyton: The Biography* (History Press, 2011).

3. There are, of course, several biographical accounts of Blyton, but what scholarship that exists on her work, though insightful, is meager compared to her influence. For useful commentary on the Famous Five series, see, for example, David Rudd, "Five Have a Gender-ful Time: Blyton, Sexism, and the Infamous Five," *Children's Literature in Education* 26, no. 3 (1995): 185–96.

4. Daniel Defoe, *Robinson Crusoe*, Norton Critical Edition, ed. Michael Shinagel (Norton, 1994).

5. See Barbara Stoney, *Enid Blyton: The Biography* (History Press, 2011).

第十七章

1. Review of *Robinson Crusoe*, by Daniel Defoe, *North American Review* 190, no. 649 (December 1909): 845.

2. For a useful short account of this genre, see B. L. Hanlon, "Robinsonnade [*sic*]," in *The Cambridge Guide to Children's Books in English*, ed. V. Watson (Cambridge University Press, 2001).

3. Frank Hale Ellis, ed., *Twentieth Century Interpretations of Robinson Crusoe: A Collection of Critical Essays* (Prentice Hall, 1969).

4. *Norton Critical Edition of Defoe's Robinson Crusoe*, ed. Michael Shinagel (Norton, 1994). This volume provides an excellent sampling of the critical literature on *Robinson Crusoe*.

5. Ibid.

6. John Stuart Mill, *Autobiography* (Severus Verlag, 2014).

7. Jean-Jacques Rousseau, *émile; or, On Education*, trans. Allan Bloom (Basic Books, 1979).

8. Robert Louis Stevenson, *The Annotated Treasure Island*, ed. Simon Barker-Benfield, illus. Louis Rhead (Fine & Kahn, 2014).

9. "Evolution: Ammonites Indicate Reversal," *Nature* 225, no. 5238 (1970): 1101–2.

10. My favorite account of cultural transformation of humans is Allen W. Johnson and Timothy K. Earle, *The Evolution of Human Societies: From Foraging Group to Agrarian State* (Stanford University Press, 2000).

11. See the delightful account of the terrestrializing of animal life by Jane Gray and William Shear, "Early Life on Land," *American Scientist* 80 (1992): 44456.

12. Henry David Thoreau, *Walden, and Other Writings* (Modern Library, 1950). For a good account of parallels between Crusoe and Thoreau, see Marek Paryz, "Thoreau's Imperial Fantasy: Walden versus Robinson Crusoe," in *The Postcolonial and Imperial Experience in American Transcendentalism* (Palgrave Macmillan, 2012), 99–121.

13. Archibald MacMechan, "Thoreau," in *The Cambridge History of English and American Literature: An Encyclopedia in Eighteen Volumes*, ed. by A. W. Ward et al. (G. P. Putnam's Sons, 1907–21) vol. 16, chap. 10.

14. See, for example, Martin J. Greif, "The Conversion of Robinson Crusoe," *Studies in English Literature, 1500–1900* 6, no. 3 (1966): 551–74.

15. After the monologue with money and his crying out to God, the remaining statements recorded in *Robinson Crusoe* as being uttered aloud were after he rescued his acolyte, Friday.

第十八章

1. James R. Baker, "An Interview with William Golding," *Twentieth Century Literature* 28, no. 2 (1982): 130–70, doi: 10.2307/441151.

2. Barry Lopez, "The Invitation," *Granta* 133 (November 18, 2015), https://granta.com/invitation/.

第十九章

1. Oscar Wilde, *The Happy Prince and Other Tales* (Duckworth & Company, 1913).

第二十一章

1. Reproduced in Bill McKibben, *American Earth: Environmental Writing since Thoreau* (Literary Classics of the United States, 2008).

2. Leo Marx, "The Machine in the Garden," in *The Green Studies Reader: From Romanticism to Ecocriticism* (Routledge, 2000): 104–8.

3. A common critique of this work is that Crumb writes native peoples out of history, but to my ecologist's eye, the opening landscape is not, whatever the artist intended, pristine nature. It resembles, rather, an indigenously managed system.

4. Karen Gray Ruelle, *The Tree*, illus. Deborah Durland DeSaix (Holiday House, 2008).

第二十二章

1. David Schultz, "Coyotes in the City: Could Urban Bears Be Next?" NPR, October 5, 2012, http://www.npr.org/sections/thetwo-way/2012/10/05/162300544/coyotes-in-the-city-could-urban-bears-be-next.

2. I do not provide a lengthy reading of Paul Fleischman, *Weslandia*, illus. Kevin Hawkes (Candlewick Press, 2002). I recommend it to you nonetheless, for this short picture book performs the subtle miracle of summarizing the history of anthropological theorizing about the emergence of culture and civilization in the space of thirty-two wonderfully illustrated pages. When Wesley cultivates "swist" (a crop plant that blows into his yard), the novelty of the story is not that he creates a civilization but that he manages to be the first to do so in a suburban backyard.

3. Bill Watterson, *The Authoritative Calvin and Hobbes* (Andrews McMeel Publishing, 1990).

4. As little as 5 percent of time outside has been reported in some studies: e.g.,Verity Cleland, David Crawford, Louise A. Baur, Clare Hume, Anna Timperio, and Jo Salmon, "A Prospective Examination of Children's Time Spent Outdoors, Objectively Measured Physical Activity and Overweight," *International Journal of Obesity* 32, no. 11 (2008): 1685–93. Of course, we don't typically see too many panels of Calvin sleeping; nonetheless, it's fair to say he spends a disproportionate amount of time outside.

5. Bill Watterson, *The Days Are Just Packed* (Andrews McMeel Publishing, 1993).

第二十三章

1. See, for example, Jari Niemela and Jurgen H. Breuste, *Urban Ecology: Patterns, Processes, and Applications* (Oxford University Press, 2011).

2. Herbert R. Kohl, *Should We Burn Babar?: Essays on Children's Literature and the Power of Stories* (1995; New Press, 2007).

3. Ariel Dorfman, *The Empire's Old Clothes: What the Lone Ranger, Babar, and Other Innocent Heroes Do to Our Minds* (Pantheon, 1983), 14.

4. Ebenezer Howard, *Garden Cities of To-morrow*, ed. F. J. Osborn (MIT Press, 1965).

第二十四章

1. Peter Matthiessen, *The Tree Where Man Was Born* (1972; Penguin Classics, 2010).

2. Thomas Robert Malthus, *An Essay on the Principle of Population; or, A View of Its Past and Present Effects on Human Happiness* (1798; Reeves & Turner, 1888).

3. The history of the cane toad, introduced to Australia only to become an ecological menace, is but one example of this phenomenon. See Christopher Lever, *The Cane Toad: The History and Ecology of a Successful Colonist* (Westbury Academic and Scientific Publishing, 2001).

4. For a very accessible account of this interesting new perspective, see Brian Walker and David Salt, *Resilience Thinking: Sustaining Ecosystems and People in a Changing World* (Island Press, 2012).

5. This perspective has been around for some time; see, for example, William R. Catton, *Overshoot: The Ecological Basis of Revolutionary Change* (University of Illinois Press, 1982). For a more recent perspective on planetary limits, see Will Steffen et al., "Planetary Boundaries: Guiding Human Development on a Changing Planet," *Science* 347, no. 6223 (February 13, 2015): 1259855. I will discuss this further later in the chapter.

6. This observation remains true today: the entire human population standing motionlessly could fit in a small US state. However, the amount of land required to sustain this population is very high. One might not see a lot of people in a desert, but the resource shadow of humans is everywhere. See Mathis Wackernagel and William Rees, *Our Ecological Footprint: Reducing Human Impact on the Earth* (New Society Publishers, 1998).

7. Peter Kareiva, Sean Watts, Robert McDonald, and Tim Boucher, "Domesticated Nature: Shaping Landscapes and Ecosystems for Human Welfare," *Science* 316, no. 5833 (June 29, 2007): 1866–69.

8. See Peter M. Vitousek, Harold A. Mooney, Jane Lubchenco, and Jerry M. Melillo, "Human Domination of Earth's Ecosystems," *Science* 277, no. 5325 (July 25, 1997): 494–99.

9. Rene Dubos, *The Wooing of Earth* (Charles Scribner's Sons, 1980).

第二十五章

1. Mildred D. Taylor, *Song of the Trees*, illus. Jerry Pinkney (1975; Puffin, 2003).

第二十六章

1. David W. Orr, *Ecological Literacy: Education and the Transition to a Postmodern World* (State University of New York Press, 1992), 3.

2. US Census Bureau, "U.S. and World Population Clock," https://www.census.gov/popclock/ (accessed August, 6, 2017).

3. For an excellent review of the concept of environmental literacy (and adjacent literacies), see B. Brewer McBride, C. A. Brewer, A. R. Berkowitz, and W. T. Borrie, "Environmental Literacy, Ecological Literacy, Ecoliteracy: What Do We Mean and How Did We Get Here?," *Ecosphere* 4, no. 5 (2013): 1–20.

4. Xenia Hadjioannou and Eleni Loizou, "Talking about Books with Young Children: Analyzing the Discursive Nature of One-to-One Booktalks," *Early Education & Development* 22, no. 1 (2011): 53–76.

想继续写手账吗？

扫描二维码就可以下载空白手账内页，
继续你的自然阅读哦！

扫码关注，回复"手账"即可获得空白手账

我眼中的自然

可以添加自己的描写，也可以贴照片或者画画

书名 _____

作者 _____

开始阅读日期 START READING DATE　结束阅读日期 END READING DATE

_____ 年 _____ 月 _____ 日　_____ 年 _____ 月 _____ 日

印象最深刻的话

书中的自然

我眼中的自然

可以添加自己的描写，也可以贴照片或者画画

书名 _____

作者 _____

开始阅读日期 START READING DATE ┊ **结束阅读日期** END READING DATE

_____ 年 _____ 月 _____ 日 ┊ _____ 年 _____ 月 _____ 日

印象最深刻的话

书中的自然

我眼中的自然

可以添加自己的描写，也可以贴照片或者画画

书名 _____

作者 _____

开始阅读日期 START READING DATE   结束阅读日期 END READING DATE

_____ 年 _____ 月 _____ 日   _____ 年 _____ 月 _____ 日

印象最深刻的话

书中的自然

我眼中的自然

可以添加自己的描写，也可以贴照片或者画画

书名 _____

作者 _____

开始阅读日期 START READING DATE

_____ 年 _____ 月 _____ 日

结束阅读日期 END READING DATE

_____ 年 _____ 月 _____ 日

印象最深刻的话

书中的自然

我眼中的自然

可以添加自己的描写，也可以贴照片或者画画

书名 _____

作者 _____

开始阅读日期 START READING DATE ｜ 结束阅读日期 END READING DATE

_____ 年 _____ 月 _____ 日 ｜ _____ 年 _____ 月 _____ 日

印象最深刻的话

书中的自然

我的书单

在树枝上填写
你想读的书的名字

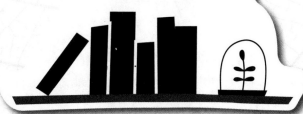

《秘密花园》　　　《霍比特人》

《柳林风声》　　　《魔戒》

《绿野仙踪》　　　《石中剑》

《纳尼亚传奇》　　《金银岛》

《夏洛的网》　　　《蝇王》

《快乐王子》　　　《海蒂》

《安徒生童话》　　《野性的呼唤》

《手斧男孩》　　　《动物农场》

《山居岁月》　　　《地海传奇》

《瑞士的鲁滨逊一家》　《莫罗博士岛》

《狼群中的朱莉》　《爱尔兰经典童话》

《蓝色的海豚岛》　《爱尔兰凯尔特神话故事》

《追逐阳光之岛》　《爱尔兰乡村神话和民间故事》

《鲁滨孙漂流记》　《凯尔特人的薄暮》

《小猎犬号航海记》

《怪医杜立德》

《杜立德医生航海记》

《疯狂侦探团》

《夏日历险》

《小王子》

《哈利·波特》

LET'S READ

成长必读书单

《好饿的毛毛虫》

《棕色的熊，棕色的熊，你看到了什么》

《彩虹鱼》

《野兽国》

《小房子》

《小狐狸派克斯》

《彼得兔的故事》

《小飞侠》

《小兔本杰明的故事》

《弗洛普西家的小兔子的故事》

《兔子共和国》

《托德先生的故事》

《小熊维尼》

《阿噗角小屋》

《逃家小兔》

《绒毛树》

《卡尔文与霍布斯虎》

《巴巴的故事》

《阿贝的荒岛》

《仙境之桥》

《草原上的小木屋》

Beasts at Bedtime

自然
野兽伴我入睡
手账